中公新書 2379

伊藤之雄著

元　老――近代日本の真の指導者たち

中央公論新社刊

はじめに――隠れた制度形成

大日本帝国憲法下の首相の決め方

明治維新後に近代国家が形成されて以来、日本の政策は、当初は大久保利通《おおくぼとしみち》・木戸孝允《きどたかよし》・岩倉具視《いわくらともみ》らの維新のリーダーが中心となって決定し、その後近代的内閣制度が作られると、多くの場合、首相が中心となって決定した。

よく知られているように、日本国憲法の下では首相は国会議員の投票によって決まる。しかし、日本国憲法ができる前、主に戦前の首相選定は公選でなく、現在のように民主的ではなかった。大日本帝国憲法（明治憲法）の条文上は、天皇が選定し任命する形になっていたが、実際には天皇はそこまで政治関与しないのが慣行となっていた。

一八九〇年代半ばからは、内閣が危機に陥ったり、首相が辞表を天皇に提出したりすると、元老《げんろう》（または元勲《げんくん》）と呼ばれた人々が天皇から下問を受けた。元老たちは相談して、内閣の存続の可否を決め、内閣を存続させないとなると後継首相を選定し、天皇に推薦した。元老が一致して後継首相候補を推薦すると、天皇は必ずその人を首相に任命することが慣例となっていった。元老は大日本帝国憲法上の機関ではないインフォーマル（非公式）な組織であったが、天皇からの下問を常に受ける集団として、慣例的な公的機関となっていった。

日本近代の歴史において、後継首相の選定などを行って天皇を補佐した元老は、伊藤博文《いとうひろぶみ》（長州《ちょうしゅう》出身）・山県有朋《やまがたありとも》（同前）・黒田清隆《くろだきよたか》（薩摩《さつま》出身）・井上馨《いのうえかおる》（長州出身）・松方正義《まつかたまさよし》（薩摩出身）・西郷従道《さいごうつぐみち》（同前、西郷隆盛《たかもり》の弟）・大山巌《おおやまいわお》（薩摩出身）・西園寺公望《さいおんじきんもち》（公家出身）の八人である。ただし、この八人が同時に元老であった時期はない。伊藤・山県・黒田・井上・松方らに、元老集団を強化するため、あるいは元老が死去した場合に、西郷・大山・西園寺が補充されていったのである。

任命された首相は、閣僚を選定し、天皇に上奏した。明治天皇の時代の初期の例外を除くと、天皇は首相が上奏した閣僚を、拒否することなく任命した。大日本帝国憲法上（第五十五条）、首相は他の閣僚と対等の地位にあったといわれることが多い。しかし首相は、元老の推薦を経て最初に天皇から指名され、閣僚を実質的に決めることができ、また個別閣僚の罷免を天皇に上奏できるという意味で、一般の閣僚より高い地位にあった。

なお、大日本帝国憲法下で、臣下が天皇に意見を具申するという意味の用語として使われるのは、史料上で上奏・内奏・奏上・言上など様々であるが、必ずしも厳密に区別されているわけではない。上奏が最も公式なもので、天皇は原則として可・否の判断を求められる。

元老が後継首相を天皇に推薦するという重要な慣例が明治中期に形成され、その下では、衆議院の第一党の党首が首相になることが想定されていなかった時期が、ほとんどであった。戦前の首相は民主主義的手続きで選ばれたというわけではないのである。また、元老は互選で自ら首相になったり、外交・内政・財政など様々の分野で、天皇への上奏や内閣への助言などを行ったりすることを通して、影響を及ぼした。しかし元老は、このように重要な存在であるにもかかわらず、序章で示すように、それが形成される過程や、誰が元老であるかについてまで、現在もなお曖昧《あいまい》にとらえられている。

インフォーマルな組織の意義

一般に元老のようなインフォーマルな組織は、民主主義的でなく、陰で権力を行使して公的組織を動かす、望ましくないものとされる。本当に常にそうであろうか。

明治維新のような大変革の後に近代国家を創出するのは暗中模索の作業である。日本の発展段階に対応し、どのような組織形態がよいのか試行錯誤しながら、たえず改革していかなければならない。しかし、適正な組織形成には時間がかかり、混乱も生じるので、その間に臨時的に対応したのが、維新後の薩長を中心としたインフォーマルな藩閥有力者の集団であり、一八九〇年代に形成・定着した元老であったといえる。

日本の国民が外交・内政に成熟し、それを背景に政党と議会政治が相応に発達すれば、元老・元老制度は必要でなくなる。しかし、イギリスが一七世紀以来二〇〇年以上かけて発達させた政党政治を、帝国主義の厳しい時代の制約下で、日本が維新後五〇〜六〇年で発達させるのは残念ながら難しく、後継首相推薦問題を中心に元老が存続せざるを得ない状態が続いたのである。

しかし、元老も補充がうまくいかず、高齢の西園寺公望一人になるなどの限界があって、一人元老の権力は、陸・海軍も含め極めて発展した官僚制の組織間のセクショナリズムに阻まれるようになった。大日本帝国憲法上の限界もあって、一九三〇年代から四〇年代前半に適切な国策を統合して提示できない状況になり、日本は太平洋戦争へと破局の道をたどっていった。すなわち、近代日本は国力は増大させたが、それに見合う国民意識や国家統治組織の発達、首相や閣僚など国政を統括する有能なリーダーの育成がうまくいかなかったのである。

日露戦争前にはジャーナリズムの間では、元老や元老制度は克服されるべき存在と論じられ始めた。しかし昭和期には、唯一の元老となった西園寺公望は、未成熟な近代立憲国家の機能不全を少しでも補うための存在として期待された。この事実は、日本の近代化の苦悩を象徴している。

なお、元老は国家レベルのインフォーマルな人々と組織であるが、企業の創業や合併、官公庁や大学の新組織の創立など、もっと小さなレベルで、初期の段階においてインフォーマルな人々と組織が、フォーマルな組織運営を円滑にする場合は、少なくない。インフォーマルな組織は、いずれ克服されるのが望ましい。しかし、フォーマルな組織がセクショナリズムで機能不全を起こしたときに、また大きな変革を行う準備として、当面の間、インフォーマルな組織が必要となることは、常にあり得る。その意味で、元老や元老制度は過去の問題というより、現代的な問題でもある。

＊

ところで、本書は一般の方を対象にしたものであるが、研究者にも読みごたえのある本にしようとした。このため研究史上の位置づけを明確にするため、また、事実確定の根拠を補足する目的で、本文の間にも＊印を付した注記を加えた。これらの部分を読まなくとも、本書の内容理解は十分にできるので、煩雑に思われる読者は、＊印の部分を飛ばして読んでいただきたい。

目次

元　老

――近代日本の真の指導者たち

凡例

本文中の表記に関しては、以下のように統一した。

一、旧暦の明治五年一二月三日が太陽暦の一八七三年（明治六）一月一日となる。旧暦を西暦で表すと年月日がずれるため、旧暦の時代は日本の年号を主とし、太陽暦採用後は西暦を主として表記した。

一、清国・中華民国の東北地方である「満洲」は、単に満州と表記した。

一、当時混在して使用された「朝鮮」「韓国」の表記は、原則として朝鮮国が国号を大韓と改め、高宗が皇帝に即位する一八九七年一〇月一二日の前は朝鮮国、それ以降は韓国とし、韓国併合後はその地域を朝鮮と表記した。

一、登場人物の官職の注記は、前職・元職を区別せず、すべて前職と表記した。

引用史料の文章表記に関しても、読者の読みやすさを第一に考え、以下のように統一した。

一、漢字に関し、旧漢字・異体字は原則として常用漢字に改め、難しい漢字にはふりがなをつけた。また、一般にカタカナ表記されるものを除いて、ひらがなに統一した。

一、適宜、句読点などをつけた。また歴史的仮名遣いのひらがなに、必要に応じて濁点を補った。

一、史料中の、史料執筆者による注記は（　）内に、伊藤之雄による注記は〔　〕内に記した。なお、史料を現代文で要約した部分についても、同様にした。

一、明白な誤字・誤植等については、特に注記せずに訂正した場合もある。

序章　元老とは何か――「元勲」「黒幕」と制度

「元老」という用語の曖昧さ

まず、「元老」という用語の由来と元老制度の説明について、どれほど曖昧であるかも含め、簡単に見てみよう。

国語辞典の『広辞苑』（第六版、二〇〇八年）によると、「元老」という用語は「詩経《しきょう》」に由来し、年齢・名望・官位の高い功臣、年功を積んだ人、長老という意味である。漢和辞典の『新漢語林』（第二版、二〇一一年）には、年齢・名望・官位の高い老人、長年その分野で功労を積んだ人、という意味が記載されている。いずれにしても、「元老」という用語自体には、特別な官職を示す意味はない。

もちろん『広辞苑』や『新漢語林』には、曖昧ながら本書の元老にあたる慣例的制度の説明もある。『広辞苑』はそれを、「明治後期から昭和前期、首相候補推薦者の推薦その他の重要国務について、天皇を補佐した元勲政治家。伊藤博文・山県有朋・黒田清隆・井上馨・松方正義・西郷従道・大山巌・桂太郎《かつらたろう》・西園寺公望」としている。本書で述べるように、桂太郎を元老に加えるのは誤りであるのみならず、元老と「元勲政治家」の関係もわからない。同書で参照せよと矢印で示している「元勲」を引くと、「明治維新に大きな勲功があって、明治政府に重んじられた政治家。西郷隆盛・木戸孝允・大久保利通をはじめ、伊藤博文・山県有朋らをいう」などとある。『広辞苑』は「元老」の説明に「元勲政治家」という用語を使いながら、「元勲」には「元老」に入っていない西郷隆盛・木戸・大久保も加えていて、近代制度としての「元老」と「元勲」の関係は、ますますわからなくなる。さらに、「明治政府に重んじられた政治家」であるなら、西郷・木戸・大久保とともに、当然、岩倉具視や三《さん》条実美《じょうさねとみ》も入れるべきであるが、なぜか含まれておらず、理解できない。

『新漢語林』で近代的制度としての元老の説明を見ると、「旧制で、皇室から特別な待遇を賜り、国家の大事について下問のあった老臣」とある。説明は簡単であるが、「元勲」という用語を元老の説明に使っていないので、説明に混乱はない。

要するに、「元老」とは紀元前九～前七世紀の中国の古典に見られる年齢・名望・官位の高い長老といった一般的用語が、近代に入って特別な制度を表すのに使われるようになったが、その由来や制度形成の経過は曖昧である、というのが実情である。*

＊元老制度について、辞典などでこのように曖昧な叙述が継続しているのは、日本近代史の実証的研究を行ってきた山本四郎が元老を論じた著書『元老』（一九八六年）においてすら、元老制度が明確に論じられていないからである。同書は、元老といわれた人々の人柄やその家系などにふれながら、

全体としては一八八五年（明治一八）の第一次伊藤博文内閣から第二次近衛文麿《このえふみまろ》内閣下で最後の元老西園寺公望が死去する一九四〇年（昭和一五）までの、政治外交史の概説書となっている。その後、近年に至るまで、特定の時期の元老の動向や元老制度に言及した研究は少なくないが、元老制度そのものを明治から昭和戦前期の広い文脈で論じたものはない。元老制度の形成と変遷をしっかりととらえ、そのなかでの個々の元老の人柄と動向、明治・大正・昭和の各天皇の人柄や権力と元老たちとの関係を描くことは、簡単ではない。

これまで筆者は、「元老の形成と変遷に関する若干の考察」（一九七七年）、「元老制度再考」（一九九四年）、「山県系官僚閥と天皇・元老・宮中」（一九九六年）、「原敬《はらたかし》内閣と立憲君主制」（一九九八年）などの論文で、元老制度の形成と変遷の大枠や、誰が元老かについて論じてきた。本書でも述べていくように、原敬内閣までの元老制度の大枠に関しては、すでに、右の四つの論文で提示した。また、それ以降の時期に関しては、『昭和天皇と立憲君主制の崩壊』（二〇〇五年）、『元老西園寺公望』（二〇〇七年）などで、元老西園寺の権力や動向を中心に元老制度を論じた。さらに、『伊藤博文』（二〇〇九年）、『山県有朋』（二〇〇九年）、『明治天皇』（二〇〇六年）、『原敬』上・下巻（二〇一四年）、『昭和天皇伝』（二〇一一年）などの著書で、元老一人ひとりの理念と人柄や元老制度と元老の権力についても、検討してきた。加えて、各首相や首相の権力、および各天皇や天皇の権力との関係も考究した。本書では、その後の他の研究者による新研究も加えながら、考察を深めたい。また元老制度の正当性への疑問や批判についても、元老制度の展開と対応させて体系的に論じる。本書は、元老や元老制度論を、筆者なりに完成させ、近代日本にとってそれらは何だったのかを示す試みである。

なお、「元老」という用語と関連して使われる「元勲」という用語は、『新漢語林』の「大きいてがら。国家を興《おこ》す力となった大功。また、その功のあった人」という説明が、簡単であるが要を得ている。すなわち、「元老」「元勲」の用語上の意味を重んじると、明治維新の第一世代のリーダーの大久保・木戸・岩倉・三条ら、および彼らに続く世代の伊藤・山県・黒田・井上・松方（あるいは政府から離脱した西郷隆盛・板垣退助《いたがきたいすけ》・大隈重信《おおくましげのぶ》）らは、むしろ「元勲」という用語で表現するのがふさわしい。

「元勲」「黒幕」「元老」という用語の使われ方

明治維新後、「元老」「元勲」の用語が公式に使われるようになったのは、一八七五年（明治八）に設立された元老院からである。元老院は、当時の政府のトップリーダーの大久保と、下野していた木戸・板垣が大阪で会合して、二人の政府復帰と引き換えにできた政府改革案の主要な柱であった。それは、政府の寡頭《かとう》専制の弊害を防ぎ、他日に国会を創設する基礎を作るため、とされた。

元老院議官に任命された者には、後藤象二郎《ごとうしょうじろう》（前参議《さんぎ》、土佐《とさ》出身）・勝安芳《かつやすよし》（海舟《かいしゅう》。前参議兼海軍卿《きょう》、旧幕臣）・有栖川宮熾仁《ありすがわのみやたるひと》親王（維新後に政府最高職の総裁）らの、太政官《だじょうかん》制下の「内閣」の一員である大臣・参議クラスの有力者が三人いる。しかし、四月二五日と七月二日の二回に分けて任命された二三人のうち、残りの二〇人のほとんどは由利公正《ゆりきみまさ》（前東京府知事、越前《えちぜん》）・陸奥宗光《むつむねみつ》（前大蔵少輔心得《しょうゆうこころえ》、和歌山）・福岡孝弟《ふくおかたかちか》（前左院議官、土佐）・山口尚芳《なおよし》（前外務少輔、肥前《ひぜん》）・吉井友実《よしいともざね》（前宮内少輔、薩摩）・鳥尾小弥太《とりおこやた》（前陸軍少将、長州）・柳原前光《やなぎはらさきみつ》（前特命全権公使、公家）ら、参議より一つ下の各省の大輔《たいふ》・少輔（次官または次官クラス）以下の経歴しかなかった。*

＊例外は、斎藤利行《さいとうとしゆき》（土佐）である。彼は山内容堂《やまうちようどう》（前土佐藩主で藩の実権者）に重用された人物で、刑部大輔《ぎょうぶたいふ》を務めた後、明治三年（一八七〇）五月から一年ほど参議に就任していた。しかし参議としては実権がなく、藩閥政府の有力者とはいえない。

すなわち元老院には、明治維新に活躍し、その後も藩閥政府のトップとして政治をリードしていた大久保・伊藤・大隈や、政府に復帰した木戸・板垣らの閣員クラスが、ほとんど入っていなかった。したがって「元老院」は、「国家を興《おこ》す」「大功」のあった人々の集団である「元勲院」ではなく、「元老院」と名付けるのがふさわしかったのである。元老院議官となった陸奥宗光らは、元老院を背景に立憲制への改革を進めようとするが、その権限が確立しないことに失望していった。*

＊一八七三年、木戸孝允は岩倉使節団としての米欧回覧から帰国し、立憲政体樹立の目標の一環として、華族を議員とする「元老院」（上院）と「下院」の漸進的な設置を考えた。また一八七四年三月、福島県令（現在の知事）安場保和《やすばやすかず》は、天皇を輔弼《ほひつ》する「元老職」設置の意見書を提出し、候補

者として島津《しまづ》久光《ひさみつ》・西郷隆盛・勝安芳・大久保一翁《いちおう》（旧幕臣、東京府知事）の名を挙げている（池田勇太「公議輿論《よろん》と万機親裁《ばんきしんさい》」）。前者は、明治維新に活躍した新政府の最有力者でない集団を示す「元老」であり、後者は維新の元勲も含むが、そうでない勝や大久保一翁も含む集団の名称としての「元老」である。いずれも、この時期に「元老」は「元勲」よりも政府内の地位が下の層、あるいは下の層を含む集団を指す語として用いられていたのである。後述するように、このような使われ方は、一八九六年九月頃まで続く。

その後、第2章で述べるように、一八八九年（明治二二）一一月一日に伊藤と黒田に「元勲優遇」の詔勅が下された。当時、伊藤は長州の第一の実力者であるのみならず、藩閥第一の実力者となっていた。黒田は薩摩の第一の実力者であり、長州の山県と並んで伊藤に準じる実力者であった。二人とも明治維新で木戸や大久保の下で活躍しており、明治天皇や宮中の天皇側近たちは、二人に詔勅を与えて「元勲」と呼ぶのが「元老」よりもふさわしいと判断したのである。

一八九〇年代になると、内閣が行き詰まったり首相が明治天皇に辞表を提出したりした際、天皇は藩閥の特定の有力者に善後処置を下問した。このため、日清戦争が終わる一八九〇年代半ばにかけて、新聞などジャーナリズムは、後継首相推薦に常に関わる藩閥特定の有力者を「元勲」と呼んだ。これも明治維新での活躍と藩閥の有力者であることを考慮すると、「元老」よりも「元勲」という呼び名がふさわしいからである。

また、藩閥最有力者の伊藤博文や山県有朋ら「元勲」は、天皇の下問がなくとも、彼らほど有力でない松方正義首相が率いる藩閥内閣の存続に関与し、大きな影響を及ぼした。そこで、同じ時期のジャーナリズムでは、「元勲」集団のメンバーたちを、批判的ニュアンスを込めて、「黒幕《くろまく》」と呼んだ。この頃には若干の混用もあるが、「元老」は「元勲」集団より少し下のクラス、あるいは「元勲」と彼らより少し下のクラスも含んだ集団を指す用語として使われた。「元勲」「黒幕」の用語で示される集団はのちの元老であり、これが元老制度の形成の始まりといえる。

その後、後継首相推薦など重要国務を公式な官職と関わりなく行う集団を「元老」と呼ぶことが、一八九六年（明治二九）九月の第二次松方内閣成立の頃から定着していった。さらに、一八九八年初頭の第三次伊藤内閣の設立にあたって、伊藤首相は天皇に内奏して、「元老」を召して時局に対処する方策について審議することになり、一月一〇日に実現した。こうして、後継首相の推薦などを行う藩閥有力者の集団が、宮中で公式に「元老」と呼ばれるようになった。その後一八九八年の一年間で、元老は名実ともに確立し、一般にも認識されるようになっていった。

なぜ元老制度が形成されたのか。またその過程で、「元勲」という用語が、日清戦争後になぜ「元老」に取って代わられたのであろうか。その後、「元勲」という用語はどのような場合に使われたのか。また、憲法上の機関でない元老の存在に、政党勢力・ジャーナリズムなど、在野からは正当性についての批判がなかったのか。あったとすれば、元老はどのように対応し、なぜ元老制度は存続したのか。

これらを明らかにすることにより、首相が公選されないという意味で民主主義的でない元老制度が、比較的適切な人物を首相に選び、世界の大勢を理解して近代日本の外交を指導することに大きな役割を果たしたことも示したい。さらに全体として、元老や元老制度が、立憲政治の比較的円滑な展開や、政治参加の拡大と政党政治の展開を支えたことにも言及したい。

第1章　明治維新後のリーダー選定——大久保・西郷・木戸・岩倉らの時代

廃藩置県まで

明治維新後、明治四年（一八七一）七月に廃藩置県の大改革が行われる頃には、薩摩・長州・土佐・肥前（佐賀）という、軍事的に最有力な四つの藩のリーダーが新政権の中心になっていた。

薩摩は、維新後一貫して中央政府にとどまり影響力を及ぼしてきた大久保利通に、いったんは鹿児島に戻っていた西郷隆盛が復帰して協力し、廃藩置県の改革を進めた。大久保は、「義理」や「人情」を重視する薩摩的感情と、近代化を考える合理性を持っており、日本が立憲国家に向けて少しずつ近代化するのが必要と考えた。しかし、薩摩出身の軍人や士族に大きな信望がある西郷には、近代化への明確な改革ヴィジョンが見えなかった。薩摩の黒田清隆・西郷従道（局長クラスの陸軍軍人）・松方正義らは近代化が基本的に必要と理解し、大久保の配下にいた。

長州のリーダー木戸孝允は、肥前のリーダーの大隈重信、長州の腹心の伊藤博文・井上馨らを従えていた。大隈・伊藤らは立憲国家に向けて早く近代化するべきであると主張したが、温厚な木戸は急速な近代化に共感しつつも、大久保や薩摩との協調の必要から、大隈や伊藤らを抑えた。長州の山県有朋（次官クラスの陸軍軍人）も、木戸の支援で徴兵制度の調査のために一年間欧州へ派遣されたように、木戸の配下であった。

土佐のリーダーは、西郷隆盛と親しく軍人に信望のあった板垣退助と、後藤象二郎らであった。

肥前では、最も有力な大隈が木戸と連携し、維新政府内で勢力を振るっていた。江藤新平《えとうしんぺい》も有力であったが、肥前として大きな影響を及ぼせるわけではなかった。

旧公家勢力は維新に重要な役割を果たしたが、倒幕（徳川勢力打倒）までは理解できても、それ以降の新しい変革についていけなかった。廃藩置県の頃までには、明治天皇の外祖父で「倒幕の密勅」の下付に大きな役割を果たした中山忠能《なかやまただやす》他、多くが政治的影響力を失っていた。この結果、政府の中で実力があったのは、岩倉具視と三条実美のみとなった。岩倉は下級公家であったが、維新の活躍で維新直後に三条とともに副総裁（有栖川宮熾仁親王総裁に次ぐ行政上の最高ポスト）となり、廃藩置県後しばらくして右大臣を務めるようになった。中級公家の三条は、明治二年（一八六九）七月に右大臣となり、廃藩置県後には太政大臣になった。

旧大名家では、維新に協力した松平慶永《まつだいらよしなが》（前越前藩主）・伊達宗城《だてむねなり》（前宇和島《うわじま》藩主）・徳川慶勝《よしかつ》（前尾張《おわり》藩主）が、維新後にそれぞれ要職についた。たとえば、松平は議定《ぎじょう》（政府の意思決定を審議する議定官の上のポスト。大久保・木戸ら藩士出身の維新のリーダーは、たとえ有力であってもその下の参与）、次いで民部官知事（民部担当部門の最高責任者でのちの閣僚にあたる。維新の有力リーダーで長州藩士であった広沢真臣《ひろさわさねおみ》は、部下の副知事）となる。伊達は議定、次いで外国官知事（副知事は大隈重信ら）を務め、徳川慶勝は議定となっている。しかし、明治二年七月以降は、松平慶永と伊達宗城が交代で民部卿兼大蔵卿になるが、それは、新しく創設された大臣や参議より少し下とみなされるポストであり、しかも実権は大輔（次官）の大隈重信らにあった。雄藩の実権者も、公家と同様に、廃藩置県までに退いていったといえる。

他方、維新後の慶応四年（明治元年、一八六八）には、建前（フォーマル）では「万機親裁《ばんきしんさい》（すべては天皇が決定する）」とされたが、当時一五歳の少年天皇に政治的権限はなかった。天皇が一八歳になった廃藩置県の時点でも同様であった（以下、年齢は断らない限りすべて満年齢で表記する）。

それでは維新後の政府のリーダー選定は、誰が中心となり、どのような組織で行われたのであろうか。その実態は明快に論じることができない。すなわち、有力な藩としては、薩長土に肥前が加わり、変転する状況に応じ、その都度複雑な意思決定過程を経て、重要人事や政策が決まっていった、というのが実情であった。

また、とりわけ天皇が明治二年に京都を離れて東京に移るまでは、江戸（東京）と京都の二つに政権の中枢があり、手紙を中心とした当時の通信手段では、情報の伝達が極めて不十分であったことも、意思決定手続きを固められない一因となった。

そもそも、明治二年五月に箱館《はこだて》の榎本武揚《えのもとたけあき》らが降伏して戊辰《ぼしん》戦争が終わると、旧徳川勢力打倒（倒幕）という目標がなくなり、維新政権の求心力は弱まった。維新への参加者の多くは、廃藩まで考えてはいなかった。廃藩置県が断行される以前は藩の自立性が強く、そうした藩連合の上に乗った維新政権は、いつ崩壊するかわからない状況にあった。

正院の「内閣」

すでに述べたように、明治四年（一八七一）七月一四日の廃藩置県は軍事的に最有力な薩長土の三つの藩のリーダーが合意して行われたものである。このため、三藩のリーダーとその政策を推進した岩倉や三条が実権を持つことがさらに明確になった。

その後、同月二九日に太政官制の改革によって、太政官は正院《せいいん》・左院・右院の三つに分けられ、正院は政府の意思決定の中心となった。さらに八月一〇日に官制の修正があり、正院の中枢が、太政大臣・左右大臣・参議で構成されるようになった。これらのポストは「天皇を輔翼《ほよく》する重官」として、新たに「三職《さんしょく》」と規定された。*こうして維新政府の実権者のほとんどが新しくできた大臣・参議よりなる正院の三職の一員となることで、最高の意思決定をする機関がはっきりとした。

太政官制とは、明治維新は王政復古であるということで、日本古代律令制下の政府である太政官の名称や古代官庁の名称を使った維新後の政府の制度である。しかし、維新後にできた太政官制政府は、その中枢として正院を設置し、そこで大臣・参議という閣員が相互に議論を行い、最高の意思決定を事実上行い、国家を統治するという点で、日本古代の政府と大きく異なっていた。

＊これ以前にも、王政復古後の慶応三年（一八六七）一二月九日の官制改革で、三職として総裁（定員一人）・議定（定員一〇人）・参与（定員一〇〇人）が設置されている。また、明治二年（一八六九）七月八日の官制改革で、七月中に三条実美が右大臣、岩倉具視が大納言に、副島種臣《そえじまたねおみ》（肥前藩）・前原一誠《まえばらいっせい》（長州藩）・大久保利通（薩摩藩）・広沢真臣（長州藩）の四人が参議となる。その後前原は一二月に辞任し、翌年二月に佐佐木《ささき》高行《たかゆき》（土佐藩）が補充された。この大臣・納言・参議の職は「三職」と呼ばれた。しかし、八ヵ月後の明治三年三月二二日まで、「三職」が集会することがなかったように（『保古飛呂比《ほごひろい》』第四巻、三一八頁）、明治四年八月の官制改革までは、三職は政府の中心である「内閣」の機能を十分に果たしていなかった。なお、この官制改革の有力な土台となった案を作ったのは渋沢栄一《しぶさわえいいち》（大蔵大丞、幕臣であったが木戸孝允派）である。この案には、大納言・参議が「内閣枢密官」として国政をリードする文言があり、すでに「内閣」の用語が登場している（西川誠「廃藩置県後の太政官制改革」）。なお、明治四年八月にできた太政官三院制が、人事面も含めて固まった一一月段階の組織と人事については、清水唯一朗『近代日本の官僚』（一〇六〜一〇七頁）を参照。

この正院の三職を中心とした廃藩置県後の新しい体制は、岩倉が右大臣となる一〇月八日までに一応固まった。構成員は、太政大臣三条実美、右大臣岩倉具視（左大臣は欠員）、参議が木戸孝允・西郷隆盛・板垣退助・大隈重信であった。公家が二人の大臣を出し、参議は薩長土肥で各一人ずつである。しかし、肥前出身の大隈は長州の木戸の下で、むしろ木戸派として活動している。また、政権の実力者の大久保は参議にはならず大蔵卿になったが、民部省の機能を吸収して地方行政も行う大蔵省の卿ということで、その威信は参議となった木戸や西郷にまったく劣らなかった。すなわち三条・岩倉以外では、実質的には長州二（木戸・大隈）、薩摩二（西郷・大久保）と土佐一（板垣）という構成が、権力の実態を表している。

廃藩置県を遂げ、九月より正院に権力を集めていったことは、維新の中核となっていったリーダーたちが試行錯誤の上で出した選択であったといえよう。廃藩は近代国家を作るために必要な選択であったが、それが大きな反発を招けば維新政権が崩壊するかもしれず、それを避けるためには維新後三年半以上の期間が必要であった。

正院の三職に権力が集中した後に比べ、それ以前の維新後三年半余りの間の方が、意思決定の前に幅広い勢力の意思が問われていたことになる。しかし、近代化のモデルとする西欧に対する知識の格差が大きかったので、目指すべき国家像やそのための手段、進める速さについて、大きく意見が分かれていた。諸勢力間で話し合って合意を得るには、膨大な時間がかかった。さらにもっと本質的な問題は、そうして諸勢力の幅広い意見を取り入れて合意した事項が、一貫性があって状況に適している保証はどこにもないことである。維新直後からの様々な体験を通して、薩長土三藩のリーダーたちや岩倉・三条らは、そのことを思い知ったのであろう。すなわち、彼らは藩閥専制・「有司《ゆうし》（官僚）」専制との批判を受けても、日本の近代化や立憲国家化を、彼らの手で着実に進めていこうとしたのである。

その後、一八七三年（明治六）五月二日付で公布された太政官職制 並《ならびに》 正院事務章程によって、正院を構成する太政大臣・左右大臣・参議の三職が「内閣」としても規定された。後述するように、この「内閣」と、一八八五年一二月に創設される近代的内閣制度とは大きく異なるが、一八七七年一月一八日に正院が廃止されても、太政大臣・左右大臣・数人の参議により実質的に政府の意思が決まり、それは「内閣」と呼ばれ続けた。そこで、この後の叙述をわかりやすくするため、正院の三職時代を含め近代的内閣制度ができるまでの政府中枢を指すのに、原則として「内閣」の名称を使うことにしよう。

インフォーマルな権力

このように「内閣」（正院の三職）ですべての重要事項を実質的に決定する、という制度ができていったので、後述するように、少年であった明治天皇が、成長するにしたがって天皇がすべてを決定するという「万機親裁」の原理にもとづいて発言しようとすると、「内閣」は当然拒否することになった。維新の大変革を行うための統合のシンボルとして、天皇が必要であることは、維新のリーダーたちにはわかっていた。しかし、成長した天皇がどの程度政治権力を行使するのが望ましいのかは、藩閥政府の有力者の間でも合意ができておらず、また彼ら自身も確信を持っていなかった。

維新のリーダーたちは、天皇自身が様々な学習や体験を通して円熟するのを待ち、諸外国の君主の例も検討した上で、それを決めていくのが望ましいと考えていたのであろう。「万機親裁」の建前を観念的にとらえて、天皇や宮中側近が天皇親政を目指そうとしても、うまくいかないし、実施すべきではない。そんなことをすれば近代国家建設が失敗するのみならず、天皇が責任を問われ、批判にさらされることになり、天皇や皇室の存続をも脅かすことを、リーダーたちは直感的に理解していた。

ところで、「内閣」に権力を集めたといっても、一八七三年（明治六）一〇月の征韓論政変までは、大臣・参議のポストについていなくとも、大久保や木戸らはインフォーマル（非公式）な形で強い影響力を及ぼすことができた。征韓論政変までの過程は、大臣・参議というフォーマルな組織が、「内閣」を構成して権力の中心になっていく過程である。それと同時に、大臣・参議の一員でなくともインフォーマルに影響力を及ぼす初期の柔軟な状況を克服して、「内閣」を権力の中心としていく過程である。征韓論政変の過程を経るなかで、大久保・木戸・大隈重信・伊藤博文ら政府に残った有力者がすべて参議に就任したのはこのことを示している。

維新初期から征韓論政変までの約六年近く、大久保・木戸ら薩長有力者が公式のポストとは別の形で、常にインフォーマルな中枢を構成し、構成員や各人の影響力は変わりながらも、三条実美や岩倉具視ら公家の有力者と共に国政をリードした。のちに有力元老となる伊藤博文・山県有朋・井上馨・松方正義などは、彼らの下で働きながら、この状況を見聞してきた。このため、大変革期でどのような政府組織や人員配置がふさわしいのか確信が持てない時は、インフォーマルな集団が影響力を持つのが自然であることを熟知したと思われる。

これが、憲法制定から帝国議会開設、政党の台頭が起きる一八九〇年代半ばにかけての新しい変革期に、憲法にない慣例的組織である元老が形成される一つの素地となった。この点に関し、自分の公式な権力と実権との大きな隔たりを実感しながら、インフォーマルな中枢組織を眺め続けた明治天皇も同様である。

「内閣」と征韓論政変

さて話を少し戻し、太政官制下の「内閣」について、もう少し説明しよう。この太政官制下の「内閣」と、教科書でおなじみの一八八五年（明治一八）一二月に伊藤博文を初代首相として成立した近代的な内閣とはどう違うか。

最も大きな違いは、太政官制下の「内閣」には、原則として政権交代がないことである。大臣・参議ら「内閣」の構成員は辞任できるし、補充もされるが、一気に大きく変わることはない。また、首相にあたるのは、三条が就任した太政大臣であるが、首相ほど全体をまとめる権限があるとはみなされていなかった。三条の個人的資質も影響して、むしろ実権は大久保・木戸らの有力参議や岩倉右大臣にあった。さらに、近代的内閣では、各大臣が省の責任者であるのに対し、太政官制下の「内閣」では、たいていは参議と卿（省の長官）が兼任されていたものの、兼任は原則ではなかった。

参議というポストは、明治二年（一八六九）七月八日に設置されているが、有力者が必ず任じられたわけではなく、有力者でも参議に就任していない場合も多かった。そもそも、西郷や板垣は郷里に帰っており、政府に参加してもいなかった。

廃藩置県後から征韓論政変にかけて、重要人事や政策はすべて実質的に「内閣」で決定し、太政大臣の三条が天皇の裁可を求め、天皇がそれらを裁可して最終決定するという新しい形が定着していった。一八七三（明治六）一〇月の征韓論政変以前に、後藤象二郎（土佐、一八七三年四月一九日より）、大木喬任《おおきたかとう》（肥前、同）、江藤新平（肥前、同）、大久保利通（薩摩、一八七三年一〇月一二日）、副島種臣（肥前、一八七三年一〇月一三日）と参議が補充され、「内閣」の意思決定の基盤が表面的には強まった。

しかし、征韓論をめぐる「内閣」内の対立があまりにも激しく、明治二年七月から廃藩置県を経て、四年少し続いてきた意思決定手続きとは大きく異なるものになった。つまり、一〇月一五日の閣議で多数の参議の意見に従う形で、西郷を使節として朝鮮国に派遣することを決定したが、太政大臣の三条が倒れた。このため、右大臣の岩倉が三条の代理として、一〇月二三日に閣議の経過と結論を上奏、さらに閣議決定に反対する「奏聞書」を提出し、使節をただちに派遣することに反対である、との意見を上奏した。

また、それに先立って岩倉らは徳大寺《とくだいじ》実則《さねつね》宮内卿らと連携し、まだ二一歳になる直前の若い天皇に、岩倉らを支持するように内密に手配した。天皇は一〇月二四日に岩倉に直筆の勅書を与え、岩倉の上奏を受け入れる意思を示した。そこで、二三日から二四日にかけ、西郷・板垣・江藤・後藤・副島らの参議が辞表を提出し、二四日から二五日に認められ、彼らが政府を去った（高橋秀直「征韓論政変の政治過程」）。閣議決定と異なることを天皇に上奏して政策を変更することは、近代的内閣制度の下ではあり得ない。

なお、この征韓論政変で、天皇は積極的に判断して動いたというより、岩倉や徳大寺宮内卿らの宮中側近の意向に従っただけであった。また天皇は、近衛幹部将校たちを召し、引き続き職務に尽くすよう命じたが、二九日までに西郷の腹心の篠原国幹《しのはらくにもと》少将ら四六人もの将校が辞表を提出した（伊藤之雄『明治天皇』）。

「内閣」中心の国家意思決定

征韓論政変後、辞任した参議の補充を行い、政権の基盤を強めるため、一八七三年（明治六）一〇月二五日から二八日にかけ、政変で遣使派遣中止を最も強硬に主張して動いた伊藤博文（長州、工部卿兼任）の他、勝安芳（旧幕臣、海軍卿兼任）・寺島宗則《てらしまむねのり》（薩摩、外務卿兼任）の三人を任命した。従来の参議も、木戸を除くと、大久保利通（薩摩、初代内務卿兼任、一一月二九日）・大隈重信（肥前、大蔵卿兼任、一〇月二五日）・大木喬任（肥前、司法卿兼任、同）と、参議と卿を兼任する者がほとんどとなった。とりわけ、大久保が兼任した内務卿は、国内の行政・治安を担当するため新しく作られた内務省という重要官庁の長官であった。大久保の権威が卓越していたこともあって、政府の中心が大久保であることがはっきりしてきた。なお木戸は、翌年一月に文部卿を兼任するが、後述するように、四ヵ月もせずに参議も辞任してしまう。

征韓論政変では、岩倉が閣議決定に反する上奏を行うという異常な意思決定が行われたが、それ以降は以前と同様に、閣議で決めて天皇が裁可するという手続きがとられ、表《おもて》の政治における天皇と「内閣」の関係には大して変化は起きなかった。

たとえば天皇が二一歳の一八七四年五月頃、天皇は、伊藤博文参議が兼任している工部卿を誰か他の者に代えるよう提案した。工部卿は大臣・参議らの閣議には加われないが、工部省は外国人技術者らを雇い、日本の近代化を推進する重要官庁であり、卿はその長官であった。同時に天皇は、徳大寺実則宮内卿を辞任させないことを求めた（岩倉具視宛《あて》伊藤博文書状、一八七四年五月二九日、『岩倉具視関係文書』第六、一一九～一二一頁）。

伊藤の工部卿辞任を求める天皇の提言は、伊藤自身が、天皇は工部卿の仕事をよくわかっておらず代わりの者を見つけるのが難しい、と岩倉に伝えているように、無視された。これは、伊藤が長州藩出身者として木戸に次ぐ地位にあり、岩倉右大臣や政府内の薩摩の最高実力者大久保の信頼も厚いことを考えても、当然の成り行きといえる。

なお、徳大寺が宮内卿を継続することは認められた。公家出身の徳大寺は温厚篤実な性格で天皇の信頼が厚かった。この翌一八七五年に北海道巡幸が計画された際も、天皇が許可せず実現できなかった（その六年後の一八八一年に東北・北海道巡幸を実施）。以上のことは、明治三年（一八七〇）に一八歳の天皇に種痘を再度行おうとした際に、天皇の意向は特に問われないまま、皇太后（夙子《あさこ》、天皇と血縁はないが公式の母）と淑子《すみこ》内親王（明治天皇の父孝明《こうめい》天皇の姉）が見合わせるように主張し、実施できなかったことと比べると、奥《おく》（身の回り）に関することでの天皇の意思の実現に関して大きな進展であった（伊藤之雄『明治天皇』一〇八～一〇九、二四二頁）。

すなわち、明治天皇は二一歳になった一八七四年でも、表の政治に影響力を及ぼすことはできなかったが、徳大寺宮内卿を留任させたように、奥のことに対しては意見を通すことができるようになったのである。北海道巡幸は見せる天皇を演出する行事であり、表の政治ともいえるが、行政の実態に乏しい点では奥の事柄といえる。実際に生身の天皇が行幸するのであり、天皇が拒めば実施できない。この意味で、天皇権力を考える際、巡幸は奥の事柄に含めて考えるべきである。この事例は、天皇が一八七五年段階で、表の政治に影響を及ぼした例ではなく、奥の事柄に引き続き影響を及ぼしたことを示している。

征韓論政変後の表の政治での権力に話を戻そう。政変により、西郷（薩摩）・板垣（土佐）・後藤象二郎（土佐）・江藤新平（肥前）・副島種臣（肥前）らの参議が下野することで、藩閥内や薩摩閥内の均衡が崩れた。政変は大久保が突出した権力を握っていく契機となったのである。木戸は参議として在席したが、次項で述べるように、翌年五月に台湾出兵に反対して参議を辞任して以降は、長州系への影響力も失っていった。板垣も一八七五年にいったん参議に七ヵ月半ほど復帰するが、大久保中心の政府内ではあまり影響力を及ぼせず、自由民権運動のリーダーになる道を選ぶ。

大久保が突出したリーダーとなり、岩倉や三条の協力を得て、その下で伊藤（長州）・大隈（肥前）・山県（長州）らが「内閣」を支える体制ができたことは、「内閣」が名実ともに国家の意思決定の中心となったことを意味している。また、維新後六、七年で藩閥の連合体的な政権のあり方が克服されてきたことを示す。

元老院の創設

征韓論政変の翌年、台湾に漂着した琉球《りゅうきゅう》漁民が殺害された三年前の事件に対する報復として、政府は台湾への出兵を決定した。一つは、維新後、琉球は日本と清国のどちらに属すのかをめぐる問題が完全には解決していなかったので、琉球は日本領土であることを示す意味があった。もう一つは、征韓論政変後にさらに反政府的になった薩摩などの不平士族の目を、外に向けさせるためであった。台湾は清国領土の周辺地域とみなされていたが、清国が日本の出兵に対抗して派兵し、日清戦争になる恐れもあった。

木戸は台湾出兵に強く反対し、一八七四年（明治七）五月一三日に参議を辞任した。しかし木戸の腹心の伊藤は、明治四年からの岩倉使節団の一員として米欧を巡遊中に大久保との関係を深めており、木戸に同調しなかった。また、陸軍卿でありながら木戸との感情の行き違いから卿として唯一参議になれなかった山県有朋を、伊藤は木戸に相談することなく、大久保と連携しながら一八七四年八月に参議に就任させた。岩倉使節団以来、木戸は体調がすぐれないこともあり、感情の起伏が激しくなっており、伊藤はリーダーとしての木戸の資質を疑い始めたのである。山県のみならず、木戸に嫌われた井上馨も木戸離れし始めた（伊藤之雄『伊藤博文』）。

台湾出兵は実施され、一応の成果を上げたが、清国との関係が緊迫化した。政府の最大実力者である大久保参議兼内務卿は、日清間の危機を交渉で解決するため、自分を清国に派遣するよう望み、三条太政大臣・岩倉右大臣に同意を求めたが、二人は反対した。西郷らが鹿児島に割拠している不安定な政情を考慮したからである。

大久保は伊藤に三条・岩倉を説得してくれるよう頼み、それが成功したのであろう。七月三〇日の「御会議（閣議）」で内定し、八月一日に「全権弁理大臣」として大久保を清国に派遣する命令が出された。八月二日には、大久保が清国に出張している間、伊藤が大久保に代わって内務卿も兼任するようになった。こうして伊藤は、大久保の後継者としての地位を固めていった（伊藤之雄『伊藤博文』）。

この過程においても、大久保の清国派遣という人事事項は、閣議で、特に中心メンバーの大久保・伊藤と三条・岩倉で事実上決定し、天皇は裁可するのみで実質的には関与していない。

その後、政府の基盤を強めるため、木戸と板垣を政府に復帰させようと、大久保と連携して伊藤が根回しをし、一八七五年二月に大阪で、大久保・木戸・板垣が会合した。同年三月に木戸と板垣は参議に復帰し、この大阪会議の合意事項である立憲政体を少しずつ進展させるため、元老院などを設置した。元老院は立憲制の準備として一定の役割を果たしたが、そこには十分な権限が与えられなかった（久保田哲『元老院の研究』第二章、三章）。

前章で述べたように、元老院の議官の多くは、藩閥の「内閣」構成員の一つ下のクラスである。大久保や伊藤が元老院に権限を与えるよりも、当面は「内閣」を中心とした強い行政権を背景に漸進的に改革を進めようとしていたことがわかる。このため大久保・木戸・三条・岩倉ら維新の「元勲」の集団を意味する「元勲院」ではなく、より権威のない「元老院」という名称になったのである。

結局、さらなる改革を否定され、一八七五年一〇月二七日に板垣は参議を辞任した。板垣が再び参議となる前年の四月から左大臣に就任していた保守派の島津久光も、板垣と同日に辞任する。

政府が久光を左大臣に就任させたのは、西郷らの一派が鹿児島に戻って県庁を支配し中央政府の統制を離れているので、その一派と久光が合流する危険性を考慮したからである。しかし久光は、地租改正・徴兵制等の近代化に反対し、近代化の象徴としての洋服を礼服とすることにも反対した。また久光は、「宸断《しんだん》（天皇の判断）」にも従おうとしなかった。久光の動きは、様々な不平分子を煽動《せんどう》する形になった。板垣と島津久光が辞任した翌年、一八七六年三月二八日には、木戸も参議を辞任する（伊藤之雄『明治天皇』一六〇〜一七七頁）。

大久保体制下の有力者

大阪会議による木戸・板垣の参議復帰などの混乱はあったが、木戸が参議を辞任する一八七六年（明治九）三月頃までには、政府には大久保を中心とした体制ができていた。それは参議中で、大久保を伊藤（工部卿）・大隈（大蔵卿）が中核で支え、山県（陸軍卿）・黒田清隆（薩摩、開拓使次官〔長官代理〕）らが補佐する体制であった。

このような薩摩・長州・肥前の有力者を結集した大久保体制ができたのは、何よりも大久保が薩摩閥にこだわらず、人材を登用する公平性を持っていたからである。これは、木戸に疎まれていた長州の山県陸軍卿を参議にしようと動いたことなどからもわかる。

あわせて、大久保らには、漸進的に日本を近代化することや立憲国家を作ることについての長期的ヴィジョンがあったからだった。廃藩置県まで、早期の廃藩など伊藤は急進的な改革を主張し、保守的な薩摩の動向を考慮して慎重な大久保を嫌っていた。しかし、岩倉使節団で行動を共にする間に、二人は漸進的な近代化を目指すことと、その内容についての共通の目標を持つことができた。山県や黒田にも渡欧体験があり、この点は理解できたと思われる。

さらに、西郷隆盛と大きな対立を覚悟しても朝鮮への使節派遣をやめる、と大久保が見せた強い気力も伊藤らを引きつけたものと思われる。征韓論反対の強い動きは、木戸が病気であったこともあり、伊藤が岩倉を説得して賛同を得、黒田も同意し、大久保が西郷との対決を決断して本格的なものになった。大久保はいったん決意すると、まったくぐらつかなかった。

なお、のちに元老制度が確立していくのに伴って最有力元老となる、伊藤・山県・黒田が大久保体制を支える中枢に入っていることが注目される。この後、大隈は一八八一年に明治十四年の政変で政府を追われる。大隈が民権運動に同調して早期国会開設という、クーデター的な過激な提言の密奏をしなければ、大隈も首相を経て間違いなく元老になっていたはずである。このように、大隈を除き、大久保体制下で政府の中枢であったことが、一八九〇年代に藩閥政府の中枢にいる人物として元老になっていくことと、かなり関連している。

大久保体制に話を戻そう。剛毅《ごうき》で柔軟な実力者の岩倉右大臣も、一八七四年一月、赤坂《あかさか》で高知県士族に襲われて重傷を負って以来、当時としては老齢の五〇歳に近づいたこともあって、すっかり気が弱くなっていた。三条太政大臣は、征韓論をめぐる対決のなかで意識不明に陥ったように、元来、同輩の岩倉や、大久保・伊藤ほど気力がなく、岩倉の衰えとともに三条の存在感もさらに薄れていった。すでに述べたように、大久保が台湾出兵の交渉のため北京に行くことに対し、二人が強く反対したのは、彼らの弱気の表れであった。岩倉・三条の衰えにより、大久保中心の政府であることがさらに明確になった。

こう述べても、もちろん三条太政大臣や岩倉右大臣の権威が一般の参議並みになったというわけではない。彼らには大臣として天皇に閣議決定を上奏する役割や、維新直後から国政の中心にいた経験と知識の蓄積があった。彼らに匹敵する者は、大久保一人しかいない。

しかし、彼らにはもはや何か大きなことを自ら推進しようという気力はなくなり、拒否権を持った調整役を任じていた。二人一致して反対すると、参議たちに動揺をきたして実行できない可能性があるので、大久保といえども二人には慎重に根回しをする必要があった（のち、一八八三年七月二〇日に岩倉が死去すると、一人になった三条が拒否権を持った調整役として果たす機能は、さらに弱まっていく）。

この体制下で、一八七六年半ばになると、参議を辞任した木戸（内閣顧問ではある）に代わって、伊藤が長州系の間で木戸以上の権力を持つようになり、長州系を束ねながら大久保を支え、立憲国家形成を目指す存在となった（伊藤之雄『伊藤博文』）。

西南戦争と大久保体制

一八七七年（明治一〇）二月に西郷隆盛を擁した鹿児島士族たちが挙兵したことが明らかになると、一八日にたまたま天皇に随行して京都にいた三条・大久保・木戸・伊藤・山県らが会合（実質的な閣議）、西郷たちを「暴徒」として討伐する方針を決めた。翌一九日、天皇の裁可を得て、「暴徒討伐」令が布告された。

二〇日、大阪に征討総督本営が置かれ、大久保・伊藤両参議を中心に、有力軍人の人事、軍の動員や編制、全体の戦略を決め、最終的に、京都に滞在し続けている天皇の裁可を経て決定した。また軍の重要情報はすべて大久保・伊藤両参議に伝えられることになっていた。

征討総督には有栖川宮熾仁《ありすがわのみやたるひと》親王が任命され、山県参議と川村純義《かわむらすみよし》（薩摩、海軍大輔、海軍中将）が、それぞれ参軍に任じられた。参軍は、征討総督の参謀であるが、戊辰戦争以来、現地の実質的指揮官を務めており、今回も二人が現地でそれぞれ陸・海軍の指導に当たった。

三月には、田原坂《たばるざか》で苦戦し南下できない政府軍を支援するため、大久保が伊藤と連携し、黒田清隆を参軍とすることを閣議で決め、裁可を得た。こうして黒田に別働第二旅団の指揮を任せ、熊本県南部に上陸させ、熊本城を囲む西郷軍の背後から攻撃し、敗走させた（伊藤之雄『山県有朋』第五章）。なお戦時下の財政は、大隈が参議兼大蔵卿として引き続き担当した。

このように西南戦争は大久保体制の下で戦われ、同年九月二四日、西郷が自刃して、政府軍の勝利に終わった。その間、五月二六日に木戸は胃病のために死去したが、戦争指導の大勢へは何の影響もなかった。

西南戦争においても、のちに最有力元老となる伊藤・山県・黒田は重要な役割を果たした。西南戦争終結直後に、征韓論政変の時に最も強硬な遣使反対意見を持っていた伊藤に対して、戦争の原因を作った者として一時的に薩摩系からの感情的な反発があったとはいえ、藩閥政府内で伊藤を筆頭に、三人の地位はしだいに高まっていった。

伊藤体制の形成

西郷が自刃してから八ヵ月も経たない、一八七八年（明治一一）五月一四日、大久保は太政官に出勤する途中、東京の麴町紀尾井坂《こうじまちきおいざか》下で石川県士族らの襲撃を受けて殺害された。四七歳であった。犯行の理由は、藩閥「専制」への不満であった。

大久保の後を継いで政府の中心となったのは、大久保体制下で大久保に次ぐ実力者となっていた伊藤である。伊藤は暗殺の翌日の五月一五日に工部卿を辞め、内務卿を引き継ぎ、わずか三六歳で藩閥政府の実質的トップに立った。

伊藤は岩倉右大臣と連携して、薩摩出身の有力者の中で伊藤とヴィジョンを共にする西郷従道（西郷隆盛の弟）を、参議兼文部卿とした。大久保亡き後、薩摩の最有力者になっていた黒田清隆参議は、西郷従道の登用は少し早すぎるという口振りだったが、伊藤や岩倉は実行した。

伊藤が辞任して空席になった工部卿（当時は各省の卿と参議を兼任する）の後任も問題となった。明治天皇は、天皇の「君徳輔導」役の佐佐木高行（侍補《じほ》、土佐出身）を工部卿にしようとし、三条実美太政大臣に二度も催促したが、「内閣」は実行しなかった。当時、佐佐木らが中心となった天皇親政運動が行われていた。それを抑える意味でも、佐佐木の工部卿就任（参議も兼任しての「入閣」）を拒否したのであった。

伊藤は、盟友の井上馨を工部卿にしようとし、三条・岩倉の両大臣や大隈参議（大蔵卿）・山県参議（陸軍卿）の協力を得て、天皇を説得した。七月二九日、井上は参議（工部卿兼任）となり、入閣できた。

伊藤の強み

こうして、大久保体制に代わって、伊藤体制といえるものが形成される。伊藤の強みは、岩倉右大臣から信頼されていることや、山県・井上馨という長州系参議との強い連携であった。また西郷従道参議ら、薩摩系とも親しかった。

さらに、佐佐木の入閣をめぐって伊藤は天皇の意に反する行動をしたが、その伊藤が天皇の厚い信任を獲得したことが、何よりの強みであった。少し後であるが、一八八一年（明治一四）七月から一〇月の東北・北海道巡幸中に天皇は、黒田・西郷従道や井上馨らの参議を批判し、伊藤参議のみは信頼できると述べている。一八八九年（明治二二）に大日本帝国憲法が制定されると、天皇の伊藤への信用はますます深まっていく（伊藤之雄『伊藤博文』）。

伊藤が藩閥のみならず、天皇・公家といった特別な身分も超えた幅広いリーダーたちから信頼を得ることができた理由の一つは、吉田松陰《よしだしょういん》が十代の伊藤に見てとった、人に好かれる気さくで飾らない人柄である（松陰は「周旋家になりさふな」「質直にして華なし、僕頗《すこぶ》る之《こ》れを愛す」と表現）。また、藩閥にこだわらず、長期的なヴィジョンを持って日本の立憲国家の形成を目指して、現実的に問題を処理する能力があると、他のリーダーたちに認められたからであろう。

これらは恩師の木戸にもあった要素である。しかし晩年の木戸は、病気のせいか、理想に走りすぎ、かつ感情的になりがちで、影響力を失っていった。いずれにしても、特に長期的ヴィジョン、現実的な政策判断、公平性は、のちの元老に何よりも求められる資質である。伊藤が元老制度形成の中心人物となり得た大きな理由である。

伊藤体制が始まった際の参議のメンバーは、のちの元老と過半数が重なる。参議は、伊藤・大隈・山県・黒田・井上馨・西郷従道・大木喬任《たかとう》（肥前、司法卿兼任）・寺島宗則（薩摩、外務卿兼任）・川村純義（薩摩、海軍卿兼任）である。このなかで、元老制度が確立する一八九八年まで生きていた人物では、結局政府を離脱することになる大隈と、大木・川村だけが元老にならなかった。元老となった人物は、これ以外に、松方正義（薩摩）と大山巌（薩摩）がいる。当時の松方は、大蔵大輔《たいふ》（次官）という要職を務めており、明治十四年政変後に参議兼大蔵卿となる。政変前から陸軍卿を務めていた大山も、政変後に参議となった。

この伊藤体制の下でも、人事も含め重要事項は「内閣」で決め、天皇が裁可する、という形がとられ、表の政治における天皇の権力は、佐佐木高行の工部卿就任拒否問題に見られるように、あまりなかった。もっとも佐佐木は、明治十四年政変後の一八八一年一〇月に参議兼工部卿に就任している。井上馨は一八七九年九月から外務卿になったので、工部卿には井上の後に二人の後任を経て、佐佐木が就いた。天皇の感情にも配慮した人事といえるが、天皇親政運動は一八七八年には終わっており（笠原英彦『天皇親政』）、天皇と「内閣」の関係に影響はなかった。

大隈重信の野望

大隈重信は交渉能力に長《た》け、知力や度胸も兼ね備えた人物である。維新直後の混乱期、三〇歳そこそこながら、金銭も絡む外交案件を次々に解決していって才能を発揮した。彼は自叙伝で、征韓論政変後に政府の薩長藩閥色がより強まったと書いているが（円城寺清著・京口元吉校訂『明治史資料　大隈伯昔日譚《せきじつたん》』一八〇〜四〇七頁）、実際には、大隈は開明官僚らが集う木戸派において、木戸に次ぐ有力者で、財政面で早くから力を振るった。大久保体制の下でも参議を続け、財政面の実力者といえば大隈、という存在であった。

すでに見たように、大隈は大久保体制の下で木戸派の後輩であった伊藤博文に追い越され、大久保没後に、伊藤が大久保の後継者となったことで、大隈の疎外感はさらに強まっていった。このため、薩長藩閥色が強まった、という回想になったのである。

在野の国会開設運動が全国に広まると、おそらく大隈は一八八一年（明治一四）初頭までには、早期国会開設という急進的な立憲政体構想を持ち始めていたようである。またこの頃には、一八七九年夏以来在野の国会論ブームを巻き起こす立役者であった福沢諭吉《ふくざわゆきち》との接触も深めた。

こうして一八八一年三月、大隈は左大臣の有栖川宮熾仁親王を通し、他の大臣・参議に見せないことを条件に、立憲政体に関する意見書を天皇にさし出した。その内容は、本年中に欽定《きんてい》憲法を制定し、一八八三年初頭に国会を開くことを希望し、議会で多数を占める政党の党首が天皇から組閣を命じられること、等を主張するものであった。これは、大隈が民権派と連携し国会開設後に首相となって組閣することを目指すもので、伊藤を中心とした藩閥政府に対する事実上のクーデターであった。

大隈の建言から約三ヵ月経った、おそらく六月末のことであろう。伊藤は三条太政大臣から大隈の意見書を見せられ、「驚愕《きょうがく》」する。その後、伊藤は大隈を政府から追放することを決意し、「内閣」員の多数派工作を行って大隈包囲網を形成していき、一〇月七日に岩倉右大臣の賛同も得て大隈追放の体制は完成した。

明治十四年政変と元老の萌芽

一八八一年(明治一四)一〇月一一日に、天皇が東北・北海道巡幸から帰ると、大隈を除いた大臣・参議一同から、憲法制定と国会開設、および大隈の免官が上奏された。この時天皇は、二九歳になる少し前であったが、大隈追放の計画について、「内閣」から前もって何も知らされていなかった。天皇は大隈の免官には消極的であったが、「内閣」の意見ということで、いずれも了承した。大隈は内閣を代表した伊藤から辞任勧告を受けると、承諾した。結局、一〇月一二日に、自由民権派から攻撃されていた北海道の開拓使官有物払下げを中止し、一八九〇年に国会を開設すること、大隈の辞任を認めること、が公表された(伊藤之雄『伊藤博文』)。この大隈追放をめぐる一連の事件が、明治十四年の政変である。

明治十四年政変で大隈が政府を追放されたことで、伊藤を中心とした藩閥政府は、実質的な権力の面で、長州・薩摩色をより強めた。表1に示すように、政変直後に参議であった薩長出身者は、元老制度が確立する一八九八年まで生き長らえれば、川村純義(薩摩)を除いて全員が元老となっていく。

明治十四年政変後の薩長の実力者(参議)で長生きした者たちがほぼのちの元老になるという意味で、この政変はその後の藩閥政府の根幹を約二〇年にわたって規定し、元老となっ

表1　明治十四年政変直後の参議

	のちの元老	出身	備　考
伊藤博文	○	長州	参事院議長兼任
山県有朋	○	長州	参謀本部長兼任
黒田清隆	○	薩摩	開拓使長官兼任．ただし，開拓使官有物払下げへの批判を考慮し，1882年1月11日に開拓使長官とともに参議を辞任
井上　馨	○	長州	外務卿兼任
松方正義	○	薩摩	大蔵卿兼任
西郷従道	○	薩摩	農商務卿兼任
山田顕義		長州	内務卿兼任．1892年に死去
大山　巌	○	薩摩	陸軍卿兼任
川村純義		薩摩	海軍卿兼任
佐佐木高行		土佐	工部卿兼任
福岡孝弟		土佐	文部卿兼任
大木喬任		肥前	司法卿兼任

た者たちはさらにその後まで影響を及ぼした。

さて、明治十四年政変後、伊藤は一八八二年三月から翌年八月まで欧州に憲法調査に行き、憲法制定の根幹となる考え方として、欧州の市民革命後の君主権力の解釈としては最先端の君主機関説を学んだ。これは、国家に主権があり、君主といえども憲法で決められた立法・行政などの諸機関に制約されるという考え方である。したがって、政治は君主専制ではなく、立法・行政およびすべての政治は一定の「組織紀律」によって運用する、ということになる（瀧井一博『ドイツ国家学と明治国制』第五章、補論、同『文明史のなかの明治憲法』第二章）。

伊藤が君主機関説的憲法を欧州で学び、

君主専制を否定したこと、天皇が二九歳近くになっても、人事を含め重要な政策は「内閣」で実質的に決めていたことも、元老の形成にとって重要である。このため、後継首相選定等の重要国務で天皇を輔弼《ほひつ》（補佐）し、元老が実質的に決定する元老制度が生まれるのに、違和感がなかったのである。

近代的内閣制度と伊藤

伊藤参議は欧州での憲法調査から戻ると、華族制度の創設を指揮した。華族令は一八八四年（明治一七）七月に公布され、授爵者五〇〇名余の氏名が発表された。これは来るべき「国会（帝国議会）」で上院（貴族院）を作る準備である。

華族制度の次は、太政官制下の旧「内閣」制度を廃止し、西欧と同様に、首相を中心として各省を担当する大臣らからなる近代的内閣制度に変えることであった。一八八五年二月頃から、伊藤と井上馨は山県の同意を得、薩摩の西郷従道らの参議、三条太政大臣の合意を求めて活動した。近代的内閣制度ができれば、伊藤が初代首相となることは、これまでの伊藤の実質的な地位から当然であり、そのことは、伊藤が憲法調査から帰国した際に、政府系新聞に公然と論じられたほどであった。

こうして伊藤ら薩長の参議を中心に、近代的内閣制度を作る動きが進み、一二月二二日に太政官制は廃止され、新しい内閣制度が作られた（伊藤之雄『伊藤博文』）。

表2　近代的内閣制度創設時の閣僚

	大臣	出身	前　職
伊藤博文	総理	長州	参議
井上　馨	外務	長州	参議兼外務卿
山県有朋	内務	長州	参議兼内務卿
松方正義	大蔵	薩摩	参議兼大蔵卿
大山　巌	陸軍	薩摩	参議兼陸軍卿
西郷従道	海軍	薩摩	参議兼農商務卿
山田顕義	司法	長州	参議兼司法卿
森　有礼	文部	薩摩	かなり急進的近代化論者で伊藤の腹心
谷　干城	農商務	土佐	学習院長
榎本武揚	逓信	幕臣	駐清公使

伊藤を首相に選ぶにあたり、事実上の意思決定を行った会合は、三条太政大臣邸で三条と伊藤・山県・井上・西郷・山田・大山が出席して行われ、まず伊藤を太政官制下の右大臣に推薦することが決まった。右大臣は岩倉の死去以来欠員となっていた。これまで大臣には、皇族・公家、大藩の事実上の藩主以外でなった者がいないことから、足軽《あしがる》出身の伊藤が右大臣になるのは破格の待遇であった。その後、三条が伊藤らの本音を察知し、伊藤を首相として天皇に推薦して裁可され、伊藤らの計画通りとなった。

このように、太政官制下で有力な参議であった伊藤・山県・井上・松方・西郷・山田・大山が、新しい内閣制度を作る際にも責任を持ち、西郷を除いて同じ閣僚ポストについた。伊藤は特別の存在で、明治十四年政変後に参議と各省の卿（長官）を兼任するのが原則となっても卿を兼任せず、ヨーロッパに憲法調査に行き、帰国後も国会開設に向けた制度作りに尽力していた。薩長の有力者で、第一次伊藤内閣に入閣していないのは、薩摩の最有力者で、伊藤にライバル意識を持っていた黒田清隆のみであった。すでに述べたように、黒田は西南戦争の際に別働第二旅団を率いて西郷隆盛軍を敗走させ、威信を高めたが、北海道の開拓使官有物払下げ問題の責任を取る形で参議と開拓使長官を辞任し、重要なポストには就いていなかった。

内閣制度創設に関わった七人に黒田を加えた計八人の薩長有力者のなかで、一八九二年に死去する山田を除く七人が、のちに元老となる。すなわち、一八八一年の明治十四年政変後に形成された元老の萌芽《ほうが》が、一八八五年の内閣制度創設を通してさらに大きくなり、八人の有力者集団が固まっていった（表2）。彼らはいずれも、西郷隆盛・大久保・木戸らの下で維新に参画したが、五〇歳の松方の他は、皆四〇歳代で若かった。

藩閥有力者の序列

のちに元老となる藩閥中枢八人のなかでも、この時点で伊藤が飛びぬけて地位が高く、山県、黒田と続き、かなり離れて井上、そして松方という序列であることは、明治天皇がこの五人の屋敷に行幸した順番や時期からわかる。またそれは、藩閥官僚のみならず国民の目にも明らかにされた（伊藤之雄「元老制度再考」四〜六頁）。彼らがのちに元老になっていく順番にも、この序列は反映される。

行幸の順番において、山県と黒田の順には微妙な問題がある。山県は徴兵制を導入し、一八八〇年代前半には山県優位の形で薩摩の大山巌と連携し、日本陸軍をドイツ風のものに作り上げた。練度の面でヨーロッパ列強の陸軍にはかなわないが、アジアでは最高のものとなった。また山県は、一八八三年一二月からは参議兼内務卿（ただし一八八五年八月まで参謀本部長兼任）を務め、幅広く内政一般を統轄した。これは将来の国政のリーダーとして、陸軍以外のことも体験する機会となった。

一八八〇年以来大山が陸軍卿を務めていて、内閣制度ができると継続して陸相に就任しても、山県の陸軍内での威信は衰えなかった。これは、陸軍の予算や改組をめぐって、山県が常に伊藤や井上と連携することができたからである（伊藤之雄『山県有朋』第六章、七章）。

陸軍と内務省という最も重要な官庁を二つも掌握した山県は、実力面で間違いなく伊藤に次ぐ存在であった。しかし、それを明確に認めてしまうと、薩摩系の不満が噴出する恐れがあった。長州優位ながら、薩摩と連携して政府を構成していくことが、在野の藩閥批判に対抗する上でどうしても必要だった。こうした点を考慮して、黒田は山県とあまり差が出ないように遇されることになったのだろう。

それでは、この行幸の順序は誰が決めたのであろうか。それを示す根本史料は見つかっていない。すでに述べたように、一八七五年の北海道巡幸が明治天皇の拒否により中止になっている。行幸は表《おもて》の政治の側面もあるが、宮内省が担当するため、奥《おく》の決定が効力を持つ。天皇は奥のことについては、かなりの発言力を持つようになっていた。それを考え合わせると、おそらく実直な徳大寺実則侍従長あたりが作った原案に、天皇が修正を加えて序列を作ったもので、天皇の意向がかなり反映されていたと考えられる。

近代的内閣制度が作られる頃、伊藤は宮内卿を兼任していた。伊藤が五人の屋敷への行幸を、天皇か徳大寺に発議した可能性はあるが、自邸を含む行幸の順番や時期など、細かい指示までしたとは考えられない。なぜなら、これ以降に確認される叙勲や陞爵《しょうしゃく》（爵位を昇格させる）・授爵（爵位を授ける）について、自分が関わるものには具体的な発言をしないのが慣例であったことが確認されるからである。

第2章　憲法制定と元老制度形成——伊藤と山県の対立の始まり

疑心暗鬼の明治天皇

本書の冒頭や序章でもふれたように、藩閥内閣が行き詰まった際に、藩閥有力者内で後継首相を決められない場合は、天皇が藩閥有力者の特定の人物に善後策を下問することで、元老は一八九〇年代前半に形成が始まり、一八九八年（明治三一）に定着していく。このためには、天皇が内閣で決定したことを裁可するだけでなく、表《おもて》の政治にも影響力を及ぼせるよう、公然と下問できる権力を持たなければならない。このような制度はどのように形成されていったのかを、まず憲法制定過程の明治天皇や伊藤博文の行動から見ていこう。

すでに述べたように、伊藤が欧州での憲法調査で学んできた憲法は、君主機関説であった。それは国家に主権があり、君主も行政府や議会と同様に、あるいは形式的には最も重要な機関とするもので、君主専制を否定する考え方であった。*

＊もっとも、主権は国家にあり天皇にはないと公言すると、保守派から攻撃されてしまうので、伊藤は枢密院などで説明する際に、主権は天皇にあるが、天皇は主権によって行う大政を各機関に委

任した、と説明している。

伊藤は欧州でこのような君主機関説の憲法理論を身につけることによって、天皇が日常は政治関与を抑制し、国政が混乱しかけた場合のみ、調停者として政治に関与するようになることを期待した。これは征韓論政変の際に天皇の威信が弱く、西郷らが下野し、西南戦争が起こって膨大な人的犠牲と経済的消耗を招いた悲劇などを考慮したからであろう。

しかし、明治天皇は三〇歳代前半になっても、表の政治に影響力を振るうことを許されなかったので、伊藤の考えがわからなかった。そこで天皇は、一八八四年（明治一七）には病気を理由に奥《おく》から出御《しゅつぎょ》しないことが多くなった。一八八五年夏には二時間ほどしか表に出御せず、その間も徳大寺実則侍従長・元田永孚《もとだながざね》一等侍講《じこう》に拝謁を命じ、あれこれ談話するのみになった。大臣・参議以下の重要国務に関与する者に下問したり、内閣が奏聞した書類を細かく見たりすることは、ほとんどなくなった。明らかに天皇は政治をサボタージュするようになったのである。

そこで伊藤は、参議兼宮内卿の辞表を提出したり、取り成したりし、天皇の気持ちを緩和した。

調停者としての天皇の誕生

明治天皇は伊藤から君主機関説の概略を聴いて、少しずつ立憲君主としての自覚を持つようになったようである。

一八八七年（明治二〇）になると、伊藤が首相であるにもかかわらず宮相を兼任していることに対し、宮中と府中の別を乱す、という批判が強まった。五月中旬、伊藤は内密に天皇に対し、首相と宮相の辞表を出し、宮相の後任には黒田清隆か吉井友実（薩摩、宮内次官）のいずれかをと推薦したが、天皇は伊藤の辞任を許さなかった（坂本一登『伊藤博文と明治国家形成』一九九～二〇五頁）。

七月以降になると、井上馨外相が進めていた条約改正交渉が、領事裁判権（治外法権）を撤廃するため外国人の判事を任用しようとするものであったので、閣員の一部や旧民権派から強い批判を受けるようになった。それに連動して、伊藤の首相・宮相兼任への批判もさらに強まった。伊藤は再び辞表を出す。天皇は状況を憂慮し、伊藤辞任の許可をしぶった。しかし、元田永孚の助言を入れて、伊藤の首相辞任は認めず、井上外相を辞任させて伊藤に外相を兼任させ、宮相だけ辞任を認めた（『明治天皇紀』六巻、七八一～七八四、七八七～七九二、八〇四～八〇六頁）。天皇は黒田の人柄から宮中に置くべきではないとの判断によって、黒田を宮相とすることを認めず、後任の宮相には土方久元《ひじかたひさもと》農商相（土佐、伊藤系）が就任した。黒田は農商務大臣に就任した。

条約改正問題等も加わって政府内でも伊藤の首相・宮相兼任に対する批判が高まるなかで、

天皇は薩摩派の感情にも配慮しながら、調停者の役割を果たした。

調停者としての行動について、天皇の意識を変えた決定打は、幼少から当時皇太子の天皇に仕え、天皇からの信用の厚い藤波言忠《ふじなみことただ》侍従（公家出身）を伊藤が欧州に派遣させ、シュタインから君主機関説にもとづいた憲法や国法学の概略を学ばせたことである。伊藤の意を受けた藤波は、一八八五年八月から八七年一一月まで、異国の地で慣れない学問に取り組み、自分が天皇に教えられるレベルまで消化するため、必死の努力を重ねて帰国した。帰国後、藤波は二、三日に一度のペースで夜の二時間ずつ、三三回にわたって天皇と皇后に講義をした。天皇・皇后は熱心に聴講し、天皇は納得できるまで藤波に質問した。こうして天皇と皇后は、新しくできる憲法の中での自分の役割を理解し、かつ伊藤への揺るぎない信頼を持つようになったのである（伊藤之雄『明治天皇』二五〇～二五七、二六三～二六四頁）。

しかし天皇は、藤波の講義を受けた後にも、調停者として以上の政治関与をすることもあった。一八八八年五月一日、天皇は近衛部隊（天皇や皇居を守る陸軍部隊）の編制改定について、徳大寺侍従長を通して有栖川宮参謀本部長に伝えさせた。しかし、天皇の要望は実現しなかった（『明治天皇紀』七巻、五七～五八頁）。

どこまでの行為が君主機関説的なのかどうかは、天皇にとっても、伊藤ら藩閥有力者にとっても難しい問題である。こうした体験を通して、明治天皇は君主機関説的な天皇に少しずつ成長し、威信を高めていくのであった。

憲法に拘束される天皇

一八八九年（明治二二）二月一一日に発布《はっぷ》（公布）された大日本帝国憲法では、万世一系の天皇が大日本帝国を統治する（第一条）と、天皇の統治権を示した。他方、天皇は貴族院と衆議院からなる帝国議会の協賛によって立法権を行い（第五条、第三十三条）、毎年の予算は帝国議会の協賛を経ることが必要である（第六十四条）等と、議会が天皇の行為を制約した。また国務各大臣は、天皇を輔弼（補佐）する責任があり、法律・勅令や国務に関する詔勅は、すべて国務大臣の副署（天皇の書名の左に添えた署名）を必要とする（第五十五条）というように、国務大臣も天皇の行為を制約していた。これは、まさに調停者としての君主機関説的天皇を、憲法として表現したものである。

憲法の中での自分の役割を確信した明治天皇は、大久保利通らの後を継いで伊藤が国政の根幹を作り、さらに大日本帝国憲法・皇室典範を制定したことを高く評価した。そこで臣下に与える勲章として、それまでの旭日大綬章《きょくじつだいじゅしょう》の上に、旭日桐花《とうか》大綬章という勲章を制定し、憲法発布の日の一八八九年二月一一日に伊藤のみに与えた。薩長のバランスを重んじる三条実美内大臣は、黒田清隆にも同様に与えるべきと考え、賞勲局総裁柳原前光（天皇の側室で皇太子を産んだ柳原愛子《なるこ》の兄）に奏請させたが、天皇は受け入れなかった。黒田に与えたら山県有朋や西郷従道にも与えざるを得なくなる、というのが理由であった（伊藤之雄「元老制度再考」七～八頁)。

首相・閣員による後継首相推薦

次に、憲法制定前後に後継首相はどのように決められていたかを見てみよう。

伊藤首相は、一八八七年(明治二〇)九月一七日から外相を兼任していたが、伊藤には憲法制定という、さらに大きな仕事があった。そこで伊藤は大隈重信を外相として入閣させ、薩摩の最有力者の黒田清隆農商相に政権を譲ろうとした。

立憲改進党の実質的党首である大隈と連携することにより、井上馨外相の条約改正に反対したグループの一角を切り崩し、大隈外相の下で条約改正交渉を進展させることも狙《ねら》ったのである。山県内相は、政党を背景にしている大隈の入閣に強く反対した。しかし伊藤は聞き入れなかった。結局、一八八八年二月一日に大隈は伊藤内閣の外相となった。

伊藤は閣僚中の有力者に相談の上、四月三〇日に首相を辞任した。伊藤はかねてから黒田を後継首相として天皇に推薦していたので、ほぼ同じ閣僚のまま黒田内閣が成立した。この後継首相推薦過程では、一応伊藤が有力閣僚に諮っているものの、薩長藩閥の最有力者で首相でもある伊藤の主導権が極めて強い。伊藤はこの後、新しく作られた枢密院の議長となり、憲法制定の最後の詰めの作業を行った。

次の黒田内閣で、大隈外相は外国人を被告とする裁判に限って大審院《だいしんいん》(現在の最高裁にあたる）に外国人判事を任用して裁判を行う、等の案で条約改正交渉を行った。この案でもイギリスとの改正交渉はうまくいかず、大隈外相は、交渉がうまくいかないならイギリスに現行条約を廃棄することを通告する、とまで天皇に奏聞した。

天皇は、条約廃棄でイギリスを脅すという大隈外相の過激な手段に、強い不安を覚えた。大隈案に対しても、国内で藩閥内からも含めて激しい批判が起こったので、伊藤は大隈が自ら方針を変えることを期待していた。しかし内々にとはいえ、大隈が条約廃棄論まで打ち出すに及んで、伊藤は大隈を見限り、一八八九年一〇月一一日に枢密院議長の辞表を出した（伊藤は辞職を認められ、一〇月三〇日に辞任）。これは政局に決定的な影響を与え、条約改正が延期（事実上の中止）され、黒田内閣は一〇月二二日に辞表を提出し、三日後に倒れるに至る。結果として、伊藤は薩摩派の内閣を強引に倒して黒田を傷つけたことになり、薩摩派の有力者の恨みを買ってしまった。このため、内閣が辞表を提出する一日前には、黒田首相・松方蔵相・大山陸相らは、後継首相として山県が適当であると考えるようになった（伊藤之雄『伊藤博文』〔文庫版〕二六四～二七一、二七八～二八〇頁）。

その後、天皇は黒田首相が閣員の同意を得て山県を推薦してきたので、山県に組閣を求めたが、山県はすぐには引き受けなかった。そこで天皇は一〇月二五日にやむなく三条実美内大臣を首相兼任とし、閣員はそのままで、当面をしのいだ。

「元勲優遇の詔勅」

伊藤が黒田から恨みを買う形で、伊藤と黒田という薩長の最有力者が一〇月末までに辞職してしまった。藩閥政府の大きな危機である。

そこで、この二人に一一月一日、「元勲優遇《げんくんゆうぐう》の詔勅」と通称される次のような詔勅が下された。

朕《ちん》枢密院議長伊藤博文を待《ま》つに特に大臣の礼を以《もっ》てし茲《ここ》に元勲優遇の意を昭《あきらか》にす

(伊藤・黒田同文)

この詔勅は大正期になると元老の法的根拠とされるようになる。この詔勅について、以前の研究では元老の資格と何らかの形で関連付けて論じられ、事典や辞書にもそのように叙述されたこともあったが、筆者はその見解を修正した。この詔勅で二人が元老になったわけではないことは、本章と第3章以下の叙述で、さらに明確に再論していく。

ところで、この時を含め、伊藤は四回、黒田は一回、この詔勅を受けた。のちに山県は四回、松方は三回受けているが、同じく元老になった井上馨・西郷従道・大山巌・西園寺公望は、この詔勅を一度も受けることがなかった。さらに桂太郎はこの詔勅を二回受けているが、元老にはなっていない。

この詔勅は、天皇が、伊藤・黒田の二人を今後も大臣の礼で待遇し、明治維新後に新しい国家を創成した「元勲」であると認めていることを明言し、名誉を与えたものである。すなわち、二人に条約改正問題で混乱した政局収拾に協力させ、藩閥政府内の分裂を防ごうとしたのである（伊藤之雄「元老の形成と変遷に関する若干の考察」七一～七三頁）。

なお、維新の有力功労者たちが、一般に「元勲」と呼称されるようになったのは、それほど早くなく一八八五年（明治一八）以降で、それも、大久保利通・木戸孝允・西郷隆盛や三条実美（岩倉具視）など、初期の最有力者のみに使われた（『読売新聞』一八八五年五月一四日、一八八六年一月一五日、一八八八年八月三日、一八八九年一〇月二三日、『大阪朝日新聞』一八八六年一月一七日）。一八八〇年代後半になって大久保や三条らを「元勲」と称し、維新における新国家の創設の大功労者のニュアンスを込めて呼ぶようになったのは、憲法発布や国会開設も数年以内に迫り、日本国民が維新の事業や功労者を安心して評価できるようになったからといえる。

この「元勲優遇の詔勅」は、その後において伊藤・黒田とほぼ同格の山県や、彼らに準じる井上馨や松方正義までも含んだ大久保らよりも若い集団を、ジャーナリズムなどが「元勲」と呼称するきっかけを作ることになる。

天皇の信頼を深める伊藤

山県有朋の決意を待ち、一八八九年（明治二二）一二月二四日に第一次山県内閣が成立した。外相には山県の腹心の青木周蔵《あおきしゅうぞう》（長州出身、前外務次官）が就任したが、他の閣僚は黒田内閣とほぼ同じであった。

大隈の条約改正に対し、伊藤が批判的な姿勢を取りながらも、閣内に反対論が強まり、自然に崩壊するまで待つという姿勢を取ったなら、伊藤は薩摩の恨みを買い威信を落とすことはなかっただろう。

これまで伊藤の権力は、長州のみならず薩摩閥までも従えることで成り立っていた。それに加え、伊藤は明治天皇の信任が特に厚いという強みを持っていた。この伊藤の特別な地位からして、黒田内閣が倒れた場合、次にできるのは伊藤内閣であるはずであった。初代首相のみならず、自分が中心になって作った憲法の下で、最初の総選挙と帝国議会を迎えるという晴れ舞台を担うのは、自分だと期待していただろう。

しかし大隈外相が大国イギリスに対し、条約廃棄論を脅しに使って条約改正交渉を行うとなると、話は別である。外交の失敗は取り返しのつかない結果を招く可能性がある。ここで伊藤は、自分の損得勘定を捨てた。外交上の大きな危険を避けるため、伊藤はあえて黒田内閣を倒して薩摩の恨みを買う道を選んだ。

大隈の条約改正交渉の問題点とそれに対処した伊藤の精神を、天皇は評価した。憲法で統

表３　日清戦争前の明治天皇の伊藤博文への下問

年月日	軍事	非軍事	内　容	伊藤の地位
1886.7.24	○		陸軍監軍部廃止の件（大山巌陸相と拝謁）	首相
1887.7.23		○	条約改正交渉推進の可否（宮中顧問官と可否を論じさせる意向）	首相
1888.5-89.2	○		近衛の編制改定	枢密院議長
1889.7.29		○	条約改正の可否	枢密院議長
1889.9.22		○	条約改正の可否を決める会議の参加者	枢密院議長
1891.2.19			国事について	貴族院議長
1891.5.11		○	ロシア皇太子遭難への対応策	宮中顧問官
1891.9.15	○		陸海軍大臣の補任資格の改正について	枢密院議長
1893.12.15		○	衆議院の官紀振粛上奏書への対応	首相
1894.7.27	○		大本営会議に伊藤を列席させる．以降も同様	首相

出典：宮内庁『明治天皇紀』六，七，八巻．「徳大寺実則日記」

帥権が規定されたにもかかわらず、これまでと同様に伊藤のバランスの取れた知識と判断力を信頼し、天皇は日清戦争終了までの間、文官の伊藤に対し、非軍事・軍事に関係なく、重要問題の下問をしばしば行った（表3）。後述するように、第二次伊藤内閣では、伊藤は再び強い指導力を発揮し、条約改正や日清戦争を遂行していく。

その一方、政府の意思決定能力が機能しない場合に、明治天皇はバランスの取れた決断を行い、調停者としての役割を果たし、権威を高めていった。

藩閥政府と民党の対立——山県の台頭

第一次山県内閣は、一八九〇年（明治二三）七月に第一回総選挙を無事に行った。しかし、一一月に開かれた第一回帝国議会では、衆議院の多数を占めた民党（野党）が地租を地価の二・五パーセントから二パーセントに引き下げようと（二〇パーセントの減税）、予算の約一〇パーセント近い削減を要求し、内閣と激しく対立した。

帝国議会においては、衆議院と貴族院はほぼ対等であり、予算は両議院を通過しないと成立しない。内閣は政府支持の「吏党」と、立憲自由党内の土佐派の協力を得て、予算の相当の削減に応じ、解散することなく議会を乗り切って、一八九一年（明治二四）三月七日に閉院式を迎えた。

責任を果たした山県は辞任を決意し、薩長の有力閣員の同意を得て、四月九日に後任は伊藤を、と天皇に推薦した。天皇も伊藤に期待したが、伊藤は受けなかった。薩摩派からの反発がまだ残っていると判断したのであろう。伊藤は、薩摩出身の松方正義（蔵相）か西郷従道（前海相）がよいと天皇に推薦した。天皇は西郷が受諾しないのを知って、松方に組閣を命じた。こうして、五月六日、第一次松方内閣が成立した。この日に山県は、伊藤・黒田と同じ内容の「元勲優遇」の詔勅を受けた。

第一次伊藤内閣以来、近代的内閣制度の下で、引退する首相が中心となり、閣員中の有力者らの同意を得て後継首相を天皇に推薦する、という慣行ができ始めた。しかし、この慣行は伊藤がやったことを次の黒田・山県が見習う形で、自然にできたのではない。伊藤が黒田内閣を結果として倒すことになったために威信を落とし、黒田・山県という藩閥内の最有力者が首相を経験して、伊藤と同様に天皇に推薦できる威信を得たからであった。

統治能力のない松方内閣

松方内閣には、これまでの慣行通り山県内閣の閣僚が留任した。しかし、内閣に伊藤・山県・黒田の三人を欠き、その三人に比べると藩閥最有力者ではない松方が組閣したことで、そのリーダーシップへの不安があった。

組閣後五日目の五月一一日に、ロシア皇太子ニコライが大津町《おおつまち》（現・滋賀県大津市）を漫遊中、警備の巡査によってサーベルで切りつけられた。大津事件である。大国ロシアと戦争になるのではないか、という恐怖が国内に走った。

大津事件に際し、天皇は、伊藤を最も重要な助言者として迅速に対応し、ロシアの誤解を解くことに成功したので、威信を高めた。この時、天皇への助言者としての主導権は、松方首相以下の閣僚らにはなく、断然伊藤にあった（伊藤之雄『明治天皇』、同『伊藤博文』）。

このように、藩閥全体を統制できず、天皇からの信頼も不十分な松方内閣は、第二議会（一八九一年一一月二一日～一二月二五日）に臨んで、民党側の政治参加の拡大や経費削減などの要求を、一方的に無視するのみであった。これは山県らや保守的な薩摩派が、民党に強く当たることを内閣に求め、その方針に従った結果であった。対する民党側は、第二議会こそが藩閥に民党の力を見せつける好機であると考えた。一二月二五日、衆議院が予算を大幅に削減したので、松方内閣はただちに議会を解散した。

こうして行われた総選挙において、品川弥二郎《しながわやじろう》内相（長州）は厳しい選挙干渉を行い、民党系候補者が当選することを妨害したが、翌一八九二年（明治二五）二月一五日の総選挙の結果、やはり民党の優位は動かなかった。

藩閥の最有力者の伊藤は、選挙干渉を批判し、再び枢密院議長の辞表を提出した。これは、直接には品川内相への批判であったが、品川を支持している山県や保守的な薩摩派藩閥官僚への批判でもあった。このことは、大隈外相の条約改正の際と同様に、藩閥全体の指導者としての伊藤の威信を傷つけるものであった。しかし伊藤は、政党に立憲政治に習熟させながら、議会の権限を少しずつ強めていき、立憲政治を完成させることを目標にしていたので、藩閥内では損な役割を、再びあえて買って出たのである。

伊藤が本気で動けば井上馨も支持するので、山県といえども、伊藤と正面から対決して再度の解散を主張し、品川内相や松方内閣を鼓舞することはできなかった。品川内相は辞任し、伊藤の枢密院議長の辞表は天皇に却下された。

松方内閣は勢いをなくし、六月になると藩閥有力者内で後継首相として伊藤が最有力であることが合意されていった。問題は、政党への対応をめぐって藩閥内に亀裂が生じ、山県らが積極的に第二次伊藤内閣を支援する意向を示さないことであった。

「元勲」「黒幕」と自称する

ここで一八九二年（明治二五）六月下旬、伊藤は、腹心の伊東巳代治《いとうみよじ》（枢密院書記官長）に、「黒幕会議《くろまくかいぎ》」を開催するよう命じた。メンバーは、伊藤・黒田・山県と現首相である松方である。山口県三田尻《みたじり》に帰郷していた井上馨は、急に東京に戻ることが難しいということで、今回は除かれた。松方は、自分が先んじて東京へ戻るわけにはいかないので、「先輩」がうち揃《そろ》ったら加わる、と伊藤に伝えていた（井上馨宛伊東巳代治書状、一八九二年六月二五日、「井上馨文書」）。

伊藤は後継首相選定の実質的な意思決定に、伊藤・黒田・山県・井上・松方の五人が参加すべきと考え、松方は藩閥内での地位や今回の内閣の失敗のために、低姿勢であったことが注目される。

六月二九日、松方首相邸内での、藩閥最有力者である「元勲」の会合（伊藤の言う「黒幕会議」）で、伊藤が「元勲」総出の内閣を作ることを強く主張したが、山県は自分の入閣はかえって有害であると拒絶した。その後七月三日、山県は井上馨に、もし自分が伊藤内閣に入閣するにしても、数ヵ月以内に辞表を提出することになるであろうと、あくまで入閣に乗り気でない意向を示した（井上馨宛山県有朋書状、一八九二年七月三日、「井上馨文書」）。この史料と事実は、藩閥有力者の間で、次の政権について相談する人々を「元勲」と呼んだ最も早い例の一つとして注目される。*

＊この二ヵ月以上前に、土方久元宮相は伊藤博文に宛て、政府内にいなくても「元勲之身を以て聖主之知遇を受け御諮問に御奉答被成候《なされそうろう》事は決而《けっして》不当之事には有之間敷《これあるまじく》と愚考仕候《つかまつりそうろう》」（元勲の地位にあるということで、天皇の知遇を受け、御諮問に奉答されることは、けっして不当のことではないと思っております）と、「元勲」という用語を使って論じている（伊藤博文宛土方久元書状、一八九二年四月一九日、『伊藤博文関係文書』六巻、四五七頁）。以上のように、松方内閣には藩閥最有力者の伊藤・山県・黒田のいずれも入閣しておらず、弱体であったため、「元勲優遇の詔勅」を受けたこともある三人を中心とした有力者たちが、助言や指導をして、あるいは松方に取って代わって国政を立て直すべき、との空気が一八九二年春頃から高まってきていた。

こうして藩閥最有力者である「元勲」の会合で、伊藤が事実上後継首相として決まっていった。問題は、新しくできるであろう伊藤内閣に、山県があまり協力的でなかったことである。この点の調整が必要であった。

また、一八九二年半ばになると、伊藤や山県ら藩閥最有力者たちが、内々では自らを「元勲」または「黒幕」と自称するようになっていることも注目される。以下で述べていくように、この「元勲」もしくは「黒幕」の集団が、のちに「元老」と呼ばれるようになっていくのである。

元老制度形成の始まり

さて、一八九二年（明治二五）七月三〇日、松方首相は辞表を出した。松方には、これまでの首相のように後継首相を推薦する権威はなかった。明治天皇は伊藤・山県・黒田の三人に善後処置について下問し（「諮りたまふ」）、二日遅れて井上馨にも後継首相について意向を尋ねた（「問はせたまふ」）。最終的には、伊藤の伊皿子《いさらご》邸（現・東京都港区）で、先の四人に大山・山田顕義の二人を加えて薩長の有力者六人の会議を開き、伊藤を後継首相とすることを確認した。こうして天皇から伊藤に組閣の命があり、八月八日に第二次伊藤内閣が成立した（伊藤之雄『伊藤博文』〔文庫版〕三二二〜三三三頁、伊藤之雄「元老制度再考」五、七頁）。

この過程は、元老制度の形成の発端として、次の三つの点で注目できる。

第一に、天皇がこの状況を打開するため、伊藤・山県・黒田の三人に下問したことである。その後も、内閣が倒れるとその三人に井上馨や松方らを加えた特定の人々に、天皇が下問をするようになる。藩閥内やジャーナリズムではこの人々のことを、主に「元勲」と呼んだ（伊藤博文宛伊東巳代治書状、一八九二年八月四日、『伊藤博文関係文書』二巻、二三二頁。『大阪朝日新聞』一八九二年八月五日、『読売新聞』一八九二年七月一五日など）。ただし、次章で示すように、日清戦争後の一八九六年秋頃から、彼らは元老と呼ばれるようになっていく。

第二に、伊藤は後継首相についてまず相互に相談する藩閥有力者を、すでに六月段階で伊藤・黒田・山県・井上・松方の五人に絞っていたことである。ところが、天皇はより限定して、薩長の最有力者であり「元勲優遇」の詔勅を下していた伊藤・山県・黒田の三人に対し、善後処置を相互に相談するよう下問した。伊藤の方が将来元老となる人物の範囲を広く取り、天皇の方が狭く取っているのである。二日遅れて、井上にも後継首相についての意見が尋ねられたのは、天皇と伊藤の間で調整が図られたためといえる。伊藤はさらにその後、自邸で六人の藩閥有力者の会議を開いて、伊藤が後継首相になることを最終的に確認した。この結果、山県も伊藤内閣に司法大臣として入閣した（ただし七ヵ月後に辞任）。

第三に、初期議会において、政党にどのように対応するかをめぐり、藩閥内が大きく亀裂したため、元老が形成されたことである。この厳しい状況下で、松方首相の個人的力量不足も原因となって、首相が閣僚中の有力者と相談して天皇に後継首相を推薦するという様式を取ることができなかったからである。*

いずれにしても、元老制度の形成は、内閣で後継首相を天皇に推薦することができなくなっても、天皇が専制君主的に後継首相を決めず、藩閥内の特定の有力人物に推薦を委《ゆだ》ねたことによって始まった。すなわち、大日本帝国憲法制定の際に、伊藤が構想した調停者としての君主機関説的天皇の役割を、明治天皇自身が理解して行動したことによって、元老制度が形成されたのである。伊藤と天皇は、誰を特定の人物にするかをめぐって、五人とするか、井上・松方を除いた三人とするかで考えが異なったが、君主機関説的天皇の行動を維持する点では、一致していた。

＊当時の藩閥最有力者の伊藤・山県・黒田に井上・松方を加えた数人の集団をジャーナリズムで「元勲」と呼ぶようになった早い例は、一八九二年七月一五日である（『読売新聞』一八九二年七月一五日）。しかしメンバーは限定されず、彼らは「黒幕」とも呼ばれた。『大阪朝日新聞』の方が藩閥政府に対して批判的であり、弱体な第一次松方内閣に対して裏で影響力を及ぼす同様の集団を、主に「黒幕」「黒幕会議」等と、少し遅くまで呼んだ（『東京朝日新聞』一八九二年六月二五日、七月三日、五日、八日、一二日、二二日、三一日、八月三日）。なかには「黒幕」と「元勲」を同様の意味で使う例もあるが（『大阪朝日新聞』一八九二年七月一五日）、基本は「黒幕」の語が使われた。ところが、一八九二年七月末、松方内閣が辞表を出して、明治天皇が後継首相について伊藤・黒田・山県に下問し、井上にも意向を尋ねて以後、少しすると、「黒幕」に代わって「元勲」の用語が主に使われるようになった（『東京朝日新聞』一八九二年八月四日～七日、一〇日、一一月三〇日、一八九三年一月一八日、『読売新聞』一八九四年五月七日、一八九五年一〇月一日）。「元勲」という呼称は、『大阪朝日新聞』の社説「元勲諸公」（一八九二年一一月三〇日）が出る頃までには定着していたといえる。伊藤首相の腹心である伊東巳代治内閣書記官長も、一八九五年三月、山県や松方ら「元勲」諸公が伊藤内閣に参加することになるなどと（伊藤博文宛伊東巳代治書状、一八九五年三月八日、『伊藤博文関係文書』二巻、三一二頁）、藩閥最有力者の山県・松方らを「元勲」と呼んでいる。とはいえ、「元勲」の代わりに「元老」の用語が使われたり、混用されたり、「朝野元勲」として松方・伊藤に加えて大隈重信・板垣退助・品川弥二郎らまで含めた集団を呼ぶこともあった（『東京朝日新聞』一八九四年二月一四日、一一月七日）。しかし、一般には「元老」は「元勲」より下の者を指すか、下の者も含んだ集団を呼ぶ場合に使われるのが普通の使用様式であった（星亨《ほしとおる》「政府及薩長元

老株《かぶ》の猛省を希《ねが》ふ」『自由党党報』一八九一年一〇月二五日、『東京朝日新聞』一八九二年八月一六日、一八九三年八月四日)。

第3章　日清戦後の定着――明治天皇と伊藤

政党の台頭と藩閥の亀裂

一八九二年（明治二五）八月に成立した第二次伊藤博文内閣の指導の下に、日本は日清戦争に勝利した。その後、日清戦後経営予算を審議する第九通常議会を前に、一八九五年一一月一二日、伊藤首相は明治天皇に拝謁し、病気を理由に首相を辞任することを申し出、後継首相として山県か松方が適当である、と申し上げた。天皇は一六日に黒田と山県を召して下問、二一日に伊藤に対し、辞任を認めず第九議会の開会まで休養するよう沙汰書《さたしょ》を出したので、伊藤は留任した。

病気なのは事実であったが、伊藤首相は本気で辞めたかったというより、むしろ藩閥官僚内の伊藤内閣支持を確認するため、天皇に辞意を表したのである。天皇も伊藤を辞めさせたくなかったので、そのように動いた。ここでも、黒田・山県と当事者の伊藤が特別な存在であることが、改めて世間に伝わった。

日清戦争が終わった翌年、一八九六年八月二八日に伊藤首相が再び辞表を出すと、天皇は後継首相に関する下問者の人選に、積極的に動いた。

それを示すのが、土方久元宮相（伊藤系）・田中光顕《たなかみつあき》宮内次官（山県系）・伊藤の盟友の井上馨（前内相）の三人からそれぞれ山県有朋に宛てた手紙である。これらは後継首相に関する人選の発端を、天皇に近い当事者が具体的に示した、極めて珍しい史料である。それらを総合すると、次の三つのことがわかる。

第一に、八月二八日段階で天皇は伊藤首相辞任後の政局の困難を心痛し、黒田枢密院議長兼班列《はんれつ》大臣（副総理格、現在の無任所相）に、厳命により臨時首相兼任を引き受けさせたことがわかる（黒田は八月三一日から九月一八日まで務めた）。

第二に、最終的な善後処置に関しては、天皇が山県・黒田・井上馨の三人に下問する意向であったことである。

第三に、伊藤が首相の辞表を提出するにあたり、後継首相を天皇に推薦しなかったことである（伊藤之雄「元老制度再考」一一～一二頁）。

伊藤が辞表を提出したのは、自由党の党首板垣退助に加えて、進歩党（改進党の後身）の実質的党首の大隈重信を入閣させる内閣改造を行おうとして失敗したからである。進歩党を背景にした大隈が、松方と連携して組閣する話が、在野で進んでいたので、伊藤は先手を打とうとしたのである。

政権構想は異なるものの、政党と提携しようとする伊藤や松方に対し、山県や黒田は藩閥勢力と政党が提携することに批判的であった。

それに加え、日清戦争をはさんで伊藤は四年以上も政権を担当してきたので、いったん辞任してもよい時期ともいえた。つまり、伊藤が後継首相を推薦しなかったのは、内閣が行き詰まって辞任したこと以上に、自由党に加えて進歩党も台頭する状況をめぐって、藩閥内の意見が大きく三つに分かれ、一人で後継首相を推薦できるだけの威信がなくなったと自覚していたからである。

伊藤と天皇の合作

明治天皇も同様のことを考慮し、山県・黒田・井上という三人の藩閥有力者に善後処置について下問した。しかし、八月二九日に西郷従道海相は、伊藤内閣の辞職に異議を唱え、黒田に臨時首相兼任を命じる「勅語」への副署を拒んだので、井上が調停に尽力しなければならなかった（「徳大寺実則日記」〔写〕一八九六年八月二九日、早稲田大学図書館所蔵）。

それに対して同日、天皇は下問の範囲を山県・黒田・井上の三人から松方も加えた四人に拡大することにより、政局を安定させようとの方針に変えた。

こうして九月一日に伊藤の後任問題について、山県ら四人にしっかりと相談するよう勅諭があった。その後、九月三日に黒田・松方が参内すると、天皇は山県を首相にしてはどうかと諮った。当時松方には、大隈・進歩党と連携して組閣する期待が在野で高まっていた。その松方が同意したので、天皇は、山県が組閣するよう松方に説得させた。天皇は、大隈を信頼しておらず、大隈外相の条約改正問題以来、大隈不信がさらに強くなっていたので、大隈と連携した松方の組閣を望ましいと考えなかったのであろう。

しかし山県は病気を理由に組閣を辞退、後継首相に松方を推した。そこで天皇は九月一〇日、松方に首相兼蔵相になることを命じ、九月一八日に第二次松方内閣が成立した（伊藤之雄「元老制度再考」一二頁）。

この過程から、天皇が後継首相の推薦を求める範囲を、山県・黒田・井上と今回は辞表提出直後で関与しない伊藤の四人から、松方を加えた五人に拡大したことがわかる。

天皇は日清戦争後のこの時期になっても、当初は松方を過小評価していた。しかし、多額の賠償金が日本の経済を潤すであろうという、日清戦後経営への国民の期待が高まり、財政専門家として、また大隈・進歩党との連携への期待から、松方が国民の間で人気を高め、藩閥の中でも地位を高めてきた。このため、天皇も松方を首相候補としてようやく認めるようになったのである。

すでに述べたように、伊藤は約四年前に、松方の可能性を直観的に予見し、松方も含めた五人を、後継首相を実質的に決める相談のため召集した（井上は東京へ戻れないので除かれる）。後継首相推薦に関し、伊藤の四年前の構想を、天皇が下問という形で公的なものとして、元老制度が具体化していった。

「元勲」に代わる「元老」の用語

このことは、藩閥官僚内にも、ジャーナリズムにも認識され始めた。一八九六年（明治二九）八月二八日、山県系官僚の清浦奎吾《きようらけいご》貴族院議員（勅選、前内務省警保局長）は、「元老」という言葉を使って、山県に次のような手紙を書いた（伊藤之雄「元老制度再考」一三頁）。

> 元老を召させられ、御諮詢《ごしじゅん》之《の》上《うえ》裁断《さいだん》あらせらるゝ事と存候
>
> 【現代語訳】天皇が元老を召され、〔伊藤首相の辞表提出に伴う善後処置を〕ご下問された上、御決定されることと思います。

この一日後、山県系官僚の白根《しらね》専一《せんいち》逓相《ていしょう》が山県に宛てて出した手紙にも、「小生は〔天皇が〕閣下〔山県〕・黒田・松方・井上諸元老を召すとの趣につき」などと、元老という用語を使っている。

伊藤系の伊東巳代治（内閣書記官長）の経営する『東京日日新聞』は、九月一日付で、黒田が臨時の首相となったのはあくまで過渡的処置であり、「黒田伯をはじめ元老諸公」をして秘密の相談をじっくりと行わせた後、天皇の決断で首相を定められることであろう、と論じた。

さらに『東京日日新聞』は九月三日には、「所謂《いわゆる》元老会議」と題して「四元老」が一堂に会すれば事態が予想以上に進展するかもしれない、などと述べ、そこに西郷従道・大山巌の二人が加わるか否かはなおわからない、と論じた。

その上で、「元老なる文字より解釈」（傍点は原文）すれば、西郷・大山の二人は当然として、枢密顧問官の川村純義（薩摩、前参議兼海軍卿）・副島種臣（肥前、前参議・外務卿）・佐佐木高行（土佐、前参議兼工部卿）の諸伯爵、海江田信義《かいえだのぶよし》（薩摩、前元老院議官）・福岡孝弟（土佐、前参議兼文部卿）の諸子爵も元老である。しかしながら、今回の「元老会議は一種の元老を限れるもの」と言うべきであろう、と論じた。

進歩党に好意的であった『大阪朝日新聞』も、九月一日から九月一九日の記事で、四人の「元老」が後継首相の天皇への推薦にあたることを報じた。

ここで注目すべきは、藩閥有力者が後継首相を選んだり政治の方向を決めたりする集団や会議について、一八九二年八月から一八九五年頃までは、藩閥内やジャーナリズムで「元勲」「元勲会議」という呼び方が主に使われていたが、一八九六年八月末頃から「元老」「元老会議」と呼ばれるようになったことである。*

*一八九六年八月末頃からジャーナリズムで、「元勲」「元老」が伊藤・山県・黒田・井上（・松方）らを指す際に併用されるようになり、九月になるとしだいに「元老」の用語が多く使われるようになる（『東京朝日新聞』一八九六年八月二九日、三〇日、九月一日、三日〜五日、八日〜一一日、一

六日、一七日、一九日、二五日、『読売新聞』一八九六年八月三〇日、九月一日、三日、一二月二日）。

「元老」を使うのはなぜか

「元老」よりも「元勲」の方が、維新で国家を創設した人物というニュアンスが強い。そのため、古くは、大久保利通・木戸孝允・西郷隆盛・岩倉具視・三条実美ら維新直後のトップクラスの政治家が「元勲」と称されてきた。一八九〇年代半ばでも、伊藤・山県・黒田・井上・松方を「元勲」と呼ぶ方がふさわしい。それでは、なぜ「元老」という用語に変えられたのだろう。

それは第一に、日清戦争後になると、戦後の国家運営をどのようにしていくかが焦点となるが、伊藤ら「元勲」たちを新しい人材が育っているのに、彼らの能力や精神を理解できない人々として批判的に見る風潮が高まったからである。そのなかで松方正義と連携する進歩党（旧改進党系）のリーダーである大隈重信らへの期待が高まっていった。

たとえば、「元勲諸公の不忠実」と題した『大阪朝日新聞』の社説（一八九六年九月一一日）は、次のように論じている（伊藤之雄による現代語訳）。

現今は国家が多難で、〔伊藤ら〕元勲諸公は自分の利益を捨て身命をなげうって役目を果たすべき時である……（中略）……万やむを得ないなら、〔元勲間の統一など気にしないで〕

外交・財務の担当者を元勲以外から求めるのは難しくなかったはずである。……（中略）……〔元勲たちは政権を担う責任を押し付け合って時日を無駄にしているが、〕もしまだ元勲たちの協力体制ができないのなら、自ら積極的に後進の秀才を抜擢《ばってき》して内閣を組織しその政権を統率するのも、けっしてできないことではない。

また、「松方内閣の組織」と題した『東京朝日新聞』の社説（一八九六年九月一七日）も、「元勲諸公」が首相候補を選定して、天皇に奏上した後は、かつての「黒幕内閣」の弊を繰り返さないように、万事首相に一任してよい、と論じた。

また第二に、後継首相推薦に常に関わる藩閥最有力者を限定していく過程で、自らを「元勲」と名乗るのは、それに外れた藩閥有力者らからの反発を招く。またこの時点で井上と松方は「元勲優遇」の詔勅を受けておらず、「元勲会議」と称すると、詔勅との関係を取りざたされる可能性もある。

そこで伊藤や山県らは、後継首相を推薦する集団や会議を「元老」「元老会議」と称することにしたのだろう。山県系官僚の手紙に、後継首相を天皇に推薦する集団を表現するため、一八九六年八月末に最も早く「元老」「元老会議」の用語が登場し、また同時期に、伊藤系の伊東巳代治が経営する新聞に「元老」の用語の解釈と定義がなされる。これらから、そのことが推定できる。*

＊近年まで、「元老」の用語を、藩閥有力政治家で第一線を退いても政治的影響力を及ぼす人々、と第一線を退くというニュアンスを込めて高校日本史教科書でも説明するのが普通であった。これは、元老とは「黒幕」という現代のイメージを、歴史上の慣例的制度にさかのぼらせて理解しようとしたものであり、ようやく修正された。

裁量権拡大への天皇の動き

一八九六年（明治二九）秋の第二次松方内閣の成立に際し、五人に限定される形で、「元老」「元老会議」という名前まで登場して元老制度が公然となり始めるが、天皇は内閣の存続等の問題をすべて元老に任せようとはしない。

それは、第二次松方内閣が、地租増徴を一八九八年度予算に盛り込もうとしたため、一八九七年一一月六日に大隈外相兼農商相が辞職し、松方内閣と進歩党の提携が断絶したことから生じた。地租増徴は、松方内閣がロシアに対する日本の安全保障を図るため、少なくとも極東では対抗できるよう、海軍・陸軍を拡張しようとし、その財源を得るために計画したものである。大隈や進歩党も、ロシアが日本にとって脅威であり軍拡のための増税が必要なことは認めていたが、選挙基盤である地主層の意向を考慮して、提携を破棄したのである。その後、同内閣は自由党と提携交渉をしたが、交渉はうまく進まず、一一月下旬には中止した。この結果、松方内閣は衆議院の与党を失い、来る議会において予算が衆議院で可決される可能性はほとんどなくなり、内閣の前途は暗いものになった。しかも一一月一四日に、ドイツが清国の膠州湾《こうしゅう》地域を占領する等、東アジア情勢も厳しさを増していた。

右の状況が展開している一一月一八日、天皇は土方久元宮相から、天下の形勢や内閣の「事務（行政）」等について、二時間にわたって聴いた。土方はそれを受けて一九日に黒田枢密院議長（兼班列大臣）のところへ行って、内閣の困難な事情について協議した（「土方久元日記」一八九七年一一月一八日、一九日、首都大学東京図書情報センター所蔵マイクロフィルム）。おそらく天皇は、黒田が伊藤を後継首相として推してくれると期待したのであろうが、はかばかしい反応がないので、土方の動きも中止された。

結局、第一一議会が召集されると、一二月二五日に進歩党・自由党などにより、内閣不信任決議案が上程された。松方首相は衆議院の解散を上奏し、辞表を提出した。

天皇は、黒田枢密院議長兼班列大臣に善後処置について下問、一二月二七日に黒田は伊藤か山県のどちらかを天皇がお選びになれば悪くない、と奉答した。天皇が第二次松方内閣期にすでに形成され始めた五人の元老（あるいは辞表を提出した松方を除いて四人の元老）に下問せずに、黒田一人に下問していることが注目される。天皇は君主としての自分の裁量権をより大きくする形で、君主機関説を運用しようとしたのである。

その後、天皇は伊藤の参内を求めたが、伊藤は参内の猶予を求めたので、黒田を伊藤の住居である神奈川県大磯《おおいそ》の「滄浪閣《そうろうかく》」に派遣し、参内を促した。

二九日に伊藤は参内し、組閣を命じられたが、一、二日の猶予を願って認められた。天皇はこのことを黒田と山県に伝えた。黒田は山県を訪れ、伊藤を出馬させるよう説得した。こうして、黒田や山県の協力を確認した伊藤は、一二月三一日に二度目の参内をし、組閣の命を拝受することや、その構想と状況を天皇に報告した。

伊藤は自由党と進歩党という衆議院の二大政党の党首（あるいは党首格）である板垣と大隈の入閣を求め、両党の協力を得ようとしたが、失敗した。こうして一八九八年（明治三一）一月一二日、政党の協力のないまま、第三次伊藤内閣が発足した。伊藤首相・井上馨蔵相を含め伊藤系五名を中心に、山県系二名（桂太郎陸相ら）と、薩摩派有力者で伊藤と親しい西郷従道が海相として入閣した内閣であった（伊藤之雄『伊藤博文』）。

七人に拡大する元老

この間、伊藤は、一八九八年（明治三一）一月八日までに組閣の人選を終えると同日参内し、内外の情勢が厳しいことから、首相以下閣員の任命に先立ち「元老」を召して時局に対処する方策について審議することを奏上し、天皇の合意を得た。この時、元老として召集が予定されたメンバーは、従来の伊藤・山県・黒田・井上・松方の五人に、西郷従道・大山巌も加えた七人であった。ただし、松方は内閣が行き詰まって首相を辞任した直後なので、召集されなかったようである。元老会議は一〇日に実施された（伊藤之雄「元老制度再考」一三

〜一四頁)。

この特色は、伊藤が、天皇との合意で元老が五人に限定されていたものを、七人に拡大しようと再び主導し、天皇の同意を得て実現させたことである。

伊藤の行動には二つの意味があった。一つは藩閥有力者の中で元老として天皇から召集される人々の範囲を少し広げることにより、第三次伊藤内閣への支持を固めようとしたことである。

二つ目のより長期的な意味は、元老のメンバーは、天皇のその時々の意思によって決まるものではないことを、はっきりさせたことである。第二次松方内閣成立の際に、元老の範囲が一応決まっていたにもかかわらず、天皇がそれをないがしろにする形で、黒田一人に下問する等の行動を取った。元老全員を召集するのかどうかを天皇が決めるようなやり方を、伊藤は天皇・皇室の将来にとって望ましくないと考えたのであろう。元老制度を安定させるため、伊藤が奏上したことを天皇が採用し、元老のメンバーを拡大して召集したので、元老はさらに公的な存在となっていった。

すでに述べたように、第二次松方内閣成立の際は、山県系官僚やジャーナリズムで「元老」の用語が使われ、その範囲での認知が確認できる。それに対し、今回は侍従長兼内大臣の徳大寺実則の日記(一八九八年一月一〇日)に、次のように元老という用語が初めて出てきた。

十日参十時三十分　昨日召之元老参朝

【現代語訳】一〇日午前一〇時三〇分に宮中に参る。昨日天皇が召した元老たちが参朝した。

徳大寺は実直な性格で、天皇の信任が厚く長年侍従長を務めている。徳大寺が日記の中で一八九八年初頭に初めて「元老」という用語を使うようになったのは、明治天皇が最終的に七人に拡大された元老たちに下問するのを原則とすることを決断したためである。*

*前述のように、伊藤博文の腹心の伊東巳代治は、一八九五年三月までは後継首相推薦に関わるような藩閥最有力者の人々を指すのに「元勲」の用語を使ってきたが、一八九七年末頃までには「元老」の用語を使うようになる（伊藤博文宛伊東巳代治書状、一八九七年一二月二八日、一八九八年一月九日、『伊藤博文関係文書』二巻、三八〇〜三八一頁）。これは、宮中において彼らを「元老」の用語で表現するのと同じ傾向である。

ジャーナリズムも認める

その後、次の第一次大隈内閣（隈板《わいはん》内閣。進歩党と自由党が合同して創設された憲政党が与党）が成立する際も、一八九八年（明治三一）六月に伊藤首相が辞表を提出すると、天皇の召しで伊藤・山県・黒田・井上・西郷・大山による元老会議が開かれた。松方も召集されたが、兵庫県御影《みかげ》の別荘からの帰京が洪水で遅れ、参加できなかった。この会議でも、山県は政党内閣を組織することに反対したが、伊藤が大隈と板垣に政権を担当させることを主張し、山県を押し切った。この年の初めに伊藤が新たに元老に加えた西郷・大山も、伊藤の説に同意した。

伊藤はこの苦境を、憲法にもとづいた政治を円滑に発展させ、遠い目標としていたイギリス風の政党政治に少しずつ近づいていくための機会になるかもしれない、と考えた。このため、合同しただけで政策も組織も固まっていない憲政党のリーダーたちに政権を担当させ、政権担当の困難さを知らしめる、というリスクを冒したのである（伊藤之雄『伊藤博文』）。

その後すぐに、第一次大隈内閣は予想通り行き詰まった。与党憲政党を構成する旧自由党と旧進歩党の対立が激しくなり、一〇月末に大隈首相らは辞表を提出した。一一月二日、天皇の召しで、山県・黒田・松方・井上・大山・西郷による元老会議が開かれた。伊藤も召集されたが、清国からの帰途にあり、間に合わなかった。会議では、山県が後継首相に推薦され、第二次山県内閣が成立した。

一八九八年の大隈内閣・山県内閣成立時の二つの元老会議についても、徳大寺侍従長兼内大臣は、日記にその集団を「元老」と表現した。すでに述べたように、ジャーナリズムも一八九六年九月以降、「元老」の用語でこの集団を呼んでいた。このように、一八九八年初頭に伊藤が拡大を主導し天皇も認めた、伊藤・山県・黒田・井上・松方・西郷・大山の七人の元老集団は、その後の二回の後継首相推薦の会議を経て、定着していった。元老制度は一八九八年に法的根拠を持たない慣例的なものとして確立し、天皇の下問を常に受けることを通じて公的なものとなり、彼らを元老と呼ぶことも、さらに確固たるものとなった。

「元老」の用語の拡大

後継首相推薦に関わる集団を「元老」と呼称し「元勲」の用語を使うことがなくなっても、維新の「元勲」という代わりに「元老」の用語を使うなど、「元勲」と「元老」の用語は、その後もしばらくは混用された。しかし、数年後の一九〇三年（明治三六）頃までには、混用はほとんどなくなる。こうして、「元老」の用語は後継首相推薦に関わる慣例的なポストとしての意味と、特定の分野の最高権力者・実力者の意味で使われるようになっていった。

たとえば、一九〇三年四月に銀行集会所大会に大隈重信が招かれて、演説の中で「伊藤・松方・井上等元勲を招待するに付私《つき》にも出席せよとの事」と発言している（『報知新聞』一九〇三年四月二六日）。これは大隈が自分は伊藤博文・松方正義・井上馨と違って元老ではないが、三人と同様に維新の元勲であると自覚していることを、正確に表現した記事である。*

＊これまで知る限りでは、天皇に後継首相推薦など国政の重要な助言を行う集団を「元勲」と呼ぶような形で、「元老」と「元勲」が混同されて使用されるのは、一八九八年一一月一日頃が最後の例となる（『東京朝日新聞』一八九八年一〇月三一日、一一月一日）。

慣例によるが元老が一つの機関として定着してくると、第一に、法令・規則にもとづく他の公的な機関と同様に、元老というポストが辞任可能なポストとして論じられるようになる。たとえば、一九〇二年一二月には、伊藤博文は「専ら元老として」政友会総裁を辞任するか、あるいは「単に政友会総裁として、元老たるを辞するか」決心すべきである、と論じられた（『報知新聞』一九〇二年一二月一日「元老か党首か」）。第二に、元老が後継首相推薦など重要国務を担当する最高権力者・実力者として、公的な存在感を伴ってとらえられるので、「元老」の用語がその分野の最高権力者・実力者という意味の形容詞としても使われるようになった。たとえば一九〇二年二月には、伊藤博文・松方正義の二元老と大隈重信の三人を、財政の最高権力者・実力者として「財政と伊松隈の三元老」と呼んで論じている（同前、一九〇二年二月一〇日）。第三に、明治維新に活躍した国家創業の人という意味で、旧来は「元勲」という用語が使われたところに「元老」という用語を使う場合が出てきた。たとえば、一九〇二年七月に元老の西郷従道が死去した際の追悼記事で、「嗚呼《ああ》維新の元老人才、年と共に凋謝《ちょうしゃ》〔死去〕する者」前後相次ぎ、君まで死去するに至っては記者は恨み嘆くあまり両手一杯の涙を流さざるを得ない、などと論じた（『中央新聞』一九〇二年七月一九日「吁《ああ》西郷侯」）。すなわち、元老制度が確立すると、「元勲」という用語が「元老」という用語にしだいに取って代わられていく。

なお、次のように伊藤・山県ら元老を古臭い藩閥の過去の人々であると批判的に論じる場合は、「元勲」と表現されることもあった。「今日の所謂《いわゆる》元勲と称する者、多くは過去の紀念たるに過ぎず、気力消沈して又当年の意気なく学識に於《おい》て将《は》た材〔才〕幹に於て後進中優に凌駕《りょうが》するもの少《すくな》しとせず、唯纔《ただわずか》に藩閥の残塁《ざんるい》に拠《より》て其余喘《そのよぜん》を有《たも》つに過ぎざるなり」（『東京朝日新聞』一八九八年五月三〇日、「元勲諸公」〔論説〕）。もしくは、伊藤たちの先輩である明治維新の第一世代を指す、次のような場合は「元勲」と称される。「伊藤・井上・山県と云ふ長州三尊の元勲〔についての〕談は大分面白い様だね、其伊藤侯の余談中に吉田松陰と永〔長〕井雅楽《うた》と云ふ一節がある」（『中央新聞』一九〇〇年六月四日、「元勲談について」〔枢密顧問官野村靖《のむらやすし》子〈爵〉談〕）。

なお、わずかではあるが、一九〇〇年になっても、勝海舟・品川弥二郎・大木喬任の死去に関し、彼らを「元老」と好意を持って呼ぶなど、かつての「元勲」の少し下のクラスの人々を「元老」と称した名残も存在する（『大阪朝日新聞』一九〇〇年三月一四日）。

元老の存在への批判

ところが元老制度が確立した一八九八年（明治三一）から五年経った一九〇三年二月頃になると、元老は「公職」でないので政治への関与は「私意」であるにもかかわらず、「秘密」に各元老が行き来して相談がなされている、などとジャーナリズムで元老の根拠への批判を込めた疑問が出されるようになった（『東京朝日新聞』一九〇三年二月九日「元老と政局」）。

また、元老は「維新の元勲」であるので、彼らの凋落《ちょうらく》とともにその勢力はたちまちになくなり、政党が元老に代わって国論を代表するようになるというように、元老はいずれいなくなる存在であるとも論じられた（『報知新聞』一九〇三年六月八日「伊西両侯の絶縁」）。

さらに一〇月以降、日露戦争を避けたい日本において、日露交渉がまとまらず、ますます緊迫感が強まっていくと、日露交渉について、内閣は国民の意見を冷ややかに見ながら「資格無き」元老が「事実上の閣議」を開いている、との批判が出るようになった（『読売新聞』

一九〇三年一〇月二五日「元老会議」)。加えて、元老は憲法を蹂躙《じゅうりん》しているとか、憲法上の機関でない元老の政治責任はどこにあるのか、と元老が憲法に関連させて批判されるようにもなった(『報知新聞』一九〇三年一〇月二九日「政治の中心何《いず》れにか在る」)。また大隈重信(前首相)の談として、元老たちは「憲法以外に元老なる一職名」を設けて常に「君主と政府の中間」に立ち、ほしいままに内外施政に介入し責任がどこにあるのかわからなくしている(『東京朝日新聞』一九〇三年一一月二七日)などと、元老が憲法上で根拠がないとの同様の記事が掲載された。明治天皇の召集や下問、とりわけ伊藤ら三人の元老には(黒田は一九〇〇年八月に死去)「元勲優遇」の詔勅が下されているにもかかわらず、すでに日露戦争前から、元老の憲法上の根拠を疑う見解が出されているのは注目される。

これは、衆議院第二党の憲政本党(旧進歩党)や彼らに共鳴するジャーナリストらが、第一党の政友会は元老伊藤博文が前総裁であるので政府と意思疎通があるようだが、自分たちや国民には、日露交渉の内容について桂太郎内閣や元老が秘密にしている、と不満を持ったことから、強まったのである。

元老の役割と憲法

これまで見てきたように、後継首相推薦に関し、伊藤は天皇が直接に関与することを抑制するために、元老制度の形成に積極的に関わってきた。これは、内閣が失敗した場合に天皇に対する批判が起きないようにするためであった。しかし、大日本帝国憲法を作る中心となった伊藤は、憲法上根拠のない元老という慣例的機関がいつまでも続くのを理想と思っていたわけではない。その意味で、伊藤は、右に見たように遅くとも一九〇三年頃から出てくる元老制度への批判を前もって織り込んで、憲法体制を考えていたといえる。

天皇の諮詢（下問）に応じて重要国務を審議する機関としては、元老の他に憲法上の機関である枢密院があった。枢密院は、皇室典範と大日本帝国憲法を審議するため、一八八八年（明治二一）四月三〇日に創設され、初代議長は伊藤博文であった。その後は、憲法についての疑義、その付属法令の草案やそれについての疑義、条約・緊急勅令などの審議等を、中心的な仕事とした。その動向が大きな問題になることも、時折はあったが、全般的には地味な機関となっていた。

しかし伊藤博文は枢密院創設の頃、将来政府と議会の意見が異なり、内閣が総辞職するか議会を解散するかの選択しかない場合、枢密院が天皇を「輔翼《ほよく》」（補佐）して判断を下す、という考えを述べていた（伊藤之雄「元老制度再考」一八頁）。伊藤はのちの元老の役割にあたるものの一部を、枢密院に与えることを考えていたのである。

すでに述べたように、日清戦争後に政党の力が強まり、政党への対応をめぐって藩閥内の亀裂は戦争前より深まった。これに対し伊藤は、元老を五人に増員して元老集団を形成する一方で、枢密院を強化して、元老に代わって役割を果たさせる構想を持ち始めた。まず、一八九六年八月の第二次伊藤内閣総辞職後、伊藤は、枢密院を改造・強化して天皇の後継首相推薦の下問を受ける、という案を手記に書いた。その内容は、後継首相推薦が三、四人の元老の相談ではしだいに困難になり、天皇を悩ませているので、枢密顧問官を二倍の五〇人に増強し、枢密院が後継首相に関する下問に応じる、というものであった（伊藤之雄「元老の形成と変遷に関する若干の考察」七七～七八頁）。

その後、伊藤が一八九八年初頭から元老の人数を七名に拡大したのも、枢密院の改造・強化がすぐに実現できないので、当面の対応策であったともいえる。

枢密院を改造・強化し後継首相推薦も担当させる考えは、同年一一月五日、第二次山県内閣が成立する前にも、『東京日日新聞』紙上で「元老と枢密顧問」という記事になった。この新聞は伊藤系官僚の伊東巳代治が経営していたので、その記事は伊藤の考えを反映しているといえる。その二年四ヵ月後、一九〇一年三月に貴族院が第四次伊藤内閣の予算を否決しようとし、同内閣の存続が危ぶまれた際にも、伊藤は同様の考えを伊藤系官僚の原敬逓信大臣に述べている。

おそらく伊藤は改造・強化した枢密院に、自分も含め七人（黒田が死去すると六人）の元老が議長・副議長や顧問官として参加し、その中核として後継首相推薦をリードする考えであったと思われる。また、後継首相推薦を憲法上の機関が行うようにして、その過程に公明性を与えようと考えたのである。

これまで論じてきたように、伊藤は憲法を作る際、建前として天皇が後継首相を選定するが、実際にはしばらくは首相を中心に内閣が行うこと、閣内対立が激しくなり閣内で処理できなくなったら枢密院で行うこと、ということを漠然と考えていた。ところが、大隈条約改正などをめぐり、閣内対立の余波は枢密院にまで及び、当面はのちに元老となっていくような藩閥の有力者を集め、合意を得て、内閣の存続問題や後継首相選定問題を決めていかざるを得なくなった。しかし伊藤は、元老制度が確立しても後継首相推薦を憲法上の機関が行い、より多くの人が関わることで公明性を増すことにこだわったのであった。

政権担当政党の出現

話は第5章の時期に及んでしまうが、この件について、日露戦争後の展開についてもまとめて語っておこう。日露戦争終了後、一九〇六年（明治三九）から一九一二年（大正元）一二月初頭まで、伊藤が創設し衆議院第一党となった政友会（旧自由党系が中心）を背景とする西園寺公望内閣と山県系官僚の桂太郎内閣との間に妥協・提携が成立し、スムーズな政権交代が実現した。辞任する首相が元老に相談したり、形式的に元老会議が開かれたりしたが、辞任する首相が明治天皇に推薦する形で、西園寺の次は桂、その次は西園寺と、事実上後継首相は決まっていった。それをめぐる元老間の意見の対立もなかった。

ここで展開していることは、政権担当能力のある政党（政友会）を背景とした西園寺内閣と、それを理解する官僚系内閣である桂内閣の連携である。政友会以外の政党の発達が遅れ、二大政党が交互に政権を担当することが無理な段階において、政党政治への道はこのような現実的な形をとって進んでいたのであった。一九〇九年一〇月に伊藤が暗殺されるまで、伊藤関連の史料の中に枢密院の改造・強化構想が登場しなくなる。伊藤は日本の政治がイギリス風の立憲政治に近づきつつあると感じ、この状況を満足に思っていたからであろう。

第4章　元老と東アジアの秩序・近代化──戦争・条約と元老群像

日清戦争の指導

この章では、日清戦争前後から日露戦争までに、つまり元老制度が形成される時期から確立された後において、元老たちが戦争や条約等の外交上の重要事項にどのように関わったのか、四つの項にわたって考えてみたい。次いで明治の元老群像を簡単に示す。

日清開戦に向けて事態が展開するなかで、一八九四年（明治二七）七月一六日、日本はイギリスと新条約を結ぶことができた。その内容は、第一に、領事裁判権（治外法権）を撤去する、第二に、関税を従来の一律五パーセントから、個別品目について五パーセントから一五パーセントの間で協定する形にし、日本が関税を引き上げることができるようにする、等であった。

この条約改正の方針は、約一年前、一八九三年七月の閣議で承認され、七月一九日に天皇の裁可を得た。陸奥宗光外相は、青木周蔵駐独公使に、七月二五日付の手紙でイギリスの意向を探るように命じた。この手紙を、陸奥は伊藤・井上馨（内相）と相談して書き、山県有朋（枢密院議長）にも見せて同意を得た。

その後、陸奥外相が伊藤首相と相談しながら青木駐英公使（駐独公使も兼任）に指示を出し、改正交渉を秘密に進め、改正に成功した。すでに述べた条約改正の成功を、翌一七日に天皇に奏上すると、天皇も喜んだ。この間、条約改正に関し、伊藤・山県・黒田・井上・松方による元老会議（「元勲会議」「黒幕会議」）は開かれていない。

日清戦争の開戦過程や戦争指導、講和、三国干渉への意思決定に関しても同様である。重要事項は、伊藤・井上・黒田（逓信相）も参加している閣議で決め、さらに大枠の方針は、伊藤首相と陸奥外相が合意して、井上馨や山県の同意を得て固めた。出征した山県が、病気のために第一軍司令官を免ぜられると、伊藤首相は井上馨と連携し、山県を参謀総長に就任させようと動いた。それはうまくいかなかったが、山県を陸相に就任させることには成功した。このように伊藤が軍の人事にまで関与できたのは、一八八〇年代からそうしており、日清開戦に際し、改めて天皇の命で、軍事面で戦争を指導する大本営会議に唯一の文官として参加することを許されたからである（伊藤之雄『伊藤博文』）。

首相でもある伊藤は、形成されかけていた元老制度よりも、戦争指導にふさわしい中枢組織を自分で決めたのである。次に、北清事変を検討する。

北清事変への対応

清国で義和団《ぎわだん》の乱が起こり、一九〇〇年（明治三三）六月、北京に籠城《ろうじょう》した列強の公使館員・公使館警備の兵・居留民を、義和団と清国兵はともに攻撃し始めた。日本も含め、列強は救援の兵を送ることになった。この北清事変は、日本が方針を誤れば国力を消耗した上に、列強間で孤立する恐れもあった。

北京への出兵が問題となった時には、藩閥第二の実力者である元老山県が首相として政権を担当していた。それにもかかわらず、七月五日朝、山県が拝謁すると、明治天皇は清国問題について伊藤に相談するよう命じた。伊藤は参内を命じられ、清国問題についての意見を問われ、閣僚に助言するよう命じられた。

伊藤は事態が容易でないと判断し、その後、首相官邸に元老でもある山県首相・西郷内相・松方蔵相や、青木外相・桂陸相・山本権兵衛《やまもとごんべえ》海相ら主要閣僚を集めた。伊藤の意見は、局面がどのように展開するのかわからないので、軽挙に走って国力を消耗しないようにしようということであった。各大臣は了解した（伊藤博文「清国事件に関し大命を奉したる以来の事歴」）。

伊藤は、清国・韓国などの極東地域で、列強等の軍事力が対峙《たいじ》するのでなく、危機の時のみ共同出兵することで、新たな秩序を作り、日本の安全保障を確保しようとした。しかし、山県首相らは、北京周辺に駐兵することで日本の発言力を増し、大陸における勢力拡張に役立てようとした。山県らは帝国主義の時代に典型的な、古い安全保障観を持っていたのである。

伊藤と山県首相の対立の結果、天皇の命があるにもかかわらず、伊藤の助言が活かされず、元老中の元老として威信を持っていた伊藤の権威が衰えていることが、確認されてしまった。これは、第三次伊藤内閣が半年ももたずに倒れたこと、さらに伊藤が天皇に推薦して成立した大隈首相の内閣（政党内閣）が四ヵ月もせずに倒れてしまった、という二年前の事件も影響していた。

その後、憲法体制を完成させるため、一九〇〇年九月一五日、伊藤は立憲政友会を創設した。伊藤の後継者の西園寺公望（前外相・文相）、および末松《すえまつ》謙澄《けんちょう》（前逓相、伊藤の娘生子《いくこ》の夫）らの伊藤系官僚と、星亨（前駐米公使）・松《まつ》田《だ》正久《まさひさ》（前蔵相）らの旧自由党系が中心であった。しかし、藩閥出身の伊藤が政党の総裁になったので、藩閥系の中で大きな反発が起きた。貴族院が伊藤内閣に反対して、予算を否決しようとしたように、伊藤は藩閥系における基盤をほとんど失ってしまう（伊藤之雄『伊藤博文』）。

このように伊藤は、イギリス風の立憲君主制への道を進める一方、兵力の対峙による均衡ではない形で東アジアに安定した秩序を作ることを目指して、列強との新しい協調外交を進めようとした。しかし、そのたびに藩閥内での威信を弱めていったのである。

日清戦争後、伊藤が政党に接近するのに反発した藩閥官僚たちは、反政党の姿勢を明確にし陸軍への影響力を保持していた山県に接近していき、山県が台頭していった（坂野潤治

『明治憲法体制の確立』第二章第二節）。こうして元老の中で、伊藤と山県が並び立つようになった。これに対し、黒田は内閣の失敗後、薩摩派のなかでも影響力を低下させていった。一九〇〇年八月二五日に黒田が死去しても、残された六人の元老の力関係に変化はなかった。

日英同盟と初の元老会議

すでに述べたように、一九〇〇年（明治三三）九月一五日に、伊藤は立憲政友会を組織した。これを見て、山県首相が強い辞意を示し、伊藤を後継首相に推薦したので、天皇は裁可、一〇月一九日に第四次伊藤内閣が成立した。この頃、ロシアの極東進出が進み、その脅威が増してきたなか、安全保障のために軍備増強が必要とされたが、予算が不足した。

翌年春になると、どのような予算を作るかをめぐり、閣内対立が激しくなり、伊藤は五月二日に閣僚の辞表をまとめて天皇に提出した。五月四日に山県・松方・井上馨・西郷従道の四元老により元老会議が開かれたが、彼らは伊藤の留任を勧告したものの、熱心に伊藤を支持したわけではなかった。伊藤が政友会を創設したことは、山県らには許しがたいことだったのである。

伊藤は、このような元老たちの動きに不満で、辞意を変えなかった。五月二五日の元老会議で、山県系官僚の桂太郎大将（前陸相）が後継首相に推薦された。こうして六月二日、第一次桂内閣が成立した。一〇人の閣僚中で、山県系の閣僚が七人もいることと、小村寿太郎《こむらじゅたろう》が外相に就任したのが特色であった。

日露の対立を緩和するため、伊藤は同年秋から米国を経て、欧州、そしてロシアのペテルブルグを訪れ、日露協商の交渉を始めた。伊藤は、韓国を軍略的に使用しないなどの制限をつけて日本の勢力圏とし、ロシアには満州を縦断する東清鉄道の安全を守る軍隊の駐留と、満州での一定の権益の拡大を認めて協商を成立させ、ロシアを満州の他の部分から撤兵させようとした（伊藤之雄『伊藤博文』）。

伊藤の構想は、軍事力を背景に互いに独占的な勢力圏を設定するのでなく、相互に、また他の諸国も経済進出できるような、緩やかな勢力圏を設定しようというものである。イギリスが中国において展開していた自由貿易主義と基本的に同じであり、経済競争を中心とする点で、帝国主義の時代を脱却する要素も含んでいた。

これに対し、桂首相・小村外相、元老山県らや陸・海軍幹部は、ロシアへの強い不信感を持っていた。ロシアと交渉をまとめても、長続きするとは思われず、いずれ戦争をせざるを得ないので、日英同盟を結んでロシアとの戦争に備えるべき、との考えであった。また、彼らは日本の勢力圏をできる限り拡張し、そこではなるべく日本が排他的に経済利益を得ようとしていた。帝国主義の時代の典型的な考えであった。

一二月初めに、伊藤はロシアのラムズドルフ外相・ウィッテ蔵相と会見した結果、協商が成立する可能性があると考え、日本に知らせた。しかし、一〇月以降、日英同盟交渉は急速に進んでおり、閣議と一二月七日の元老会議（山県・井上・松方・西郷が参加）、一〇日の「小元老会議」（松方・井上・桂首相・小村外相が参加）を経て日英同盟を結ぶことが確定した。一〇日の「小元老会議」に山県・西郷の二元老が参加しなかったのは、元来日英同盟を結ぶ方針に大賛成であり、参加しなくても方針が変わらないと判断したからだろう（伊藤之雄『立憲国家と日露戦争』一三一～一四二頁）。なお、日英同盟は一九〇二年一月三〇日にロンドンで調印された。

日英同盟締約という外交上の問題において、初めて元老会議が開かれたことが注目される。これは、桂が元老に比べて若い世代で、閣僚にも元老は入閣しておらず、桂内閣の威信が乏しかったからである。また、すでに見てきたように、伊藤の威信が低下していたことも要因であった。日清戦争時までのように、天皇の外交への信頼を背景に、伊藤が一部の他の有力者と連携して藩閥全体を引っ張っていくようなことは、できなくなっていた。

なお、一八九八年に伊藤が主導して七人の元老の一人として認められたはずの大山巌（陸軍参謀総長）が、桂内閣成立の際の元老会議から二年間ほど同会議に参加していない。いずれも、元老の人選への伊藤の関与があり得ない時期であり、明治天皇が大山を元老として召す必要がないと判断したからであろう。その後、西郷従道が一九〇二年七月一八日に死去したので、元老は四人になった。

日露戦争の元老会議

一九〇三年（明治三六）六月以降、露清協約に反し満州（中国東北地方）から撤兵しないロシアとの交渉案を決めたり、ロシア側からの回答への対応を決定したりするため、新しい形の会議が開かれるようになった。それは、常に伊藤・山県・大山（参謀総長でもある）・松方・井上ら五元老と、桂首相・小村外相・寺内正毅《てらうちまさたけ》陸相（長州出身、山県系軍人）・山本権兵衛海相（薩摩出身、海軍で西郷従道の後継者）の主要閣僚が参加した御前会議または会議である。具体的には一九〇三年六月二三日（御前会議）、一〇月一三日、一二月一六日、一九〇四年一月一二日（ここのみ、元老・閣僚・参謀本部と海軍軍令部幹部が参加した御前会議）等である。二月四日には、元老と主要閣僚で御前会議を開き、開戦決定を行った。大山が元老として会議に再び加わるようになったことも、特色である。

これらの会議に対する立案は、桂首相・小村外相らが行い、二人の主導性があったが、伊藤・山県などの元老も発言して影響力を及ぼした。閣議は、この会議の結果を追認するだけであった。

この会議のメンバーの中では、桂首相・小村外相は当初からロシア不信が強く、交渉の妥結への期待をあまり持っていなかった。山県も、一九〇三年九月末には日露交渉に悲観的になってしまった。ロシアとの交渉の可能性に最も期待していた伊藤も、一二月中旬には戦争は避けられないかもしれない、と思い込むようになった。

ロシアと日本は、海軍力を比べてもロシアが約二倍である。ロシアは元来、日本と戦争をしようとは思っていなかったが、日本にはロシアと戦争する勇気はないと誤解し、日本と緊張感を持った交渉をしなかった。ところが、一二月に日本が戦争の準備を本格化させ、日露開戦の覚悟をしていくと、ロシアは態度を軟化させ、日本側も呑《の》める可能性がある妥協案を決定したが、それが駐日ロシア公使に届いたのは一九〇四年二月七日である。それを提示しないうちに、翌八日には日本海軍が旅順《りょじゅん》港のロシア艦隊を攻撃し、日露戦争が始まってしまった（伊藤之雄『伊藤博文』〔文庫版〕五二三〜五二五、五二九〜五三二頁）。

日露戦争の開戦過程は、日英同盟の締結過程と同様に、外交上の意思決定に元老が集団として常に重要な役割を果たしたので、外交上の意思決定への関与は後継首相推薦と同様に、元老の権限となっていった。

日露戦時下で、韓国をどのようにするかの方針決定や、ロシアとの講和条件決定、講和の全権を誰にするかについても、桂首相と小村外相が立案をリードしたが、伊藤・山県・井上・松方の元老（大山は満州に出征中）と主要閣僚の会議が開かれた後、閣議で決定した。*

＊元老と主要閣僚の会議や打ち合わせについては、山本四郎『元老』（一二六〜一二八頁）に詳しい。

明治の元老群像

伊藤博文

元老中の元老ともいえる伊藤博文（長州出身）については、本書で詳しく述べてきたので、簡単にする。伊藤は帝国主義時代の列強間の国際規範や、形成途上の近代国際法を理解した。その上で日本の国力の限界を常に考え、列強との協調外交を実施するのみならず、イギリスと同様に、自由貿易主義を基本に安定した秩序を東アジアに構築しようとの理想を持った。内政においても、遠い将来にイギリス風の政党政治を形成し、立憲国家を完成させようとした。

伊藤博文

このような理想の前には自分の損得をそれほど考慮しない誠実さ、現実を処理する能力の確かさによって、伊藤博文は大日本帝国憲法制定にも成功し、明治天皇の絶大な信頼を得た。さらに元老制度を確立し、かつ修正する中心となった。しかし、外交・内政の理想を追求し、立憲政友会という政党まで創設したがゆえに、他の元老の理解を十分に得ることができなかった。その結果、元老の中での威信を後退させてしまい、しだいに山県に並ばれるまでになった。

しかし伊藤の公共的な精神と理想は、第二代政友会総裁として二度組閣し、のちに元老となる西園寺公望や、第三代政友会総裁として初めて本格的な政党内閣を作る原敬らに受け継がれた。

山県有朋

山県有朋は長州出身で、欧州に一年間遊学後、徴兵制度を日本に導入し、薩摩出身の大山巌の協力を得て、近代的な陸軍を構築した。一八八〇年代には陸軍を掌握したのみならず、内務卿・内務大臣として一般内政にも幅を広げていった。山県が陸軍内で権力を確立できた一因は、軍拡問題の財源等で同じ長州出身の伊藤や井上馨の支援を得たことであった。

ところが、憲法が発布され、帝国議会ができると、一八九〇年代には政党を抑圧しようとし、伊藤や井上馨と対立するようになった。また、外交上では、軍事力を背景に日本の植民地や勢力圏を拡張し、日本の安全保障を図ろうとする帝国主義の時代に典型的な外交観を持ち、外交を展開しようとした。

山県有朋

山県は外国語ができず、外交などで自分の見通しが大きく外れることが多かった。しかし、元来生真面目な性格であり、自分が示した外交上の発言に過度にこだわらない誠実さを持っていた。たとえば日清戦争の過程では、伊藤や陸奥宗光外相らに同調した。また政党への対応をめぐっても、伊藤と正面から対決するのは避けたので、初期議会期に解散に次ぐ解散で憲法が停止されるような事態になることは避けられた。

このため、日清戦争中に山県が病気で軍務を果たせずに帰国し、失脚しそうになると、伊藤と井上が山県を救おうと努力し、陸相に就任させた。

日清戦争後、伊藤が政党への接近を深めると、藩閥官僚たちは山県の下に結集し、旧来の陸軍に加えて、内務省を中心とした一般官庁にも山県系官僚閥が形成された。さらに一九〇〇年（明治三三）に伊藤が立憲政友会を創設すると、貴族院の大勢も山県系に支配されるようになった。また、北清事変以降にロシアとの軍事的緊張が深まると、山県が持っていた帝国主義の外交観が陸・海軍も含め藩閥の主流となっていった。

これらが元老山県の権力基盤となり、元老としても山県は伊藤に並ぶ影響力を持つようになっていった。なお、伊藤と山県は外交・内政観を大きく異にするようになり、対立したが、山県にも伊藤ほどではないが、自らの理念を重んじ、私的な利害よりも国家全体のためという公共意識があり、その面で互いに許しあえるところがあった（伊藤之雄『山県有朋』第三章～一一章）。

黒田清隆

薩摩出身の黒田は征韓論政変の際に、薩摩派中で大久保利通の腹心として活躍し、西南戦争でも別働第二旅団を率いて西郷軍を敗北させるきっかけを作った。以上の実績と、剛直な性格もあって、大久保が暗殺された後、薩摩派の中心となった。外交観は、清国に対して強硬なもので、当時の薩摩派の間では一般的な考え方であった。

開拓使長官であった一八八一年（明治一四）に、官有物払下げを大隈重信系から攻撃され、大隈を政府から追放した後に、黒田も参議と開拓使長官を辞めざるを得なくなった。このため、伊藤・山県がさらに台頭していったのに比べ、黒田は影響力を減退させていった。

しかし、薩摩派の第一人者であることには変わりなく、伊藤に次いで一八八八年に第二代首相となった。黒田は伊藤・山県に政治権力や威信の面で差を広げられて、あせりもあったのであろう。大隈外相に条約改正を任せて、権力と威信を挽回《ばんかい》しようとしたが、条約改正に失敗し、内閣は実質的に何の功績もないまま辞職した。

その後も初期議会期は、元来は保守的な内政観を持っていたにもかかわらず、大隈・立憲改進党との連携が噂《うわさ》された。これも、伊藤らへの過度のライバル意識のせいと思われるが、山県のように反政党を一貫させていない分、存在感を弱めていった。

黒田清隆

松方が初期議会期と日清戦争後に二度組閣すると、薩摩派は黒田より松方の下に結集するようになった。こうして、黒田は薩摩の第一人者としての地位も失っていった。

一八八五年に内閣制度が創設されるなど、新しい官僚制にもとづいた近代国家が形成されていくと、外交・内政・財政などの専門知識がより必要となる。黒田は一八八〇年代の大事な時期に、政府から離れ、それらを実地で学ぶ機会を失ったといえ、この面からも過去の人になっていったのである。元老として最も早く、一九〇〇年八月二五日に死去した。

井上　馨

井上は長州藩の中級武士の家に生まれ、足軽出身の伊藤よりも家柄がよく、しかも六歳年長だった。幕末から伊藤と常に連携して行動し、維新後は木戸孝允系の官僚として大隈重信・伊藤らとともに、大蔵省を中心に近代化への改革を推進していく。岩倉使節団には参加せず、大蔵大輔《たいふ》（大蔵省の次官、大久保大蔵卿が不在なので事実上の責任者）として力を振るうが、他省庁と対立し一時的に失脚した。

井上　馨

井上は、外交・内政・財政のヴィジョンを伊藤と共有し、性格も剛毅であり、その面で伊藤に準じる能力を持っていたといえよう。しかし欠点は、性格が短気で強引に事を運ぼうとすることや、金銭への執着の強さである。それらが大蔵大輔からの失脚にも関係していた。

征韓論政変後に伊藤が参議兼工部卿になり、大久保の下で重要な地位を占めていくと、井上との間に地位の差が開いていった。

その後、条約改正・軍備拡張・政党への対応問題などや、日清戦争指導などにおいて、井上は常に伊藤を助け、連携して行動した。しかし、彼が外務卿・外務大臣として長年携わった条約改正は失敗し、井上個人として成功した政治上の業績はない。常に伊藤の少し下で動いていたため、伊藤内閣が辞職すると井上に政権は回って来ない。井上は伊藤の影の存在となってしまった。

井上が独自に力を発揮した分野は、経済界である。大蔵省時代の経験やその後の藩閥政府内の地位を使って、一八八〇年代から各地に企業が勃興《ぼっこう》するのに関係し、経済界に隠然とした影響力を持つようになった。しかし、一八八〇年代には藩閥政府の中で松方よりも上の地位を有していたにもかかわらず、結局一度も首相になれず、達成感なく老いていく。井上の屈折感は強い。

それが表に出たのが、一九〇一年（明治三四）に第四次伊藤内閣が行き詰まった際である。窮地の伊藤に協力しようとせず、自分が首相になるために、あまり可能性のない画策すら行った。

本来の井上の理念は、伊藤に協力して政党政治への道を開いていくことであった。しかし政友会が、一九一二年（大正元）一二月以降、護憲運動につかず離れずの姿勢を取りながら関与し、第三次桂内閣を倒した後、山本権兵衛内閣の与党として改革を進めると、井上は、事実上の党首（のちに党首）の原敬や政友会と、関係を断ってしまった。伊藤（西園寺）の後継者である原が関係修復の機会をつかもうと努力しても、井上の態度はかたくなであった。戦略上の必要からであったが、原には山県の方が接触しやすかったほどである。

松方正義

一八七〇年代までの松方正義（薩摩出身）の藩閥内での存在感はそれほど大きくない。大蔵省の実務を担う官僚として、地租改正事業を成功させたことが功績といえる。その後、藩閥の中心となった伊藤に実務能力を評価され、一八八〇年（明治一三）には内務卿に昇進したが、閣議に出席できる参議になれたのは、明治十四年政変後の一八八一年一〇月二一日になってからであった。これはのちに元老になった藩閥有力者の中で、大山巌と同様に遅い。

松方正義

松方は参議になると同時に大蔵卿を兼任し、内閣制度ができると蔵相になり、合計一〇年近くも閣内で財政の専門家として重きをなした。この間、日本銀行を創設するなど、西南戦争後の財政再建と通貨の安定に成功した。しかし当時の藩閥官僚中で、松方は精神的に弱く、伊藤に協力したこともあって、薩摩派内では「伊藤味噌《みそ》」と呼ばれ、十分な威信を確立できなかった。

それでも財政運営能力が期待され、一八九〇年代に二度組閣したことで、松方は薩摩派の第一人者となる。大蔵省時代の人脈もあって、井上馨と同様に各地での企業創立にも関わり、経済界に影響力を持つようになった。

西郷従道

西郷従道

西郷従道は薩摩出身で、大久保の下で征韓論政変にも活躍した。当初陸軍軍人だったが海軍に転じ、内閣制度創立後は一〇年以上にわたって断続的に海相を務め、日清戦争に勝てる近代日本海軍を作った。西郷の後任海相は、腹心の山本権兵衛が七年二ヵ月にわたって務め、西郷の仕事を継承し、日露戦争の勝利に貢献した。

西郷は度胸があって決断力のある人柄で、海外体験と外国語能力に裏打ちされた幅広い視野を持った人物である。一八八〇年代以降、黒田に代わって薩摩派のリーダーになってもおかしくなかった。ところが、兄隆盛と対決して死なせてしまったことを負い目とし、海相以上の晴れがましい地位には決して就こうとしなかった。伊藤との関係も極めてよかったが、日英同盟に関しては、桂内閣を支持した。元老として、黒田に続き一九〇二年七月一八日に死去する。

大山　巌

維新後まもなく、兵部省（陸軍）内では山県と西郷従道が陸軍改革の中心となり、大山巌（薩摩出身）はその下で支える存在にすぎなかった。参議になったのも、松方と同様に、元老になった人物中では最も遅い。

大山 巌

一八八〇年代も大山は山県を助けて陸軍の近代化を進める立場を取り（伊藤之雄『山県有朋』第三章～七章）、一八八〇年（明治一三）二月から一八九一年五月まで一一年以上にわたって、陸軍卿・陸相を務め、薩摩派の陸軍での第一人者の地位を固めた。

日清戦争中には第二軍司令官となり、その後は日露戦争開戦後まで参謀総長、さらに一九〇四年六月からは満州軍総司令官となった。大山は一八九八年から元老となるが、日露戦争前の一時期と、日露戦争後は一九一二年（大正元）一二月までは、元老として扱われなかったように、元老として不安定であった。晩年は、健康上の問題もあり、自分でリーダーシップを取るというより、児玉源《こだまげん》太郎《たろう》ら有能な部下に実質的指導を委ねる「大将の器」といわれる姿勢を取った。

大山は元老としても積極的に発言できなかった。おそらく大山を後継首相推薦の下問の対象から外したのは、明治天皇の判断であり、伊藤博文も賛同していたと推定される。

この理由は、すでに元老の黒田清隆が死去したのに続き、西郷従道（海軍の長老）が死去したからであろう。残った五人の元老中二人が陸軍を背景としているのでは、文官元老との対比や海軍出身の元老がいないことを考慮すると、適切でないと判断されたからであろう。日露戦争後に陸軍が政府から自立する傾向を示し始めたことで、その処置はさらなる根拠を得た。大山が陸軍幹部を抑えるというより、その意向に従う傾向があったことも、関係していたと思われる。

なお、この七人の他に元老になったのは、一九一六年に補充される西園寺公望一人だけである。

腐敗の少なさが近代化を成功させる

元老制度形成と定着を論じた上で、最後に強調しておきたいのは、日本の近代化が成功した大きな要因の一つは、彼らの中に共通の目標とモラルがあったことである。それは、維新の過程で死んでいった先輩・友人たちの志を受け継いで、日本の独立を守り、発展させなければならぬ、ということだった。また、私的な利益のために権力を使い、蓄財をしてはならぬ、という節度もあった。

もちろん、彼ら元老にまでなった人々は皆、当時の庶民と比べると、邸宅に住み別荘を持ち、裕福な生活をしていたし、自由民権派等の藩閥反対勢力からオーバーに攻撃されることもあった。しかし、当時の欧米の有力政治家や財界人、日本の財界人、あるいは第二次世界大戦後の開発途上国の多くの有力政治家などと比べると、ほとんどの元老ははるかに質素な暮らしぶりをしていた。

元老の中で最大の権力者である伊藤・山県も、その巨大な権力を蓄財に使おうとはしなかった。そもそも、明治天皇が質素な生活を奨励しており（伊藤之雄『伊藤博文』、同『山県有朋』、同『明治天皇』）、腐敗を抑制する精神は、天皇、元老から日本全体に広がっていったのである。第二次大戦後の開発途上国の指導者の中では、シンガポール建国の父とされ、強力な指導力で同国を世界有数の富裕国に引き上げたリー・クワン・ユーが類似している。開発途上国につきものの腐敗が少なく、その限られた様々な資源を近代化と安全保障のために、かなり合理的に投入できたことが、明治国家の成功の重要な要素であった。

第5章　政党の台頭による制度の動揺——伊藤の死

元老を介さない後継首相選定

一九〇四年（明治三七）一二月五日、旅順港のロシア艦隊を日本軍が陸上から砲撃して撃沈していくと、日露戦争の日本の勝利が見えてきた。一二月八日、桂内閣と政友会の間に、日露戦争後に政権を譲るので、それまでの間政友会が桂内閣に協力する、という密約が結ばれた。桂首相（山県系）と原敬（政友会）が中心となり、内閣側では曽禰《そね》荒助《あらすけ》蔵相と山本権兵衛海相、政友会側では西園寺公望総裁と松田正久も関わった。元老の伊藤と井上馨は密約を知らされ、保証人的存在となった。

伊藤ら二人の元老が関わっていたとはいえ、山県・松方両元老には知らされずに政権交代の密約が結ばれたことから、桂首相と原が元老会議を介さない後継首相選定を目指していたといえる。

政友会は密約にしたがって、一九〇五年九月にポーツマス講和条約に対する国民の不満が強くなっても桂内閣に協力した。その後、同年秋に山県は伊藤から密約のことを聞き、腹心と思っていた桂首相の裏切りに強く怒ったが、流れを変えようとはしなかった。桂は辞任前に元老たちに西園寺を後継首相とする了解を形式的に得て、西園寺を天皇に推薦した。こうして元老会議を開かずに一九〇六年一月七日、第一次西園寺内閣が衆議院の第一党政友会を与党として発足した。

第一次西園寺内閣が一九〇八年七月四日に辞表を提出した際も、*西園寺は桂を後継首相として推薦した。天皇はそれを伊藤（漢城《かんじょう》〔ソウル〕に統監として滞在）・山県・松方・井上の四元老に下問して同意を得た後、組閣の命を桂に下した。今回の後継首相推薦においても、元老の役割は極めて形式的なものであった。

＊第一次西園寺内閣辞任の理由をめぐって、山県に日本社会党取り締まりについて批判されたからか、井上・松方らに財政について批判されたからか、という論争がある。しかし、このような批判だけで元老が内閣を辞任させられると考えるのは、この時期の元老の権力をあまりにも過大視している。病気持ちの西園寺首相が二年半政権を担当し、総選挙で政友会の議席を増やしたことも加わり、一定の達成感を得た時点で、内閣を支援してきた桂・山県・井上・松方らの気持ちの変化を察知して、総合的に辞め時と判断し、辞意を固めたのである（伊藤之雄『元老西園寺公望』）。

第二次桂内閣に対しても、衆議院第一党の政友会は予算などの通過に協力した。早くも一九〇九年（明治四二）三月には、原が西園寺総裁・松田ら政友会幹部を代表して、桂首相と政権授受の内談をするようになった。桂は天皇に辞表を出すより前に、山県を訪れて、辞意と西園寺を後継首相に推薦することを「宣告的に」山県に述べ、合意を得ていた（『原敬日記』一九一一年八月二六日）。次いで八月二五日に全閣員の辞表を奉呈し、西園寺を後継首相に推薦した。こうして、一九一一年八月三〇日に第二次西園寺内閣が成立した。

今回は前回以上に、元老が後継首相の人選に関与することはなく、桂が山県の同意を得ただけであった。また、第一次西園寺内閣成立時のように、閣員の選定に関して元老の意向に左右されなかった。政友会や政友会と連携している桂の力が伸び、相対的に元老の力が衰えたのである。

伊藤への破格の処遇

日露戦争後にこのように元老の勢力が弱まるなかでも、明治天皇はロシアに戦勝したことで権威をさらに増し、伊藤を重んじ続けた。

それは、日露戦争の論功行賞の選定にも見られる。一九〇六年（明治三九）六月一日に天皇は元老伊藤に命じ、山県・大山巌とも申し合わせて将官以上の軍人の論功行賞案を作るように、との言葉を与えた。伊藤は山県・大山と桂（前首相）・山本（前海相）・寺内正毅（陸相）・斎藤実《さいとうまこと》（海相）・児玉源太郎（陸軍参謀総長）・伊集院五郎《いじゅういんごろう》（海軍軍令部次長）らの協力も得ることを許され、六月一三日に伊藤・山県・大山の三人で陸・海軍将官以上の軍人の論功行賞を上奏した。

他方、日露戦争の有功文武官の叙爵については、翌一九〇七年九月一一日に天皇は元老伊藤に内命したが、西園寺公望首相や山県には命がなかった（伊藤之雄「元老制度再考」二五頁）。

このように、日露戦争の恩賞等に関し、元老伊藤は天皇の厚い信頼を背景に選定の中心となり、軍人である山県・大山らも協力したが、井上・松方も含めた元老の仕事として対応したのではない。

また、すでに述べたように日露戦争後に元老は権力を衰退させていったが、伊藤はそのなかで明治天皇の信任を背景として最も高い地位にあり続けた。一九〇九年六月に伊藤が韓国統監を引退すると、天皇は山県の意向も受け、山県枢密院議長を平の枢密顧問官に格下げして、伊藤を枢密院議長に任命した。天皇はこのように、伊藤を山県より上であると、改めて公然と位置づけた。また天皇は、伊藤が韓国統監を引退した日に勅語を与え、一〇万円（現在の約一四億円）を下賜した（「徳大寺実則日記」〔写〕一九〇九年六月一一日、一四日）。

同年一〇月二六日に伊藤が暗殺されると、二七日に伊藤の葬儀を国葬で行うことが決まった。さらに一一月四日、明治天皇は伊藤の国葬について、三条実美公爵の葬儀より上にもならず下にもならないところで式を挙げるべきである、と指示した（「徳大寺実則日記」〔写〕一九〇九年一一月四日）。

三条は公卿として維新に導くリーダーとして活躍、維新後も一四年以上にわたって太政官政府の最高位である太政大臣の職にあった、最も格式の高い政治家であった。伊藤のように藩主でもなく陪臣であった者の国葬は初めてであるし、足軽だった伊藤が三条と同格というのも破格の扱いであった。

伊藤の国葬について、元老が下問されたことを示す史料は、今のところ見つかっていない。国葬は内閣の行政と宮中の行事の中間に近い行事（経費四万五〇〇〇円は国庫より支出）であることを考慮すると、伊藤の国葬は、元老に下問されることなく、天皇の意思で決められたといえよう。

伊藤に対してここまでの心遣いをするのは、伊藤と天皇の個人的な人間関係を越えて、天皇が伊藤の外交・内政構想を支持していたからだろう。国際協調を貫き、東アジアに安定した秩序を作ることや、漸進的に政党政治への道が開かれ、国内政治も安定していくことは、公共性を重んじる明治天皇の理想でもあったと推定される。

伊藤的な元老を目指す桂太郎

元老伊藤が死去すると、陸軍や貴族院を山県系で押さえていることを背景に、元老中で山県の存在感が増した。しかし、山県は特に新しい行動を起こせたわけではなかった。それは、衆議院第一党の政友会を背景にした原敬や西園寺総裁と、山県系官僚閥を背景とした桂太郎との提携は続き、明治天皇も健在であったからである。

すでに述べたように、一九一一年（明治四四）八月、第二次桂内閣から第二次西園寺内閣に政権交代した際も、桂首相が西園寺を天皇に推薦し、元老会議が開かれることなく決まった。また西園寺内閣は閣員の選定に関し、元老の意向に左右されることがなかった。

この間、一九一一年八月二七日に徳大寺実則侍従長（内大臣の職務も代行）は、桂の言葉を次のように書き残している。

私が首相の辞職を願い出たのは、各元老が「老衰」したので、政治を行い天皇を「御輔《ほ》導《どう》」する人物がなく、前途が心細いからです。よって今のうちに首相選定の後継者を置く必要があります。将来、内閣に困難が生じた時には天皇の沙汰《さた》があればいつでも参内いたしますし、それまでの間でも意見を言上します。決して国家を顧みない気持ちを持つことはありません。永く「御輔翼《ほよく》」するつもりです。

（「徳大寺実則日記」〔写〕、現代語訳）

桂は山県や一般の元老をしのいで、伊藤のような抜きんでた存在になろうとしていたのである。桂が徳大寺にこのような発言をするのは、自分が明治天皇から特別に信頼されている自信があり、徳大寺が実直な性格であったからでもあった。

同年八月三〇日に桂は「元勲優遇」の詔勅を受けた。これは元老の中でも、伊藤・黒田・山県・松方しか受けていない詔勅で、元老の井上馨・西郷従道（故人）、この時点までに一時的に元老であった大山巌には与えられていない。

山県を脅かす桂

桂は第一次内閣の首相在任中以来、山県と連携して、陸軍の重要人事を事実上決定してきた。日露戦争後も、山県が陸軍を統制するためには桂の助けがなければ十分でなく、陸軍の重要人事は、山県・桂と陸相が相談して行う慣行が続いた。山県は一九一一年八月の時点で七三歳。当時としては相当な高齢で、いつ倒れるとも限らない。寺内正毅陸相ですら、山県の腹心というより、山県と桂の両方に気を遣う行動を取るようになっていた（伊藤之雄『山県有朋』）。このように桂は、明治天皇の信頼に加え、山県系官僚閥の居城ともいえる陸軍を山県とほぼ対等なほど掌握したことからも、自信をつけていたのである。

一九一一年秋に中国で辛亥《しんがい》革命が起きると、山県は革命が満州に波及することを心配して、ロシアと協議しながら適当な時期に満州に一、二個師団出兵すべき、との意見書を西園寺内閣に提出した。しかし、西園寺内閣は英米との協調の観点からも出兵に反対であり、西園寺と桂の連携も固く、山県の提言は内閣のみならず陸軍中枢においても本気で受け止められなかった。元老が集団として重要な外交問題の意思決定に参加するという、日英同盟問題の頃から形成された慣行は、ほとんど消滅したといえよう。それは、元老中で大陸政策に発言力がある山県個人にとっても、そうであった。

その後、清朝が滅んで中国情勢が流動化していくと、山県や陸軍にとって二個師団増設（平時編制で陸軍将兵を約二万人増員）は、より切実な目標となっていった。

このようななか、一九一二年七月六日、桂太郎大将一行は、ヨーロッパに向けて出発した。桂は列強首脳の中国情勢への考えを探り、ヨーロッパの政党や労働運動などの新状況を理解し、帰国後、天皇を補佐して政治を主導しようと考えたのである。桂が渡欧する際、七月四日に天皇から一万五〇〇〇円を下賜された。伊藤ですら一九〇一年から翌年にかけて日露協商交渉などのため渡欧した際には、帰国後に二万円を下賜されたにすぎない（「徳大寺実則日記」〔写〕一九〇二年一月二八日、三月七日、四月一一日、一九一二年六月一七日）。

伊藤の場合は、伊藤が政友会を創立し第四次内閣を組織してしばらくのうちに、宮中から合計二二万円（現在の約三三億円）が下賜されていることも影響しているので、桂への下賜金と単純な比較はできない。しかし、桂が公務がまったくない海外旅行をするのに対し、古参の元老ほどではないものの、それに準じる扱いを受けているといえる。ところが、七月二九日（公表は三〇日）に明治天皇は崩御し、その報に接した桂一行は、ロシアのペテルブルグからただちに日本に引き返した。

とりわけ桂が「元勲優遇」の詔勅を受けていることを考慮すると、明治天皇がもっと長生きし、第二次西園寺内閣が明治天皇の治世下で長く続いていたなら、桂は間違いなく元老になったことであろう。しかし以下で述べるように、明治天皇が崩御し、経験のない大正天皇のもとで、桂は元老たちから元老として扱われず、まもなく政治的に失脚して死去した。桂は元老になることができなかったのである。*

＊第二次世界大戦後、桂太郎を元老の一人として加える見方がある（林茂執筆の「元老」『世界歴史事典』〔平凡社、一九五一年〕他）。これは、「元勲優遇」の詔勅を受けたことを最も有力な根拠とするものである。さすがに林茂は、桂が「元勲優遇」の詔勅を受けて、すぐに元老になったとは論じていない。これらに対し、大久保利謙は、筆者の元老制度研究を受けて、桂を元老から外し、伊藤ら八人のみを「元老一覧」に掲載した（「元老」『国史大辞典』五巻〔吉川弘文館、一九八五年〕）。ところが、近年に至っても、桂は第二次内閣総辞職時に元勲優遇の詔勅を受け、正式に「元老」の仲間入りを果たしたが、後から追加された元老、いわば「遅れてきた元老」であったと、「元勲優遇」の詔勅と元老の資格をさらに機械的に結びつけて論じる研究もある（千葉功「大正政変前夜」二〇一一年）。

しかし、すでに明らかにし本書でも叙述していくように、桂の生前には、元老の資格と詔勅は十分に結びついておらず、元老や桂自身も桂を元老とは思っていない（伊藤之雄「元老の形成と変遷に関する若干の考察」一九七七年）。本書で述べてきたように、元老になるためには、明治天皇の他に、とりわけ最も有力で天皇の信任も厚い伊藤博文や、伊藤の死後は山県有朋らとの力関係のなかで、元老たちに承認されることが必要なのである。すなわち元老制度とは、天皇と元老たち、あるいは元老制度ができる前の藩閥有力者たちが作っていった慣例的制度で、時代のなかで変化していく。この元老制度を、形式的・機械的にとらえようとするような歴史研究の姿勢では、本質が見えなくなるのである。

イギリスの政党政治からの元老批判

日露戦争にかろうじて勝利したものの、日本の現状を十分に知らされていなかった国民は、多大の犠牲を払ったにもかかわらず賠償金も取れない講和に不満であった。このため講和条約の内容が公表された一九〇五年（明治三八）九月には、講和条件について「元老閣員は責任を知るか」と、元老を桂内閣とともに批判する記事が出るようになった（『東京朝日新聞』一九〇五年九月四日）。こうして、元老の権力の正当性はさらに弱まっていった。

さらに翌一九〇六年になっても、第一次西園寺内閣への元老の政治関与は「実に憲法上の一問題」であるとか、元老は「其制《そのせい》の変的なること」を論じることをやめられない、と元老批判が継続した（『東京朝日新聞』一九〇六年一月一〇日「新内閣と元老」、五月二三日「新元老か」）。

一九〇八年になると、元老の内閣への政治関与を批判するのみならず、「元老の総辞職は内閣制を正しくする上に於て」むしろよい、「元老や準元老」が跋扈《ばっこ》する間は、決して十分に立憲的な行動を望めない、とまで論じられるようになった（『読売新聞』一九〇八年一月一六日「政変と元老」、『東京朝日新聞』一九〇八年六月六日「元老の総辞職か」、一〇月三〇日「非立憲の非」）。

同年七月には、イギリスの政党政治を例に、元老会議が次期首相を決めることへの批判が出てきたように、イギリス政党政治を具体的な目標として主張し始めた。イギリスでは首相が病気で辞任するなら、同じ政党から代わりの者が出て首相になるのに、日本では憲法上根拠のない元老が政治を牛耳っているというのである（『報知新聞』一九〇八年七月六日）、と。

これらの元老や元老制度批判は、遅くとも日露戦争前の一九〇三年頃から出ていたものが（第３章）、日露戦争後にさらに強まって再燃したといえる。それは、西園寺公望を総裁とする政友会が、山県系の桂太郎と交代で政権を担当する状況が展開し始めたからである。もう一つの政党さえ充実すれば、イギリスのような政権を担当できる二大政党制が形成されるとの期待も出てきた。また元老が当時としては高齢の七〇歳前後になり、大局的判断は別として、とりわけ日常の実務は十分に理解できなくなっていると見抜かれるようになったからでもある。

元老が政治関与を抑制する

その後、元老たちは、理想が実現しつつあるとの満足感や（伊藤博文）、無理な政治関与は高齢化した自分たちの権力の正当性を揺るがしてしまう等の気持ちから（山県有朋ら）、後継首相推薦などでも、政治関与を弱めていった。こうして、元老批判は少し弱まった。そこで、ジャーナリズムでは次のように、元老が高齢化していくことを取り上げ、非常時に元老が相談に乗ることは必ずしも悪くないが、元老が平時の政治に関与せず、晩節を汚さないようにすべき、との次のような論調が登場してくるようになった。「今や元老も漸《ようや》く老いたり、内閣が之に頼りて立つの時代も亦《また》末となる、〔桂太郎は〕公然政党を組成して以て之に頼るを得策とするなり」（『東京朝日新聞』一九〇九年一月一七日「桂卿と新政党」）。「吾人《ごじん》は我が国に維新の功臣たる公伊藤、公山県以下の諸元老を有するを誇とす。天下の大事に当りて決を公等に執る〔山県ら元老が行う〕、必ずしも不可《ふか》ある無し、去れど平時に在りては最早公等の助言と指図を要せざる可《べ》し」（『東京朝日新聞』一九〇九年五月八日「元老の晩節」）。

桂園《けいえん》時代の後継首相推薦や組閣の人選において元老がしだいに関与を弱めていくのは、ジャーナリズムにも見られるように、国民の間に元老権力の正当性への疑問が強まってきたことも関係していた。このため、桂は山県からの自立性を強め、伊藤を目標に新しい政治を行おうとしたのである。

明治天皇崩御の衝撃

一九一二年（明治四五）七月、明治天皇は病床で、嘉仁《よしひと》皇太子（のちの大正天皇）に、桂に大事を託せと述べた。嘉仁皇太子は当時三三歳に近づいていたが、幼少より大病を繰り返し、発育と教育が遅れていた。大正天皇の教育は遅れていたが、西園寺が「まことに聡明《そうめい》な方であった」と回想しているように、嘉仁皇太子は少年の頃から物事の判断能力を十分に備えていた（一九三八年〔昭和一三〕五月一五日の西園寺の原田熊雄《はらだくまお》への話、原田熊雄述『西園寺公と政局』六巻、三二一～三二二頁）。

しかし、日清・日露の両戦争に勝利し、植民地や勢力圏を広げた大日本帝国の天皇となる政治教育を、嘉仁皇太子はほとんど受けていなかった。そのことを明治天皇は、死を前にして本当に不安に思い、桂が新天皇（大正天皇）を支え、欠点を補い、一人前の天皇になるよう育ててほしいと願ったのである。

これを聞いた山県は、桂を内大臣兼侍従長として宮中に押し込め、桂と政党との関係を断ち切ろうと考えた。その時桂は、明治天皇を失った動揺で、気持ちの整理もできていなかった。山県は桂の台頭を快く思っていなかった他の元老たちに働きかけて、一九一二年（大正元）八月一三日に桂を内大臣兼侍従長に就任させた（山本四郎『大正政変の基礎的研究』九八〜一〇一頁）。内大臣は、三条実美が太政大臣の職がなくなった後に就いた、格式の高いものであったが、表《おもて》の政治を引退した後に就くポストともみなされていた。八月末になると、桂の宮中入りは永久のものと、各方面からみなされるようになっていった。

この間、桂は内大臣就任と同じ日に、山県・松方・井上の三元老および大山らとともに、大正天皇から「卿《けい》の匡輔《きょうほ》に須《ま》つもの多し卿宜《よろし》く朕《ちん》か意を体し朕か業を輔《たす》くる所あるへし」（〔現代語訳〕私はあなたが助けてくれることと大いに期待している。私の気持ちに従って仕事を補佐してほしい）との詔勅を受けた。大正天皇に政治経験がないことを考えると、この詔勅を誰に与えるかは、山県らの元老と、明治天皇崩御後も継続して宮相を務めていた渡辺千秋《わたなべちあき》（山県系官僚）が相談して、実質的に決めたものと思われる。

すでに述べたように、大山は明治天皇の意思で元老から外されていたが、この後に山県ら元老たちは大山を元老に加えて、元老会議を人数的に強化する。しかし桂は、正式なメンバーにはなれなかった。山県らは、桂が内大臣兼侍従長になることを承諾したので、その見返りに元老と同じ詔勅を桂に受けさせたが、山県らは桂を元老にする気がない。このことは、以下に示すように、四ヵ月後に西園寺内閣が倒れると明らかになる。

さて、同年八月になると上原勇作《うえはらゆうさく》陸相は、二個師団の増設を求めてきた。日本は日露戦争の疲弊から立ち直ることができず、西園寺内閣も次年度予算を立てるにあたり、財源不足に悩んでいた。師団増設に対する世論《せろん》の反対が強まっていき、一一月中旬以降には西園寺首相・原内相らは増設を拒絶する方針を固めていった。

陸軍の長老でもある元老山県は、二個師団増設を強引に推し進めることに危ないものを感じ、将来の増設への手がかりを残すことを内閣と約すことで、内閣と陸軍の妥協を図ろうとした。しかし山県が風邪で東京に戻るのが遅れているうちに、桂太郎大将に煽動された上原陸相は、一一月三〇日の閣議で二個師団増設に次年度から着手するよう強く主張し、内閣に拒絶された。

陸軍と西園寺内閣の対立は公然としたものとなり、山県といえども調停が不可能になった。これまでなら山県と桂で西園寺内閣と陸軍の要求を調整し、政変が起きるのを避けられた。しかし今回は、桂に野望があった。山県やジャーナリストに感づかれないように内閣を倒し、内大臣兼侍従長を辞めて、首相となり表の政治に復帰したいと思っていたのである（山本四郎『大正政変の基礎的研究』、小林道彦『大正政変』）。

結局一二月二日、上原は陸相の辞表を提出し、陸軍は後任を推薦しなかった。一二月五日、西園寺内閣は総辞職した。

世論は山県の真意と関わりなく、陸軍と「長州閥（山県系官僚閥）」との背後にいる元老山県元帥に対して怒った。閥族打破・憲政擁護をスローガンとする護憲運動が盛り上がり、多くの新聞が支持し、一二月下旬にかけて東京や名古屋・大阪を中心に地方都市にまで広がっていった。

桂が元老会議に参加する

この間、西園寺内閣が辞表を提出すると、まず山県・松方・井上・大山に「御召状」が発せられた（『東京朝日新聞』一九一二年一二月六日）。すでに述べたように、大山は一八九八年（明治三一）に元老として認められるが、日露戦争以前の一時期と、日露戦争後七年間ほどは、元老として扱われていなかった。これは明治天皇の意向であろう（伊藤之雄「元老制度再考」二六～二九頁）。しかし、明治天皇が崩御し、新天皇に対しては、相対的に元老の力が強まったので、元老間の合意で元老の仲間入りをしたのである。元老たちは、山県に対する世論の反発を考慮し、元老を強化するために日露戦争の英雄である大山を加えたのであった。

四人の元老が召された後、桂は一九一二年（大正元）一二月六日の後継首相選定のための第一回元老会議に「元老の資格」で参列し（『東京朝日新聞』一九一二年一二月七日、『東京日日新聞』一九一二年一二月七日）、それ以降、新内閣として第三次桂内閣が成立するまで、連続して元老会議に加わった。* 桂を元老会議に参加させたのは、勢力を衰退させていた元老たちが、大山を加えたとはいえ、護憲運動や原・西園寺・政友会と対峙して、時局を収拾する自信がなかったからであろう。

＊元老山県有朋（枢密院議長）の談話を入江《いりえ》貫一《かんいち》（枢密院書記官兼枢密院議長秘書官）が筆記したと推定される史料には、一九一二年一二月五日に西園寺内閣が辞表を奉呈すると、翌六日、宮中に元老が召され、山県・大山・桂の三公爵と井上侯爵が召しに応じて参集し、松方侯爵は病気静養中なので召しに応じることができなかった、と桂の召され方を区別せずに書いてある（伊藤隆編『大正初期山県有朋談話筆記・政変思出草』三四頁）。しかし、この記述はのちの回想で不正確である。

しかし、桂は元老会議に出席するようになったとはいえ、山県・松方・井上・大山と召集過程が違うことに注目すべきである。その後、一二月一一日の第六回元老会議の前に、山県・大山・井上・桂を招き（松方は病気で参内できず）、後継内閣が一日も早く成立することを望む旨、大正天皇よりの「優諚《ゆうじょう》」（天皇の有難いご指示）があった（『東京朝日新聞』一九一二年一二月一二日）。これは桂が後継首相推薦に関わることができる一つの公的な根拠となった。しかし、ここで桂は元老になったのではなく、「元老の資格」で会議に出席したにすぎないことを留意すべきである。

元老になったと思っていない桂

同じ頃、一九一二年（大正元）一二月一八日に西園寺が桂に、「君〔桂〕だの山本〔権兵衛、薩摩出身で海相を歴任した海軍長老〕だのと云ふ連中は他日元老となることならんが」と、その時点では山本と同様に桂を元老とみなしていない発言をしている。これに対し、桂も会話の中で自分はもう元老になっていると主張していない。「元老の資格」で元老会議に出たとしても、桂本人も元老制度に詳しい西園寺も、桂が元老になったとは思っていないのである。*

*桂が元老会議に出たり、一二月一一日に三元老とともに後継内閣が早く成立するようにとの「優諚」を受けたりしたことで、当時のジャーナリズムでも、桂が元老になったと見るか、まだなっていないと見るか、混乱が生じている。たとえば、『読売新聞』は、「山県、大山、井上、各元老並に桂内大臣等」（一九一二年一二月一四日）と、桂を一貫して元老と区別して記事を書いている。ところが『東京朝日新聞』は、山県公・桂公・大山公・井上侯ら「参内四元老は」（一九一二年一二月八日「元老会議」〔第二日〕）などと、桂を元老とみなしている。しかし、すでに述べたように、元老は慣例的制度である。普通の制度のポストなら、一日でも務めればその職に就いたといえる。しかし元老は、大山巌の例にも見られるように、一つの内閣が誕生する時の後継首相推薦の元老会議に出席したからといって、元老になったとはいえない。天皇や元老集団が特定の人物を元老として認

めて、何度か継続して召されてこそ、その人物の元老としての地位が定着していくのである。桂や西園寺・山本は、この仕組みをよく知っていたので桂を元老とみなさなかったのだった。なお、伊藤の後継者で首相を二度務めた西園寺自身も、元老でないのに元老会議に出た経験があった。それは一九〇一年五月に第四次伊藤内閣が辞表を提出して、西園寺が首相臨時代理になったときで、西園寺は元老会議に参加し後継首相についても発言した（広瀬順晧監修・編集『伊東巳代治日記・記録—未刊翠雨《すいう》荘《そう》日記』一九〇一年五月一七日）。

ところで、すでに述べたように、第二次西園寺内閣の後継の首相を推薦するため、四元老に桂も参加した元老会議が始まったが、藩閥官僚批判が高まるなか、山県や三人の元老は首相候補者をなかなか決められなかった。元老の松方、山本権兵衛（前海相）らの名が出ては消えた。結局一一回も会議を開き、桂がやる気を示したので、山県ら元老は桂を後継首相に推薦せざるを得なかった。

大正天皇に政治経験がないので、天皇に対して元老が相対的に政治力を増し、元老制度が復活したかに見えたが、大山を元老に加えた程度では、その衰退を止めることはできなかった。何よりも山県ら元老たちの行動に公共性がなく権力の正当性がないと国民が見るようになったことで、元老制度の衰退が加速したのである。

第6章　第一次護憲運動による危機——山県の対応

大正政変——揺らぐ元老制度

一九一二年（大正元）一二月、元老山県の影響下にある陸軍が第二次西園寺公望内閣を倒し、しかも元老会議は、山県の腹心である桂太郎を後継首相に推薦し、第三次桂内閣を誕生させたとして、世論《せろん》は批判を強めた。それにしたがい、元老の政治関与に憲法上の根拠がないとの批判が急速に強まり、一回目の元老制度存廃の危機が展開していくことを見ていこう。

まず、第二次西園寺内閣が倒される数日前から、憲法上に何らの規定のない「元老なる一種の階級」が、みだりに政務に「干渉する」のは日本の憲法政治を攪乱《かくらん》する、と憲法上根拠のない元老が政治に「干渉」するのを批判する論が再度登場するようになった。なかでも陸軍に大きな影響力を持つ元老山県に、「陸軍当局者の求めに依《よ》りて帰京し、其元老勢力を利用して政局に干渉を試みん」としていると、厳しい批判が向けられた（『東京朝日新聞』一九一二年一二月一日、四日）。

西園寺内閣が倒され、元老会議で後継首相の選定が始まると、「所謂《いわゆる》元老なる者は、局面に現れ来り」「元老にして退隠せずんば、日本の政界に光輝を生ずるの秋《とき》ある可《べか》らず」（『東京朝日新聞』一九一二年一二月一〇日「喜劇か悲劇か」）、元老の目的は政界の大勢に逆行しようとしている（同前、一九一二年一二月一一日「新内閣組織」）などと、元老の存在を否定する強い論調が出た。さらに、今日のように元老等が相率いて憲法を蔑視《べっし》し国民を愚弄《ぐろう》し、政府の上にまた特殊の政府を組織して「聖天子の明を蔽《おお》ひ奉らんと」するのはこれまで例がない（同前、一九一二年一二月一八日「元老の跋扈」）と、天皇と国民の関係にも元老の存在は害であると論じられた。その元老の中でも山県の責任が重い、と繰り返された（同前、一九一二年一二月一五日「山県卿の責任」）。

このようなジャーナリズムの元老批判、とりわけ山県批判を山県は十分に受け止めていたと思われる。それが次項で述べる山県の元老制度維持のための対応につながってくる。

他方山県は、桂が新党計画を発表し自ら党首になろうとするのを見て、桂を最終的に見限った。一九一三年（大正二）二月上旬にかけて、衆議院第一党の政友会も含め、護憲運動はさらに盛り上がり、桂首相は、画策して二月九日に大正天皇から政友会総裁の西園寺に、目下の騒擾《そうじょう》を解決して私の心を安んぜよ、との「御沙汰」を出させた。しかし西園寺は、総裁として政友会員を説得できず、「違勅」問題が生じたと、自らとらえた。一〇日には数万の群衆が議会を包囲するまでになった。桂首相は内乱を恐れ、二月一一日に内閣総辞職した。組閣してから、わずか五三日であった。

制度の維持を目指す山県

政党嫌いの元老山県は、桂に本当に裏切られたという怒りもさることながら、このまま政党内閣を実現して護憲運動をこれ以上勢いづけることは何としても避けたかった。山県は政党内閣に統治能力があるとは見ていなかった。ともかく、元老制度を維持して秩序を回復することが先決である。

桂内閣が一九一三年（大正二）二月一一日に辞表を提出すると、山県は次のように述べて、西園寺も元老会議に招くべきであると提案した。元老の根拠とされる詔勅よりも、山県など有力元老の意思と他の元老の合意が、元老として召される条件であることを示している重要史料である。

余曰《いわ》く、西侯は曩《さき》に優詔《ゆうしょう》を忝《かたじけの》うせり。故に此の際御召に相成る方然《しか》るべしと（山県有朋「大正政変記」、山本四郎『大正政変の基礎的研究』六五一頁）

【現代語訳】私（山県）は次のように言った。西園寺公望侯爵は以前に天皇から手厚い詔をありがたくも頂戴《ちょうだい》しているので、この際召されて当然である、と。

こうして西園寺は山県・松方・井上馨・大山らとともに天皇に召され、参内して元老会議に加わった。なお、井上は病気で、松方は鎌倉にいたため参内できず、山県・大山・西園寺の三人で後継首相選定の相談をした。

この危機に際し、山県が最も的確に現実を判断し、事態を主導していたので、老いて衰えた井上・松方が参内するか否かは大きな問題ではなかった。山県は西園寺を加えることで衆議院第一党の政友会の意向を間接的に反映させ、危機を乗り切ろうと決断したのである。

西園寺を元老として召集しようとする山県の論理は、大正天皇が践祚《せんそ》したばかりの時期に西園寺を元老とする詔勅を与えているので天皇が元老会議に西園寺を召集すべきである、というものであるが、それはこじつけそのものであった。

まず、山県・松方・井上・大山・桂が一九一二年八月一三日に、すでに第5章で述べた「朕か業を輔《たす》くる所あるへし」との詔勅を受けたのに対し、西園寺は首相辞任後の一九一二年一二月二一日に、次のような別の文言の詔勅を受けたにすぎない。

朕大統を承《う》けしより日尚《なお》浅し、卿《けい》多年先帝に奉事して親しく聖旨を受く、将来匡輔《きょうほ》に須《ま》つもの多し、宜しく朕か意を体して克《よ》く其力を致し賛翼する所あるへし

【現代語訳】私（大正天皇）は践祚〔事実上の即位〕してからまだ間がない。あなた（西園寺）は長年明治天皇に仕えて直接にお言葉を聞いていた。将来私を助けてくれることと大いに期待している。私の気持ちに従って、力を尽くし助けてほしい。

山県らが受けた先の詔勅においては、天皇の仕事を輔《たす》けてくれ、とはっきり述べているのに対し、西園寺が受けたこの詔勅は、天皇の意に従って力を尽くして助けるように、と天皇を輔弼《ほひつ》せよとははっきりいっていない。政友会の総裁として党を率い、天皇の大政を一般的に助ける、というような意味に受け取った方がよい詔勅である。

大正天皇がこの詔勅を下した際に、詔勅下付の主導権を握っていたのは、伊藤の死後、とりわけ宮中への掌握を強めた山県か桂内大臣である。桂は一二月二一日に首相に就任するため内大臣を辞任しているが、同日に下す詔勅について手続きを進めておくことは可能である。いずれにしても、西園寺を元老会議に参加させることを意識して下された詔勅ではない。

なお、山県が西園寺を元老会議に参加させる理由として、西園寺に下された詔勅を根拠にしたことが、注目される。これは大正政変の過程で元老の法的根拠がないことを、護憲運動の側から厳しく批判されるようになり、山県ら元老側が元老の法的根拠として、大政を輔けよ、賛翼せよ等の詔勅と結びつけて元老制度を正当化しようとしているのである。

桂は元老として扱われず

ところが元老らの論理は一貫していない。桂は「元勲優遇」の詔勅と「朕か業を輔くる所あるへし」との詔勅を受けているが、第三次内閣の辞表提出後、山県から非公式に次のように質問されただけで、退出せざるを得なかった。

後任首相を決めることはもちろん天皇の大権に属することであるが、誰か天皇の御参考のために申し上げたい人物がいるかと問うと、桂はそれに答えて、十分な考えはありませんが、近時の加藤高明《かとうたかあき》男爵は人物が大変確実であるのを見ているので、同人を元老が推薦なさってはいかがかと思います、と言った。そこで私〔山県〕は、そのことは今日の情勢ではとても実行できるものではないし、桂もそれを知らないわけはないと思ったので、単に「そうか」の一言で桂に答えておいた。*

（山県有朋「大正政変記」六五〇頁より現代語訳）

*【原文】後任のこと勿論《もちろん》天皇の大権に属すと雖《いえど》も、何人か御参考の為に申上ぐべきものありやと。桂答へて曰《いわ》く、的確なる考案なきも、近時加藤男〔加藤高明〕は人物頗《すこぶ》る確実なるを見るが故に、同人を推薦せられては如何かと思料《しりょう》すと。余〔山県〕以為《おもえ》らく、之《これ》今日の情勢に於《おい》て到底行はる可きにあらず。桂も亦之《またこれ》を知らざる理《ことわり》なしと。依て単に然るかの一言を以て是に答へたり。

このように桂は、元老の扱いを受けていない。また、元老の正当性を強める意味でも、第一次護憲運動で攻撃され、日本の内閣史上最短で辞任せざるを得なくなった桂を、元老のメンバーとすることは、山県にとってまったく利益がない。

大正天皇という政治経験のない天皇の下では、元老のメンバーを決める権限は元老、とりわけ山県が持つようになっている。この意味で、桂がこの八ヵ月後に病気で死去しなくとも、桂がその後も引き続いて元老会議に召され、正式な元老になる可能性は、当分の間はない。すなわち、桂を元老に含める研究者もいまだに一部いるが、実際には桂は元老ではなく、元老になる可能性もほとんどなかったのである。

すでに述べたように、危機を乗り切るため、元老山県は政友会総裁の西園寺を元老会議に加えることで元老の正当性を増そうとした。その思考の延長として、元老会議において、山県はまず西園寺に再組閣を勧めた。しかし西園寺は健康不安を理由に断った。実際、第一次西園寺内閣の一九〇七年（明治四〇）頃から、西園寺の健康状態はよくなく、第二次内閣では政友会を掌握している原内相との仲が極度に悪くなっていた（伊藤之雄『元老西園寺公望』）。第三次内閣でも原は主要閣僚になることは間違いなく、西園寺は本心から組閣したくなかった。

それ以外の有力者で、護憲運動の攻撃対象となっていないのは、海軍と薩摩の実力者山本権兵衛しかいなかった。西園寺が山本を提案し、山県も含めて元老たちが賛成した。元老から打診された山本は、意欲を見せたが、衆議院に与党を持たずに組閣することに不安を示した。原はすでに山本に接触しており、この話を聞いて、政友会が山本内閣を支持するように動いた。こうして、二月二〇日に第一次山本内閣が政友会を与党として成立し、山県ら元老はひとまず危機を脱した。

なお、山県が西園寺を元老会議に招くようにしたことは、山県ら元老にとって諸刃《もろは》の剣であった。西園寺は二月一一日の元老会議で、将来は英国流に多数党が政権を取ることにしてはいかがでしょうか、日本の国情ではこのことはどうでしょうかと述べ、元老らに「英国流にも参らず」と反対の意を示された（伊藤之雄「山県系官僚閥と天皇・元老・宮中」一二七頁）。このように西園寺は、元老制度の存続に他の元老ほど積極的でなかったが、それでも山県らは、元老制度を維持するために西園寺の参加を求めたのである。

原内相・山本首相・伏見宮が元老山県を追い詰める

山本が組閣を引き受けることになった時、元老山県は、当面の危機を乗り切るという意味では、自分の判断で西園寺を元老会議に参加させたことは正しかった、と満足に思ったことであろう。

ところが山本内閣は、一〇人の閣僚中で原内相を含めて六人が政友会員で、党員でないのは山本首相の他、牧野伸顕《まきののぶあき》外相（薩摩、大久保利通の次男）と陸相・海相の四人だけであった。陸相・海相は現役の大将・中将（武官）でなければならず、外相は元来政党員を当てないことが慣行となっていたので、山本内閣は事実上政党内閣に近い内閣であった。

山本首相と原内相は、協力して山県系官僚閥に打撃を与える改革政策を進めた（山本四郎

『山本内閣の基礎的研究』)。

まず、一九一三年(大正二)六月一三日の陸海軍官制改革で、陸・海軍大臣の任用資格を、現役の大将・中将から、予備役・後備役(現役を退いた軍人)の大将・中将にまで拡大した。この結果、山県に好まれず予備役・後備役にさせられた陸軍将官でも陸相になれるし、予備役・後備役の軍人は政党にも入党できた。

この問題もあって体調を崩した木越安綱《きごしやすつな》陸相が辞任すると、山本首相は、陸相選定には山県らの推薦を受ける慣行を無視し、後任陸相として楠瀬幸彦《くすのせさちひこ》中将(土佐出身)を一本釣りした。これまで慣行として定着していた、後継首相として下問を受けた人物が天皇に閣僚候補者を推薦することができる権限を、陸相人事についても文字通り使ったのである。

さらに山本内閣は、文官任用令の改正を行い、自由任用できる高級官僚の範囲を次官から各省の勅任参事官にまで拡大した(勅令は八月一日公布)。

これらの改革は、陸軍の山県系支配を弱め、政党の陸軍掌握・官僚掌握を強めようとするもので、直接的には元老山県への打撃となる。また、元老がしだいに衰退するなかで、山県が元老制度を支える中心であったことを考えると、元老制度そのものをさらに弱めようとする動きでもあった。

山本内閣がこのような改革を行えたのは、桂が首相になるために内大臣を辞任した後に、伏見宮貞愛親王《ふしみのみやさだなる》(陸軍大将)が内大臣府出仕《しゅっし》(内大臣は空席)として、大正天皇の摂政的役割を果たしたおかげでもある。伏見宮は皇族筆頭の地位にあり、五四歳であったが、新天皇を輔弼する役割に意欲的であった。加えて、山本首相・原内相の二人とも渡欧中に知り合った仲であり、関係は良好であった。

このことは、同じ頃に伏見宮が、西園寺が政友会総裁を辞任せず山本内閣の後継として第三次西園寺内閣を組織するように期待していることを、西園寺と山本首相に述べていることからもわかる(『原敬日記』一九一三年七月二六日)。西園寺の政友会総裁辞任問題とは、すでに述べたように、第三次桂内閣末期に桂の画策で西園寺政友会総裁に内閣不信任案の撤回を求める勅語が出され、西園寺が政友会を一応説得したにもかかわらず不信任案が撤回されなかったことに関係していた。

西園寺は組閣したくないから、政友会が勅語に従わなかった責任を取って総裁を辞任することにこだわっているのであるが、伏見宮が後継首相について、元老が存在しないかのように発言していることが重要である。

伏見宮がこのような姿勢を取れたのは、伏見宮と山本首相・原内相が、大正天皇と極めて良好な関係を作っていたからである(伊藤之雄「山県系官僚閥と天皇・元老・宮中」一一八頁)。さらに原らと同様に、大正天皇がイギリス風の政党政治に好意を持っていたこともあった。

そのことは、天皇が「世界一週《(ママ)》唱歌」が好きで、皇太子時代の一九〇九年(明治四二)一一月には侍医と一緒に、息子の裕仁《ひろひと》親王(のちの昭和天皇)・雍仁《やすひと》親王(のちの秩父宮《ちちぶのみや》)・宣仁《のぶひと》親王（のちの高松宮《たかまつのみや》）らの前で歌ったことからもわかる。この歌は、「テームスドックに船寄せて、上がれば忽ち《たちま》ロンドン市、入日に映る議事堂は、立憲政治の世の鏡」などとあるように、イギリスの立憲政治や商工立国を賛美している（『昭和天皇実録』一九〇九年一一月六日、ディキンソン、フレドリック・R『大正天皇』）。

山県は「陛下［大正天皇］は皇太子の御時代より自分を好ませられず」などと高橋是清《たかはしこれきよ》（前蔵相）に述べたように、自分が天皇と良好な関係でないことを自覚していた（『原敬日記』一九一六年一〇月一一日）。

一九一四年（大正三）三月には、山本内閣が海軍の軍艦購入に伴う汚職事件であるシーメンス事件で攻撃されていたにもかかわらず、伏見宮は山本首相に「元老何の用をなすか」と話している（『原敬日記』一九一四年三月一四日）。彼らの動きは、元老制度の廃止もしくは形骸《けいがい》化から自然消滅を目指す方向性を持っていた。このように、山本内閣下で元老山県や元老たちは追い詰められていったが、山本内閣側が大きな失策をしない限り、当面は何も反撃できなかった。

シーメンス事件の影響

シーメンス事件が一九一四年（大正三）一月下旬に明らかになり、*元老山県にとって、海軍実力者山本の率いる内閣を攻撃するのに、願ってもないチャンスが訪れた。予算は政友会の力で衆議院を通過したが、山県系官僚が主導権を持っていた貴族院は、海軍の建艦補充費を大幅に削減した。結局、対等の権限を持っている両院の予算についての妥協はならず、一九一四年度予算は不成立となり、この翌日、三月二四日に山本内閣は総辞職した。

＊松本和《まつもとやわら》艦政本部長（中将）ら海軍高官まで汚職に関わっていたことが明らかになったが、当時検事総長であった平沼騏一郎《ひらぬまきいちろう》の話によると、斎藤実海相まで事件に関与していたという（「倉富勇三郎《くらとみゆうざぶろう》日記」一九二七年一二月一日）。

山本は首相の後任に原内相を推したかったが、この状況ではとても無理であった。大正天皇は後継内閣組織のため山県・松方・井上・大山・西園寺の五人を召集した。摂政的役割を果たしていた伏見宮貞愛親王は、元老に諮詢するようにと助言する考えを持っていた（『原敬日記』一九一四年三月二四日）。元老の召集は、人選の問題も含め伏見宮が大正天皇に助言してなされたものであろう。西園寺が四人の元老とともに召されたのは、伏見宮の意思であり、政党政治の国イギリスに憧れる大正天皇も、この選択を好ましく思ったはずである。

山県の巻き返し

山県は元老会議さえ開かれてしまえば自分が主導権を握ることができる、とまずは元老会議が開かれることを目標にした。三月二六日、伏見宮の参列を仰ぐという初めての形式で、山県・松方・大山の三人が出席して、一回目の元老会議が開かれた。井上馨は遅れて会議に加わった。西園寺は京都市郊外田中《たなか》村（現・京都市左京区田中）の「清風荘《せいふうそう》」で静養しており、大正天皇の「御沙汰」に反し、政友会員に桂内閣批判をやめさせることができなかったという「違勅」問題を理由に、会議に参加しなかった。政友会総裁をどうしても辞めたかったのである。

元老会議は、まず徳川家達《いえさと》貴族院議長、次いで山県系官僚の清浦奎吾枢密顧問官（前法相・農商相）を推薦したが、両者とも組閣できなかった。結局、七回の元老会議と一回の元老・大隈重信会談を経て大隈を推薦し、四月一六日、第二次大隈内閣が立憲同志会（桂新党）などを背景として成立した。

当時の有力紙である『東京朝日新聞』『東京日日新聞』『万朝報《よろずちょうほう》』などの新聞論調の共通点は、山本内閣の与党であった政友会と対立する最有力政党に関係の深い有力者に政権を担当させ、衆議院を基礎とした政権交代のルールを確立し、イギリスのような政党政治に近づけるべきだ、ということであった。また元老制度や山県系官僚閥に最も批判的な新聞であった『東京朝日新聞』でさえ、元老が召されたこと自体はやむを得ないと見ていた（伊藤之雄「山県系官僚閥と天皇・元老・宮中」）。

山県は元老会議を主導した。会議で後継首相に推薦された候補のうち、清浦と大隈は山県が提案した。「陸軍」「長州閥」（山県系官僚閥）は、第一次護憲運動で一年前に攻撃されている。シーメンス事件によって「海軍」「薩摩閥」に攻撃対象が移ったとはいえ、政治に円熟した山県が、山県系の清浦が組閣に成功する可能性をどのくらいあると見ていたのかはわからない。清浦は、かつて山県の下で法相を務め、陸相の桂と対等の存在であった。清浦の名を、山県が首相候補として元老会議に出しただけで、清浦の顔が立つのみならず、山県系官僚閥全体に山県への忠義心を育成できるとも考えたことであろう。

山県はこの元老会議に、ある程度柔軟でしっかりとしたヴィジョンを持って臨んだ。それは、元老制度の面では、大正政変の過程で存在の根拠すら疑われるようになった制度を、存続させることである。この他、①政局を安定させ、二個師団増設ができる内閣を作る、②薩摩出身の山本の内閣を山県系の貴族院が中心となって倒した形になっているので、薩長間を融和させる、③山県や陸軍・山県系官僚閥、元老を追い詰めた政友会の勢力を削減することが、山県にとって重要だった。

大隈起用という山県の大胆な発想は、元老制度の存続という意味でも一時的には成功した。『東京朝日新聞』ですら、元老会議が大隈を天皇に推薦すると、加藤高明（同志会）・犬養《いぬかい》毅《つよし》（国民党）・尾崎行雄《おざきゆきお》（中正会）のような一党一派を統率する者が望ましいが、これらの政党は政友会を向こうに回して戦うだけの勢力を有していないので、一時大隈を首相とするのもよい、と元老会議の推薦に賛同を示した。同新聞は、大隈が首相としてなるべく多数の貴族院議員・衆議院議員を網羅し、漸進的に英国のような政党内閣の理想に近づくことを期待した（『東京朝日新聞』一九一四年四月一二日「大隈伯奏薦」〔社説〕）。こうして山県ら元老は、一回目の元老制度存廃の危機を脱したのである。

山県が元老権力の優位を大正天皇に示す

元老会議が大隈を後継首相に推薦するまでの間で、なかなか後継首相が決まらない状況下、一九一四年（大正三）四月九日、大正天皇は山県に組閣してはどうか、と勧めた。これに対し山県は、辞退したばかりか、山県に後継首相を勧めるというようなことを、先に政変の善後処置について下問された元老以外に勧めてはよろしくない、などと天皇に申し上げた。大正天皇は山県に対し、決してそのようなことをしない、と答えてしまった（伊藤隆編『大正初期山県有朋談話筆記・政変思出草』五四頁）。

本書でこれまで述べてきたように、明治天皇は元老会議を召集する前に、自分の判断で特定の人物に後継首相に就任しないかと打診したり、特定の元老に対応を下問したりしている。確かに明治天皇は、元老に下問しておきながら、元老会議の流れと関係なく特定の人物に後継首相になるように勧めたことはない。

しかし、明治天皇は内閣が倒れたり行き詰まったりした際の善後処置に関し、それなりの独自の裁量を発揮している。このことや、一九一四年に山県が大正天皇に注意した時点では、後継内閣の首相候補者は前の首相が推薦するのが普通で、元老が選ぶのはむしろ例外になっていることを考慮すると、元老会議が行き詰まっている状況下で、大正天皇が後継首相につ

いて独自の発言を行っても、必ずしも異例であるとはいえない。

しかも大正天皇は、元老の一員の山県に後継首相になるよう勧めただけであり、この行動は明治天皇以来の天皇の言動の範囲から出ていない。この大正天皇の勧めに対して山県が、元老以外の人にこのようなことを言ってはいけないと発言するのは、極めて失礼ともいえる。混乱した政局を収拾しようと、山県が誠意を持って尽力していることを考慮しても、山県は元老制度の存続が危ぶまれる状況のなかで、焦りを表に出してしまったのだろう。

大正天皇は、山県の発言の非礼をとがめるべきであったろう。もしくは、少し危険でもあるが、元老が諮詢に迅速に答えないから発言しているのであり、誰を首相にするかは最終的には天皇の専権である、と強気に反論するのも一策であろう。イギリス風の政党政治に好意を持つ大正天皇が実際に専権を振るうつもりがなくても、このように発言することで、山県に気後れしなくなり、元老への天皇の影響力を醸成できる。ただ、この強気の発言によって、山県ら元老が奉答辞退を申し出てくる可能性もあるので、それにうまく対応する力量が必要になるかもしれない。

しかし、大正天皇はまったく政治教育を受けておらず、体験もない。老練な元老山県と渡り合い、その勇み足をとらえてねじ伏せる行動を期待するのは、ない物ねだりともいえよう。

この四月九日の大正天皇と山県のやり取りで、山県を中心とする元老と大正天皇の力関係は、ほぼ確定してしまった。

内閣主導の第一次世界大戦参戦は異例か

大隈内閣は、同志会の陰のオーナー的存在であった大隈が首相兼内相を務め、同志会党首の加藤高明が外相、大浦兼武《おおうらかねたけ》（元山県系内務官僚で同志会に参加、前農商相）が農商相（のち内相）、若槻礼次郎《わかつきれいじろう》（同志会、元大蔵官僚、前蔵相）が蔵相などと、政党側が重要ポストを固め、九人の閣僚中六人までが政党員であった。第二次大隈内閣は、第一次山本内閣と同様に、政党内閣色の濃い内閣であった。

組閣の直前、『東京朝日新聞』は社説で、「諮問機関は必要（元老は不可）」と題して、もはや時勢に適さなくなった元老を政界から葬り去るべき、と論じた。しかし、日本は英国のように二大政党が発達しておらず、後継内閣選定に関する確固たる先例が存在していなかったので、比較的政界の事情に通じている貴・衆両院議長と枢密院議長の三議長を新内閣選定の諮問機関とすることを提案した。

同様に有力紙であった『東京日日新聞』や『万朝報』が、特に元老に代わる機関の設置を提案していないのは、衆議院の有力反対政党の党首が交代して組閣する慣例ができ、元老会議の選定が形式的なものになれば、新しい機関を作る必要がないと見たのであろう（伊藤之

雄「山県系官僚閥と天皇・元老・宮中」一三二、一四八頁)。

元老をなくすか、事実上なくすというのは、かつて伊藤博文が考えたことでもあった。伊藤は、枢密院という憲法上の機関を拡充強化して元老を吸収する構想を持ったり、元老を事実上介さないで桂太郎と西園寺公望が政権交代を繰り返すのを見守ったりした。

このような元老批判と、イギリス風の政党政治実現を急いで目指す空気が世論《せろん》として強まっていることを意識し、大隈首相と加藤外相らは、元老に影響されない政治運営を行おうとする。大隈は内心は政界復帰の野心を持っていたが、ほとんど政界を引退気味であったところを、山県ら元老の推薦のおかげで首相になることができた。しかし、私的な恩義よりもイギリス風の政党政治の実現という公共的な価値を重視したのである。

大隈内閣ができて三ヵ月半、ヨーロッパでドイツおよびオーストリア＝ハンガリー帝国(同盟国)と、イギリス・フランス・ロシア(連合国)の間で、第一次世界大戦が始まった。山県ら元老たちと大隈内閣はこの大戦を、日本が東洋において「利権」を確立するための「天佑《てんゆう》(天の助け)」と見た。

八月七日から八日にかけて、大隈内閣は徹夜の閣議を行い、加藤外相の主導で、同盟国イギリス側に立って対独参戦することを決めた。その後、大隈首相の求めに応じ、元老会議は閣議決定に同意し、御前会議で参戦が正式に決定、八月二三日に日本はドイツに宣戦布告した。

すでに述べたように、日清戦争の開戦決定は閣議で行い、元老会議は開かれなかった。しかし閣議のメンバーには、伊藤内閣成立の際に天皇から下問を受けた伊藤・山県・黒田のうち、首相の伊藤と、黒田（逓信大臣）が入っており、山県大将（枢密院議長）と伊藤の連携はよかった。

北清事変の出兵に際しても、元老会議は開かれず、元老伊藤と山県内閣の意思で決断された。山県内閣には、山県首相の他、西郷（内相）・松方（蔵相）と元老が三人入っていたが、黒田・井上・大山の三人は閣僚でなかった。

日露戦争は、元老と桂首相・小村外相ら主要閣僚の会議で日露交渉や開戦の意思決定がなされ、閣議が追認した。その後、大きな外交の意思決定に元老会議が開かれることはなく、後継首相推薦権にさえ疑問が出されるほどに、元老の権威は衰えていった。

このような事例や元老会議の衰退を考慮すると、大隈内閣が閣議で開戦を決め、元老の承認を求めたことは、異例とはいえない。しかし、山県は憤慨した。元老制度の存続に危機感を持っていた山県は、主観的に日露戦争の事例を典型としてとらえたのだろう。

山県は、「加藤は一体其眼中唯《ただ》自分一人のみで、国家と云ふ感覚が無い」と、開戦を主導した加藤外相を強く批判した（井上馨宛望月小太郎《もちづきこたろう》書状、一九一四年八月一九日、「井上馨文書」）。

山県は元老としての力を弱めていたが、陸相や参謀総長など陸軍の主要人事を掌握し続け、陸軍への抑えは維持し続けていた（すでに述べたように、山本内閣の楠瀬陸相人事は例外。伊藤之雄『山県有朋』)。加藤外相が山県との関係を必要以上に悪化させると、外交上で必要な時でも山県の協力を求めにくくなり、陸軍への統制が効かなくなる。加藤は「外交の〔外務省への〕一元化」と肩ひじ張った看板を掲げていたが、開戦決定の従来の慣行を調べ、そこから山県ら元老を納得させる手順を踏むべきであったろう。

第7章　元老制度存廃の戦い――山県と大隈の攻防

大隈重信の挑戦

大隈首相は一九一四年（大正三）四月に就任した後、対華二十一ヵ条要求問題など外交問題は基本的に加藤外相に任せていた（奈良岡聰智『対華二十一ヵ条要求とは何だったのか』第四章、五章）。しかし、内閣全体については自分の目標を設定し、その実現のために元老中の実力者である山県との関係には十分に配慮した。

大隈首相の本当の狙いは、山県ら元老の支持を得て内閣を維持し、同志会を衆議院の第一党とし、同党首の加藤に政権を担当させてイギリス風の政党内閣を実現し、元老の力をさらに削《そ》いでいくことであった。

元老山県は、大隈内閣末期になって初めて明らかになる大隈の狙いを、知る由もない。山本内閣期に山県や陸軍・元老を追い詰めた政友会に対して、山県の怒りは収まらず（『大正初期山県有朋談話筆記・政変思出草』一〇七～一〇八頁、『原敬日記』一九一五年八月四日等の山県の政友会への反感と警戒参照）、大隈内閣を見る目が曇った。

山県と大隈という二人の老練な政治家が、駆け引きを尽くし、どちらがより多く自分の要求を通せるか。それが内政上の隠れた重要争点となっていく。

まず一九一四年一〇月に、大隈首相は山県も求める陸軍の二個師団増設を、閣議通過させた。山県は衆議院の第一党の総裁原敬に、議会で二個師団増設に反対しないよう説得するつもりであったが、成功しなかった。

一二月二五日に衆議院で、政友会の反対により二個師団増設要求が否決された。議会は解散となり、翌一九一五年三月二五日に総選挙が行われた。この年に入ると経済の前途に明るさが見えてきたこともあり、選挙期間中の大隈首相の人気には、すさまじいものがあった。総選挙に備えて知事など内務官僚の異動を行い、同志会系を有利にするために動いたこともあって、選挙の結果は同志会など与党の圧勝で、議席の五四・九パーセントも占めた。

大隈内閣は総選挙後の特別議会で、二個師団増設を含む追加予算を通過させた。元老山県は、政友会退治と二個師団増設の二つの課題を実現させたのである。

元老は二十一ヵ条要求に関われず

この間、一九一四年（大正三）一一月には日本軍は中国山東《さんとう》省のドイツの根拠地青島《チンタオ》を占領した。ところで、日露戦争で得た満蒙《まんもう》権益を延長することは、日本外交の年来の課題であった。延長しないと、早いものは一九二三年に中国に返還せねばならなくなるからであった。

加藤外相はこの問題を解決しようと考え、日本が青島を陥落させてドイツから奪った山東省権益を将来返還することと交換に、満蒙権益の期限の延長などを中国に認めさせるつもりだったようである。しかし、新たに中国への日本の勢力・権益拡大を目指すグループ、とりわけ陸軍から様々の要求が出され、加藤ははねつけることができずに、それらを取り込む形の案を作った。これが中国中央政府が政治・財政および軍事顧問として有力な日本人を雇う等の第五号要求（加藤の意思で希望条件）も含めた二十一ヵ条要求となった（奈良岡聰智『対華二十一ヵ条要求とは何だったのか』第四章）。

山県は大戦後に白色人種が連携して東洋に向かってくることを恐れ、日中関係を改善し、日露関係を強化しようと考えていた。したがって、中国への要求に第五号要求のような内容を含めることに反対であった。加藤はプライドが高く、「外交の一元化」を宣言した手前、山県に膝《ひざ》を屈して実情を説明し、陸軍の要求を抑えてください、と頼むことができなかった。

実際、大隈も外国通のイメージとは大きく異なっていた。日露戦争後より、大隈は日本で数多くの外国人と会見しており、中・長期的に国際関係の変化や世界各地域や国の文明を論じる観点はすぐれていた。しかし、政権から一六年近く離れて現実の外交への勘は鈍っていたし、幕末にオランダ語と英語を学んだとはいえ、渡欧体験もなく、英語ですら通訳なしで外国人と直接意思疎通することはできなくなっていた。英語を読む能力も定かでなく、個別の政策に対し、列強や中国の反応をどれだけ正しく予測できたか危ういものがあった。大隈は五号要求の持つ危険性を十分に感知していなかったようである。

一九一五年一月、大隈内閣は袁世凱《えんせいがい》政権に対して、二十一ヵ条の要求をした。その内容は、第五号要求以外では、山東省のドイツ権益を日本が譲り受ける、日露戦争で日本がロシアから得た旅順・大連《だいれん》の租借権の期限を九九ヵ年延長すること、などであった。五月九日、袁世凱政権は日本に屈し、第五号要求を除いて承認した。この結果、中国に強い反日感情が湧《わ》きあがった。また袁世凱政権は第五号要求の内容を列強に漏らしたので、米国は日本を非難し、同盟国イギリスも日本を警戒するようになった。列強から見ると、第五号要求以外は帝国主義の時代に常識的な要求であり、第五号要求さえなければ、中国からの批判が起きても、米国からの強い批判はなく、イギリスも平静に受け止めたはずである。

一月に二十一ヵ条要求の交渉が始まってから、山県は時々元老に報告するようにと加藤外相に伝えていたが、加藤は従わなかった。

二十一ヵ条要求の過程から、元老が外交交渉過程にはまったく関われなかったことがわかる。もっとも、日中連携の重要性と、第五号要求の危険性を理解していた点では、元老山県の外交観を評価することができるが、それ以外の山県の外交論は現実離れしたものだった。すなわち、大戦後を見越して日本外交の枠組みを作り、国内改革も進めていくという点では、山県らの元老も加藤外相・大隈首相らの内閣側も、その能力に欠けていた。

それに比べて、同じ時期に政友会総裁の原敬は、大戦後には米国が台頭し、列強間の経済競争が激しくなるという正確な予測を固めていった。満蒙権益についての中国との懸案を解決し、中国との関係を強化することを構想し、大隈内閣の二十一ヵ条要求の真相が、条約を結んだ後に明らかになってくると、強く批判した。原は大戦後を見通すことができたが、大隈内閣と山県ら元老との奇妙な妥協・連携によって排除され、影響力を及ぼすことができなかったのである（伊藤之雄『原敬』下巻、第二六章、二八章）。

二つの元老論と山県

二十一ヵ条要求の問題を経て、二つの元老・元老会議論が出てきた。

一つは『東京朝日新聞』のように、あくまで元老や元老会議の存在を否定して、消滅させていこうというものである。

たとえば、大隈内閣の二十一ヵ条要求交渉の失敗に対し、『東京朝日新聞』は、大隈内閣の責任を問うとともに、「無責任なる元老の掣肘《せいちゅう》を大に遺憾」として批判した（一九一五年〔大正四〕五月一〇日「対支要求落着」〔不満足なる平和〕）。これは、山県ら元老に対するまったくの濡れぎぬである。しかも、元老批判の延長として、元老会議を廃止せよとの主張まで再び登場した（一九一五年五月一四日「元老会議を廃せ」〔再〕）。また、後継首相推薦についても、大隈内閣は崩壊してもよいが、大隈首相は是非ともこの機会において、反対党の首領である原敬を後継内閣の首相として推薦すべきである、と主張した（一九一五年八月一日「内閣総辞職」〔後継内閣は如何〕、一九一五年八月五日「原君を推薦せよ」)。こうして元老から後継首相推薦機能まで奪い、元老をなくしていこうというものである。

もう一つは二十一ヵ条要求での大隈内閣の失敗に鑑《かんが》みて、まだ元老や元老会議は日本にとって必要であるとする、『読売新聞』のような立場である。

たとえば、『読売新聞』は、元老が「内閣の狂暴を幾分か抑制した」と、少し好意的に評価した(一九一五年六月二六日「三たび元老諸公に望む」)。さらに現当局者について、〔外交に関して〕安心できないので、内閣更迭に至るようなことを元老はそれほど恐れることはない、と論じた(一九一五年七月九日「元老対内閣態度」)。したがって、この意見は後に出てくるように、大隈首相が辞意を内奏したら、元老は「専心一意唯《ただ》国家の大計を考へ卓然《たくぜん》見る所を定めて御下問に答へ奉るべきのみ」(一九一六年八月九日「政局に関する元老諸公の任務」)と、元老の後継首相推薦を肯定する主張につながる。『読売新聞』のような論調も出たことから、全体として元老の評価はわずかながら上がっているといえる。

さて、一九一五年九月一日に、元老井上馨が死去した。これで元老は山県・松方・大山の三人になってしまった。山県は井上の死について、自分の親友の中で井上一人が生存していたのに突然死んでしまい、国家の将来が大変憂慮される、と腹心の寺内正毅(前陸相、朝鮮総督)に手紙を書いている(寺内宛山県書状、一九一五年九月二〇日、「寺内正毅文書」)。

井上は元老として頼りない存在になっていたが、二十一ヵ条要求に関して山県は井上とは相談した。元老の中で相談相手になれる人物を失い、山県は元老としての責任感から、心細くなったのである。

大隈を元老とする構想

山県は一九一六年（大正五）一月末には、大隈を元老とする構想を持った。これは大隈に元老というポストを約束することによって、大隈が立憲同志会に偏しない行動を取るようになることを期待したのであった（季武嘉也『大正期の政治構造』一九七頁）。二月になると山県は、一時は生死の見通しも立たないほどの大病にかかった。一応回復した三月下旬から四月上旬にかけて、山県と大隈首相の間に、大隈内閣の後継についての交渉が始まった。大隈は、同志会党首の加藤を後継者とすることを、山県に明らかにした。山県は加藤を明確に否定し、寺内か平田《ひらた》東助《とうすけ》（前内相）がふさわしいと主張した。二人とも山県系官僚で、本命は寺内である。山県はジャーナリズムに現れた二つの元老・元老会議論を承知して行動していたと思われる。

六月二六日、大隈は大正天皇に辞意を表明し、後任に寺内と加藤の二人を推薦する、という内奏を行った。一八年前に第一次大隈内閣ができた際に、大隈と板垣退助（内相になる）の二人に組閣の命があった先例にならったのであった。寺内・加藤が対等の立場であるなら、衆議院の第一党同志会を率いている加藤が首相になるか、他の主要閣僚になり主導権を握る、というのが大隈の狙いであったろう。

大隈の内奏を受け天皇は山県に後継首相について下問した。そこで、山県の意向で七月から八月上旬にかけ、大隈と寺内は三回の会議を行った。寺内は一党一派に偏しない挙国一致内閣を作ることを主張し、大隈は寺内と加藤の連立内閣を考えており、妥協はならなかった。そこで八月一一日、山県と大隈が会見したが、進展はなかった。

元老の山県は天皇から大隈の上奏について下問され、対応しているが、元老集団として機能しているわけではない。大隈は元老でもないのに首相として山県と対等の立場で交渉している。大隈内閣末期には、山県を除いた元老の力量が衰えるのにしたがい、その存在感も薄れていった。

西園寺公望の補充

すでに述べたように、西園寺公望は山本内閣成立の際の元老会議に参加した。一九一四年（大正三）三月に山本内閣が辞表を提出すると、元老会議のため参内を求められたが、政友会総裁を辞任したかったため滞在中の京都を動こうとせず、参内を辞退した。

次の大隈内閣下の元老会議にも西園寺は参加していないが、一九一五年八月八日には、元老大山巌内大臣の覚書では、西園寺も元老の一員とされていた。大山は当時、元老を召集する責任者になっていた（大山巌自筆「元老召集其他に関する覚書」一九一五年八月八日、「大山巌文書」)。

西園寺は山本内閣成立の際の元老会議に出た後、三年にわたって京都市郊外の別邸「清風荘」で静養した。「清風荘」は京都帝大のすぐ近くにあり、西園寺の趣味でもあった中国文学や東洋史に関して、内藤湖南《ないとうこなん》(虎次郎《とらじろう》)ら日本のトップレベルの帝大教授と交流し、歴史の観点から同時代の中国の行方を考えることができた。

この間、一九一四年六月、原敬に政友会総裁職を譲る際に、将来は西園寺が元老として宮中を担当し、原は表《おもて》の政治を担当することが話し合われた(『原敬日記』一九一四年六月一一日)。西園寺は、いずれ元老として働く意欲を持っていたのである。

一九一六年三月末か四月初めになると、西園寺は参内して大正天皇に拝謁し、後継首相について、加藤高明は今日の段階では適当でなく、原敬が適材で、寺内正毅朝鮮総督らも良い人材であると申し上げた(『原敬日記』一九一六年四月三日)。このように西園寺が元老として活動する意欲を見せ始めたことは、原を後継首相に推薦したことを除けば、元老山県にとって好ましい兆しであった。

すでに論じたように、山県は七月から八月上旬にかけ、大隈と寺内に後継内閣についての話し合いをさせる一方で、大隈との妥協が成立しなかった場合にも備えた。七月一三日には西園寺と会見し、寺内を後継首相とすることで一致した。一八日に、西園寺は原ら政友会幹部に寺内を援助することを約束させた。

八月三日、山県は東京市にある別邸「椿山荘《ちんざんそう》」に大山・松方・西園寺を招いて後継内閣についての会議を行った。この会議は天皇の下問によって開かれた公式なものではないが、西園寺は、山県ら三元老と後継首相について話し合ったことで、改めて元老として扱われるようになったといえる。結局その後、山県と大隈の後継首相をめぐる話し合いは何ら進展しなかった。

他方、大隈首相は九月二六日に参内して再度辞意を内奏し、後任に加藤高明を推薦した。翌日、大隈は元老でもある大山巌内大臣を訪れ、辞意を内奏し加藤を推薦したことを説明、元老会議を開かずに加藤に組閣の命があるようにしてほしい、と要請した。

大隈の主張は、後継首相を天皇に推薦する正当性は、憲法上の根拠もない元老よりも、一九一五年の総選挙で衆議院の過半数を得た政党を束ねている自分にある、というものだった。すでに有力紙の一つ『東京朝日新聞』（一九一六年七月一五日）は、大隈内閣が総辞職するなら、大隈首相が適当な後継者を奏薦すべきであると主張していた。また政友会が八月中に山県など元老側を支持する姿勢を明確にしたので、九月上旬には「憲法主義の逆転」と題した社説で、政友会は大隈に比べて非立憲的・官僚的であると攻撃し始めた（『東京朝日新聞』一九一六年九月六日）。

このようなジャーナリズムの空気に乗り、大隈は元老制度の廃止につながる方向を目指したのである。すでに大隈は大正天皇に、先帝（明治天皇）は先帝である、今上《きんじょう》陛下はその自らの考えに従うべきである、と申し上げ、大正天皇の歓心を買おうとしていた（『原敬日記』一九一六年四月四日）。こうして元老制度存廃の二回目の危機が始まった。

元老会議を開かずに加藤に組閣の命があるようにしてほしい、という大隈の頼みを、大山内大臣は拒否した。山県は憤慨し、大隈には一年半も欺かれた、と言って、加藤は首相にさせない、と西園寺に伝えた。西園寺は、山県は大隈が辞表を出さないなら辞任させ、寺内を後継首相にするつもりのようで、自分も元老会議に召されると見た（同前、一九一六年九月二九日）。

すでに八月に西園寺は、後継内閣について相談する非公式な元老会議に参加し、元老になる意欲を示していた。大正天皇の政治権力がほとんどなかったことを考慮すると、元老になるとは、山県を中心とする元老がそれを認め、本人が承諾することである。西園寺にはこの時点でそれらの要素が揃っていた。

なお、元老以外の天皇の政治上の相談役として、内大臣（大山内大臣は元老でもある）が重要であるが、宮内省という官僚組織を束ねるのが主な仕事である宮内大臣も、天皇の政治上の相談にあずかることがある。山県系でなく中立的な立場の波多野敬直《はたのよしなお》宮相も、天皇に後継首相について即断しないよう助言した（『原敬日記』一九一六年九月二九日）。すなわち、元老会議を開くという山県の路線を、内大臣も宮内大臣も支持しており、山県は宮中側近の支持も固めたといえる。

大隈首相が後継首相について動き出したことに対して、山県は松方・大山の両元老が自分と同じ考えであることを確認し、一九一六年（大正五）九月三〇日、大正天皇に拝謁した。山県は大隈辞任問題の経過を天皇に説明し、天皇から支持を得たと確認した。

一〇月一日、山県は大隈と会見した。山県は、大隈が辞表を提出すれば後任について元老に下問があるだろう、と自信を示した。また加藤についても、寺内が後継首相について加藤に相談する場合は、応諾するなら自ら入閣するか、閣外にいて援助するか二者択一である、と述べた。これは、寺内内閣を作るという意思を示しながら、大隈や加藤と同志会の協力は希望している、とかなり高圧的に伝えたものである。この会見で、山県は一〇月四日に大隈が正式に辞表を提出することも聞き出した。

一〇月四日、大隈首相は予定通り辞表を提出した。その辞表は、文中に加藤を後継者として奏薦すると記載してある特異なものであり、しかもそれを内閣より公表するという異例の行動を取った。大隈はジャーナリズムの支持を当てにして山県ら元老の行動を拘束し、あくまで加藤を後継首相にしようとしたのである。

天皇はただちに元老山県を召し、今後の処置について下問した。山県は、大戦中の状況を考慮すると一党一派の首領を首相にすることは適当でない、下問の件は他の元老と論究し奉答する、と答えた。山県は大山・松方と会合、西園寺も召すことの同意を得て天皇に言上、山県・大山・松方・西園寺の四元老の会議となった。四元老は寺内を推薦することで一致し、寺内が組閣を命じられた（『大正初期山県有朋談話筆記・政変思出草』一三〇～一三九頁）。大隈の敗北であった。

このように、元老制度の存廃をかけ、最有力政治家たちが大正天皇を巻き込んで権力闘争を行った。この間、主導権を握った山県は、政友会前総裁の西園寺を元老に加えることにより、間接的に衆議院第二党の支持を得ている形を作り、元老制度に正当性を加えて守ったのである。また山県は、大隈と加藤・同志会と、原・政友会のそれぞれとの関係を保ち、両者を競わせ、最終的に自分が主導権を握る余地も残した。

大隈は、個人的に天皇との連携を志し、敗北した。大隈の掲げるイギリス風の政党政治の理念は、大正天皇も共鳴するところであったが、政治経験がなかったので、すでに述べたように一九一五年に山県に威圧された後は、すべてのことを山県や元老に相談するように、精神的に追い込まれていた。しかも大隈の辞表提出の時点で、元老でもあった大山内大臣や、中立的な波多野宮相も、元老会議を開くことを支持しており、宮中側近も山県の路線でしっかり固められていた。

対華二十一ヵ条要求の影響

しかも、先述のように、大隈内閣の二十一ヵ条要求の失敗の後、ジャーナリズムの大勢が必ずしも大隈支持、元老批判というわけではなかった。

『読売新聞』は、次のように論じた。大隈内閣与党側は、首相が後任者を奏薦する以上は、天皇はただちにその者に内閣組織の大命を降下すべきであり、元老会議などは無用であると言っている。しかし、このような場合に天皇が元老に下問しないのが極めて当然であるという議論は、はなはだ聞き捨てならない「不遜《ふそん》の言」である。大隈は「功名を以て生命とするの人」であり、「国家の経綸《けいりん》〔政策〕」を顧みない人である、大隈の言動に幻惑されないようにすべきである、と(一九一六年九月三〇日「元老会議に関して」、一九一六年一〇月二日「大隈侯の出所進退　隈公の功名心」)。このように『読売新聞』は、元老の後継首相推薦を天皇大権の下での下問の結果であると肯定し、逆に、首相の推薦で元老会議を開かずに後継首相を決めるべきという大隈の主張を、個人的な「功名」から出るものとして否定した。

これに対し、『東京朝日新聞』は、大隈首相が衆議院の過半数政党を率いる加藤高明を後継首相として推薦したことを支持し、元老がこれを排斥して寺内正毅を後継首相に推薦したことを批判した。さらに、日本の憲法にも法律にも認められない「無責任の機関」が、「憲法上重要なる機関」の至当の運転を無視し、それを蔑視したのではないか、と元老を批判した(一九一六年一〇月六日「元老会議の責任」〔寺内伯奏薦〕、一九一六年一〇月九日「新内閣と諸政党」〔元老の性質〕）。

しかし、それは全面的な元老や元老会議に対する批判とはいえなかった。同紙は、与党の合同はまだ成らず、同志会内においてすら紛擾が絶えない、と加藤を推薦する困難さも指摘した。また、寺内に組閣の命があった後、元老の日本の政界における勢力が絶大であると感じると同時に、元老らの責任が極めて重大であると思う、と述べたにとどまり、元老を全面的に批判しなかった（一九一六年一〇月四日「大隈侯の誠意」〔尚懸念あり〕、一九一六年一〇月六日「元老会議の責任」〔寺内伯奏薦〕）。

山県の用意周到な動きに対し、大隈は衆議院の第一党を率いているという正当性を背景に、一部ジャーナリズムの支持のみを当てにして行動したにすぎず、辞表提出の直前には、勝算があまりなくなっていた。こうして山県ら元老は元老制度存廃の二回目の危機を脱したのである。

他方、元老になった西園寺は、この後一九二二年（大正一一）になっても二十一ヵ条要求を行った加藤高明の外交を嫌い、次期首相に選ぼうとしなかった。西園寺が約半年前に、原が後継首相にふさわしく加藤高明は適当でない、と大正天皇に個人的に内奏したり、元老になる意欲を示したりしたのは、日本の外交を転換するのが何よりも必要だと考えていたからである。

政友会前総裁で、将来イギリス風の政党政治が日本で展開するのを理想とした西園寺が元老の一員になることで、山県の目算通り、元老会議に正当性が増した。このため西園寺は、自分の長期的な理念とは異なり、元老制度の強化に加担してしまった。西園寺は、日本の政党が未熟なうちは、元老として政党政治の発達を促進するよう尽力する覚悟を決めたのである。

大隈への「御沙汰書」

寺内正毅を後継首相に推薦した一九一六年（大正五）一〇月四日の元老会議で、大山内大臣から、大隈に「勅語」が下される話が出たが、西園寺公望は不賛成のような発言をし、松方正義は絶対反対と言明した。山県は何も言わなかった（『原敬日記』一九一六年一〇月七日）。

その後、大隈は辞職とともに首相の前官礼遇の勅語を受けた。これは、首相を辞任しても儀式等で現役首相の待遇を受けるというもので、大隈にとって名誉なことであった。おそらく山県が敗北した大隈をなだめるため、特別の詔勅（勅語）を下す構想をまず大山内大臣に話し、それが西園寺・松方の賛成を得られなかったので、代わりに前官礼遇の勅語を天皇から下させたのであろう。

さらに九日の元老会議には、大隈に下される「御沙汰書」の原案が提出された。それは一九一二年一二月に首相辞任後の西園寺が受けた詔勅に類似していたので、西園寺と松方が、大隈は元老会議の内容を他に漏洩《ろうえい》する恐れがある、と原案に反対した。山県は原案くらいでよいと主張したが、改定されて、同日に次の「御沙汰書」が下された（同前、一九一六年一〇月一一日）。

卿夙《けいつと》に国事に尽瘁《じんすい》して大政の維新に参画し賛襄匡輔《さんじょうきょうほ》して以て朕か躬《み》に及へり、今請ふ所を允《ゆる》して閑《しずか》に就老を養はしむ、卿其れ加餐《かさん》自愛して尚《な》ほ朕か意に称《かな》はむことを勉《つと》めよ

【現代語訳】あなたは早くから国のために力を尽くし、明治維新に参画して明治天皇を助け、さらにひき続き私自身をも助けてくれている。今、首相辞任を申し出たことを許し、この後は静かに老体を休めてほしい。あなたには栄養をとって体をいたわり、これからも私の意向に沿うように努めてほしい。

元老の資格としての詔勅

原敬はこの「沙汰書」に注目し、大隈に「加餐自愛」せよとの「御沙汰」ありて、かねて「評価ありし元老となすの優詔はなきものの如し」と日記に記した（『原敬日記』一九一六年一〇月九日）。

『東京日日新聞』によると、「某前大臣」も、「優遇は元老の意味に拝せず」と新聞記者に話したという。この「御沙汰書」は、大隈が国事に尽力したのを天皇が認め、今後その老体をいたわり健康に気をつけなさい、という慰労の意味だけの内容である。もし「元老といふ御

〈思脱カ〉召」ならば、西園寺侯に下った優詔と同じでなければならぬが、「夫れとは違ふやうに誰にでも拝察される。要するに大正元年かに各元老に優詔が下り、その時から元老と云ふものゝ意味は比較的明瞭になつて居ると思ふ」と論じた。

ところが、波多野敬直《はたのよしなお》宮相は、「御沙汰」といっても「勅書」と何ら異なるところはない、大隈に下された「御沙汰」の意味は、「大政の維新」に参加し国事に尽力した功績を天皇が思われ、辞任しても尚養生し健康に気をつけて天皇の意思に応じよ、というものなので「尚の一字が最も意味の深い処《ところ》である」とする。すなわち、辞任しても引き続き「匡輔（そばで助ける）」せよ、という天皇のお気持ちだと拝察するので、大隈も西園寺らと同様「元老の御待遇を受けることと信ずる」と述べた*（『東京日日新聞』一九一六年一〇月一一日、『東京朝日新聞』一九一六年一〇月一一日も同様）。

＊波多野は大隈の出身の肥前藩の支藩である小城《おぎ》藩士の長男であり、大隈と同じく佐賀県を郷里としていた。荒船俊太郎「憲政会と『元老待遇』大隈重信」は、一〇月九日に大隈に下された「御沙汰書」によって、大隈は「建前のうえでは陪食や賜物、下問等で他の元老たちと同一の待遇を保障されたことを指す（実態は別問題）」として、このような「大隈を指す表現として以後『元老待遇』を用いる」とする。また、「天皇に対する助言・補佐を輔弼というが、大隈は実質的に元老（天皇―伊藤注）輔弼を補い得る存在であった」と評価する。しかし、元老の資格とは、一つは本書で論じてきているように、最も本質的な仕事である後継首相推薦に継続的かつ実質的に関わることである。もう一つは、明治期には明治天皇と元老たちが特定の人物を元老と認めること、大正期には大正天

皇の政治権力があまりなかったので、元老たちが特定の人物を元老と認めることである。当然のことながら、特定の個人が元老として活動する意欲がないと、元老にはなれない。筆者が「元老の形成と変遷に関する若干の考察」（一九七七年）以来述べてきたように、大隈にはこのような条件がなく、大隈は元老とは認められない。さらに、元老なら当然関わる宮中関係の重要問題での元老相互の意思決定過程などにも関与できておらず、大隈の元老としての政治権力の実態はない。したがって、大隈が元老としての権力を持ち、その仕事を果たしているかのような誤解を与える「元老待遇」なる用語を用いるべきでないだろう。

大隈の首相辞任とその直後の過程で注目すべきは、元老であることの条件として、特定の詔勅を受けたことがジャーナリズムでもはっきりと論じられるようになったことである。それは、元老の高齢化に伴い、政治的実力は低下し、政党が台頭するなかで、法的根拠のない元老の正当性が問われるようになったからである。まず山県ら元老が詔勅と元老資格とを結びつける発言をし、それが周囲の有力者たちからジャーナリズムを通して、急速に一般へも広がっていったのである。

盛り上がらない元老の正当性批判

詔勅によって正当性を確保しようという元老側の動きに対し、一〇月一〇日に立憲同志会を中心に、中正会・公友倶楽部《クラブ》など前大隈内閣与党が合同し、加藤高明を総裁として憲政会を創立した（奈良岡聰智『加藤高明と政党政治』第四章）。次いで旧同志会系では一〇月一二日に、東京の新聞・通信各社、各地方新聞社の有志ならびに憲政会衆議院議員約二〇〇名を東京に集め、「全国排閥記者大会」を開いた。そこでは、「元老の政治に容喙《ようかい》〔介入〕し横恣専《おうしせん》擅《せん》〔命令に従わず勝手きままにことを行うこと〕」を極めていることが憲政の弊害となっている、などと元老を非難する決議が出された（『東京日日新聞』一九一六年一〇月一三日）。

その後、尾崎行雄（前第二次大隈内閣の法相）は「憲法上幽霊に等しき元老会議」と演説し、元老に法的根拠がないという従来の批判を改めて主張（『大阪朝日新聞』一九一六年一二月一六日）した。

これらの元老批判は、日露戦争前からの元老批判と同内容で、一般国民受けを狙ったとはいえ、新鮮味のないものだった。山県ら元老側からの、詔勅を受けて元老になったという論理に対して、十分な打撃を与えられるものではなかった。

すでに吉野作造《よしのさくぞう》（東京帝大法科大学教授）は、この年頭の『中央公論』掲載の「憲政の本義を説いて其《その》有終の美を済《な》すの途《みち》を論ず」という有名な論文で、新しい観点で元老制度を批判しながら民本主義を論じている。吉野は言う。一部の論者は、広く人民の意向を聞くのは君主の大権に対する制限と見る。しかし、元老が下問されて後継首相を推薦するのも、君主の大権に対する明白なる一制限である。それなら、多数に相談する民本主義の方がよい、と。

いずれにしても、山県系官僚の寺内が後継首相に推薦されたので、大隈内閣の辞職過程を通して、元老には憲法上根拠がないことが再び問題視されたが、二ヵ月ほどで沈静したのである。

大隈を元老にするか否か

元老であることを特定の詔勅を受けたことに結びつける動きの他に、山県は元老の正当性を強めて元老制度を維持するために、大隈を元老にする構想を持ち続けたことが注目される。すでに述べた一九一六年（大正五）一〇月四日の元老会議で、大隈に「勅語」（詔勅）が下される話が出た裏に、山県の策動があるのは間違いない。このようなことが山県の了解なしに行われれば、山県は必ず反対するからである。その五日後の元老会議で、大隈に下す詔勅は西園寺に出されたものに類似した原案でよい、と山県が主張したことも、その推定を裏付ける。

しかし、「勅語」（詔勅）の件は、西園寺と松方の同意が得られなかった。大隈を元老にするには他の元老の同意がいるが、結局、かつて西園寺に下されたものとは異なる「御沙汰書」を出すことで決着した。

大隈を元老とすることについては、松方・西園寺両元老の他、元老で内大臣の大山や、新内閣の寺内首相が反対した。また、伊藤とともに憲法草案を作り憲法の番人を自負し、宮中にも影響力を持つ伊東巳代治枢密顧問官も、反対であった。しかし、一二月にも大隈は他の元老とともに陪食に召され、波多野宮相は、大隈が元老になった証拠であると新聞記者に言明した（『原敬日記』一九一六年一〇月一〇日、一一日、一二月二〇日）。これも山県の意向に沿ったものであろう。

その後、一九一八年七月一五日、大隈はシベリア出兵問題に関して寺内首相の招きで開かれた非公式の元老会議に、初めて呼ばれた（小林龍夫編『翠雨荘日記』一三四〜一三五頁）。

しかし大隈は、内閣総辞職後に天皇の召し以外の元老会議には出席するつもりはない、と公言していた（『東京日日新聞』一九一六年一〇月一一日）。その後も大隈は、寺内首相の招きによる元老会議には出席せず、「元老などと云ふ憲法上の機関にあらざる者が国政に与《あずか》ることには反対である」と公言した。大隈のこの姿勢は、大隈を引きずり出し憲政会を引きつけて政友会を牽制《けんせい》しようとする寺内内閣の政策を退けた、などとジャーナリズムで好意的に受け止められた（『大阪朝日新聞』一九一八年七月一六日、一九日、二二日）。

大隈を元老にしようとする山県の構想は、西園寺・松方両元老が反対し、大隈も普通の形で元老の一員になることを望まなかったので、実現しなかった。なお、元老兼内大臣であった大山は老齢化しており、一九一六年一二月一〇日に死去してしまった。

大隈を元老にするかどうかをめぐり、山県と西園寺・松方の二人が対立したのは、元老制度の将来に対する考え方が違っていたからである。

山県は大隈を元老に加え、元老会議の正当性を強めることにより、元老会議が実権を持って後継首相を推薦する体制を保持しようとしたのである。山県は、日露戦争前の元老会議を理想としていたと思われる。大隈を加えることで、元老会議が政友会に加えて憲政会も統制し、二大政党を牽制できるようになることも期待したのであろう。* そのためには、大隈を元老にするリスクを取ってもよいと考えたのである。

＊季武嘉也は、山県は大隈重信や西園寺公望という政党系の人間を元老にすることによって元老の権威を強化し、「強い指導力を復活させた上で」、実行機関としての「挙国一致」内閣を実現しようとしていた、と論じている（季武嘉也『大正期の政治構造』一九九頁）。七八歳と当時としては非常な高齢で、しかも何度も大病をしてきている山県が、元老の強い指導力を復活させようとしていたのかどうかは別にして、大隈を元老に加える構想の理由の一つに、政党内閣を嫌い、特定の党派に偏しない「挙国一致」内閣を作りたいとの考えがあったのは、季武の指摘する通りである。

他方、松方の考え方は不明であるが、少なくとも西園寺は、元老会議は後継首相推薦に関し、衆議院第一党または第二党の党首を状況に応じて選ぶことを原則にすればよい、と考えていたと思われる。山本権兵衛内閣成立の際の元老会議での発言や、大隈首相の後継として原敬の名を大正天皇に述べたことなどは、その例証となる。すなわち西園寺は、元老会議の後継首相選択の主体性を減少させていくのが望ましいと考えていた。その姿勢が元老会議に正当性を与えると考えたので、大隈を元老会議に加えるリスクを取る必要はなかった。

元老制度の衰退が弱まる

ここで話を、大隈首相の後継者として、元老山県らに推薦された寺内正毅と元老・元老制度の関係に戻そう。

寺内は天皇に組閣を命じられ、一九一六年（大正五）一〇月九日、山県系官僚や寺内と個人的に親しかった者を閣僚とし、政党からの入閣のない「超然内閣」を組織した。山県は憲政会（同志会の後身）を寺内内閣に協力させる構想を持っていたが、寺内首相はこの構想を嫌い、憲政会と対立していった。一九一七年四月二〇日の総選挙後の議会での勢力は、原の率いる政友会が衆議院の議席の四一・七パーセント（一五九名）に伸びて第一党になり、憲政会は三一・八パーセント（一二一名）に減少し第二党に転落した。

注目すべきは、寺内内閣ができて半年ほどで、元老・元老制度の衰退の流れが弱まったことである。その理由は一つには、山県が主導して、元老に前政友会総裁の西園寺公望を加えて元老の基盤を強めるとともに、元老は詔勅によって任じられることを公的に定着させていったからである。これらによって、元老の権力の正当性が増大した。

元老は憲法上や法令上で根拠のない機関であるにもかかわらず、政治に関与するのは憲政の発達に逆行する、といった日露戦争以来の批判が、寺内内閣成立後に再び出たものの、すでに述べたように二ヵ月ほどで沈静化した。

もう一つが、政党を背景とした第二次大隈内閣（同志会などが与党）の政策が、二十一ヵ条要求の失敗に見られるように、あまりよくなかったからである。また、同志会（憲政会）と政友会という二大政党が、単に相手を打倒することを主要な目標として動いているように、国民に見えたからである。

これまでも、元老の存在に好意的であった『読売新聞』は次のように、未発達な日本の立憲政治や政権担当能力が不十分な内閣の施政を混乱させないように、元老が役立っていることを論じた。他方、今後は元老のような偉大な勢威を国民に与える人物は出現しないので、元老は「発生」することができず、いずれ消えていくものとも見た。

吾人は従来の如き吾《わが》政界の有様にては元老の必要極めて大なりしことを認容せんと欲す。若《も》し元老の制度なかりしならば、吾帝国の政治は今日よりも尚《なお》一層紊乱《びんらん》したるべきと思はざるを得ず。恐らく支那《シナ》の現在の政界に似たる趣を現出したるべきを思ふなり。……（中略）……今後の政治家には従来の元老の如き偉大なる勢威を国民一般の心中に建設し得べきもの出現すべからざるが故に、随《したが》つて今後元老たるもの到底発生し得べからざるものなりと思惟《しい》す。

（一九一七年二月二七日「元老論」〔二〕）

【現代語訳】私は、これまでのような日本の政界のありさまでは、元老が極めて必要だったと認めようと思う。もし元老制度がなかったら、日本の政治は今よりさらにもっと混乱していたに違いない。おそらく中国の現在の政界の状況に近かっただろうと思う。……（中略）……

これからの政治家には、従来の元老のようなカリスマ性を国民一般に感じさせる人物は現れそうもないので、今後は元老というものは決して生まれる可能性がないと思う。

これに対し、元老や元老制度の存在に批判的であった『東京朝日新聞』は、現在の政局の行き詰まりは、元老が大隈首相の推薦した加藤高明を後継首相とせず、寺内を後継首相に推薦した結果である、と元老を批判した（一九一七年一月二〇日「政局の行詰」〔責任者は元老〕）。ところが、大隈内閣下の一九一五年総選挙、寺内内閣下の一九一七年総選挙と二度の総選挙に、いずれも与党が圧勝すると、総選挙の結果は必ず与党が多数を制する、と日本の総選挙の機能に失望した。その上で、結局日本の政治は元老の機嫌をとって後継首相に推薦されることで決まり、元老は事実上政界の実権を握ろうとし、日本はやはり実質的に「寡頭《かとう》政治」で終わり、なげかわしいことである、と論じた（一九一七年四月二五日「総選挙の教訓」〔結局元老政治〕、同年四月二八日、同再論）。それに加えて、このように元老の権力が継続しているのは、政友会・憲政会という二大政党が互いに同志〔士〕打ちをしているからだ、と両政党をも批判した（一九一七年五月一日「政党の同志打」〔元老の操縦〕）。

『東京朝日新聞』ですら、元老は憲法上根拠がなく、「民意」を反映した衆議院の多数党の党首が政権を担当すべきだ、として元老や元老制度を単純に批判する従来のような立場に、疑問を持ち始めていることがわかる。また、二大政党の態度や総選挙の機能から、元老が権力を衰退させていないことを認めている。このため、元老が非常時に円熟した体験から判断したり、後継首相推薦を「民意」を十分に考慮して行ったりするなら、当分は元老が存続するのはやむを得ない、との立場に少し近づいた。

以上から、元老の権力の正当性を確保して衰退を食い止めるという、大隈内閣末期から寺内内閣期にかけて山県らが取った戦略は、それなりに成功したのであった。

第8章　原内閣下の首相権力拡大——山県の抵抗と屈服

本格的政党内閣への構想

政友会総裁の原敬は、一九一七年（大正六）総選挙に勝利したのち、寺内正毅内閣の後は自分の政友会（政党）内閣を作り、日本の外交と内政を第一次世界大戦後にも対応できるものに大きく変えていこう、と決意を新たにしたはずである。大戦中に少しずつ具体化させていった外交・内政の構想は、この頃にはほぼ体系化しつつあった。

大戦後には米国が明らかに世界の中心となるので、外交は米国を中心とした欧米との新しい協調外交に転換しようとした。そのなかで欧米に対して少しでも日本の主導権を発揮するためにも、二十一ヵ条要求で悪化した中国との関係を改善する必要があった。原の予想では、大戦後には列強は植民地を獲得したり勢力範囲を拡大したりすることを優先する旧来の帝国主義的外交を脱却するが、列強間の経済競争が熾烈《しれつ》になるはずであった（伊藤之雄『原敬』下巻、第二六章、二八章）。

原は元来植民地獲得・勢力圏の拡大よりも、安定した秩序の下で自由な貿易を通して日本が発展することを理想としていたので、大戦後の変化をまったく悲観していなかった。約九ヵ月後であるが、一九一八年一月に米国のウィルソン大統領が大戦後に向けた一四ヵ条綱領を発表した。大戦後の国際連盟の設立などにつながる、このウィルソン主義に対しても、原は好意的に見た。

また原は、大戦後の列強間の厳しい経済競争に対応するため、鉄道・港湾・道路などの交通手段、通信手段を整備し、大学・高校・専門学校や、その前の教育機関である中等学校を増加させるなど、教育の拡充を考えていた。

原が政策を実現するためには、政友会を背景とした首相と内閣の権力が、一般官庁のみならず陸・海軍から宮中までも統制することが必要である。つまり原は、イギリス風の本格的な政党内閣を作ろうとも考えていた。これは当然ながら元老の権力を削減することであった。

原と西園寺の連携

元老の西園寺公望は、右のような外交政策やイギリス風の政党内閣を作ることでは、原と価値観を共有していた。このため西園寺は、原が首相になるように尽力し、また首相となった原が宮中を掌握していく動きを支えていくのである。

それでは原は、どのようにして政権を取り、元老の権力を削減していったのであろうか。

当時元老は、井上馨が一九一五年（大正四）九月に、大山巌が一六年一二月に死去したため、山県・松方・西園寺の三人になっていた。山県と寺内首相の関係はよくなく、すでに一九一七年夏には、寺内は病気を理由に、山県に辞意を漏らすようになった。順当に行くなら、次はいよいよ原・政友会内閣の誕生である。元老松方は内大臣を務めているが高齢であまり発言力はなく、前政友会総裁の西園寺は、原内閣成立に協力してくれる。原内閣実現を考えると、問題は、最有力元老で陸軍と枢密院から貴族院まで掌握していた山県である。政党嫌いの山県が、原内閣実現を妨害しないことが必要であった。

一九一七年に起きたロシア革命を妨害するためと、シベリアの資源などへの野心から、その頃、陸軍はシベリア出兵を計画していたが、原は反対であった。しかし、当初は出兵に慎重であった山県が、米国との共同出兵ということで、一九一八年七月に出兵に同意したので、原も不本意ながら同意した。まず政権を取って、政策を実行に移し、シベリアからの撤兵はその後に実現すればよい、という原の戦略であった（伊藤之雄『原敬』下巻）。

なお、同年七月一五日、寺内首相はシベリア出兵について宮中に山県・西園寺・松方ら元老の会合を開いた。大隈にも通知したが、大隈は参加しなかった。参加することで政府を支持していると宣伝されることを恐れたからであろう（荒船俊太郎「寺内正毅内閣期の大隈重信」）。*

＊荒船俊太郎は「原敬内閣期の『元老待遇』大隈重信」「憲政会と『元老待遇』大隈重信」なども含め、大隈の動きを詳しく描き、寺内内閣以降の最晩年まで、大隈が政治への野心を失わなかった面を明らかにした。この点では新しいが、「寺内首相が大隈を元老とみなしている」（「寺内正毅内閣期

の大隈重信」九四頁）という評価については、十分な根拠を示していない。山本四郎編『寺内正毅日記』を精読しても、寺内首相は、元老の山県・松方・西園寺とは様々な政治問題の相談や打ち合わせをしているが、大隈に対してはそうした実態が確認されない。

折から、第一次大戦の好景気とシベリア出兵のせいで米価が異常に高騰し、生活に困った下層民が、米屋等を襲う米騒動が、一九一八年七月上旬以降全国に広がった。米騒動は、八月下旬には沈静化していったが、寺内内閣の前途は閉ざされた。原は腹心を通し、寺内首相が当面身を引かないなら責任を追及する、と「名誉」を保って辞任することを促した。

九月二一日、寺内首相は辞表を提出した。その数日前から元老西園寺と原は組閣について協議し、西園寺に組閣の命があっても受けず、原が政権を担当することで同意した。寺内が辞表を提出すると、同日に参内した西園寺は、大正天皇から突然に覚書のような書類を下付されて、組閣を命じられた。それは政党内閣を成立させたくない元老山県の、最後のあがきであった。

九月二五日、西園寺は天皇に組閣を辞退した。辞退するのに四日間もかけたのは、西園寺が山県を納得させるためである。その場で天皇から後任首相についての下問があったので、西園寺は原を推薦した。退出後、松方の了解を得て、西園寺は山県にも事情を説明した。こうして、原内閣ができる流れはほぼ確実になった。

原は西園寺から右のいきさつを聞き、閣僚候補者について西園寺に話した。こうして二七日、原は組閣の命を受け、正式に組閣に取り掛かった。原内閣は二九日に成立した。陸・海・外相以外は政友会員で占める、本格的な政党内閣であった。

トーンの違いはあるものの、どの新聞も原内閣の成立を歓迎し、原を後継首相として推薦した元老への批判は、まったく出なかった。元老の権力の正当性は、何よりも元老が国民の納得する人物を首相候補として推薦することで裏付けられた。この時点では、政党に問題がない限り、衆議院の第一党もしくは第二党の党首を選ぶことが原則となった。

山県を取り込む

原の組閣後一ヵ月半経った一九一八年（大正七）一一月一一日、同盟国側で最後まで戦ったドイツが降伏し、第一次世界大戦が終わった。パリで講和会議が開催されることになり、原は日本側の全権に重みを添えるため、元老西園寺に全権の一人となることを求め、承諾を得た。原と西園寺は、組閣の命を受ける過程から、一貫して連携していた。

シベリアからの撤兵に関しては、組閣の時点で原の予想を上回る約七万の兵力が派遣されていたので、山県系の田中義一陸相と連携して、まず約半分を撤兵させることとし、越冬させる兵力を半分に減らした。これは原首相が予算と軍事についての十分な知識を背景に、陸軍が求める兵器の近代化を実現するためにはシベリア出兵で経費を使いすぎてはならないことを、田中陸相に納得させることができたからである。また桂や寺内の後輩である田中には、将来首相になりたいという野心があった。寺内内閣の例からも、首相になるには大政党（政友会）の協力が必要な時代になったことは明らかであった。原が田中の野心を見抜き、協力させたという面もある。

さらに原は、老いても陸軍最大の権力者である元老山県元帥も取り込んでいた。それは原内閣下で一九一九年、一九二〇年と都市部で普通選挙運動が盛り上がり、また大戦中から労働運動が頻発するようになっていたことを利用したのである。

山県は、日本で普選運動などがエスカレートして一九一七年に起きたばかりのロシア革命のようなことにならないかと、大きな恐怖心を持っていた。少し時期は下るが、一九二〇年秋に原が山県と会見した際、原は山県に同調して普選の危険性を語った。

しかし原自身は、当時の指導者の中で普選の問題を最も冷静にとらえていた。原は一九一九年に選挙法改正を行い、市部の有権者を一八万人から二八万人余り（約一・六倍）に、郡部（農村部）は一二八万人から二八六万人（約二倍）に、それぞれ増加させた。

原は普選即行に反対の理由について、運動側に迫られて実施するのはよくない、としか言及していない。しかし原は、運動側に迫られて性急に実施する普選に、次のような危うさを感じていたのだろう。

もしこの時に男子普通選挙を実施していたら、有権者は約一〇倍に増加する。候補者は旧来の地盤がまったく役立たなくなり、非常な危機感を覚えるだろう。当選するために買収等の腐敗的手段に走る恐れがあり、政党の権力の正当性は地に落ちる可能性があった。原は、いずれ来るであろう普選導入の日に備え、段階的に選挙法改正を進め、それがもたらす変動をできるだけ小さくしようとしたのである（伊藤之雄『原敬』下巻、第二九章、三〇章）。

こうして原首相の率いる政友会は、一九二〇年五月の総選挙に圧勝し、普選運動を当面鎮静させた。またその頃までに神戸川崎造船所の争議や八幡製鉄所（現・新日鉄）の争議などの大きな争議も、内務省・警察の力で解決した。山県系の寺内内閣の下で米騒動が起こり、なかなか鎮定できなかったのと比べ、原の手腕を認めた元老山県は、原を政治家として高く評価するようになった。

参謀本部を屈服させた原首相

このため、シベリア撤兵に関し、原首相や田中陸相を中心に、内閣で決めた方針を陸相から一九二〇年（大正九）六月に参謀本部に通牒《つうちょう》（通達）する形の方式を取っても、最終的に参謀本部は屈服した。本来なら、撤兵は作戦に関する重要事項であり、この頃の法令解釈においても、陸相と参謀総長が協議して実施することになっていた。このような従来の法令解釈の慣例を変更する行動が取られても、参謀本部側が屈服せざるを得なかったのは、山県が原内閣の存続を支持していたからであった。

参謀本部が内閣・陸相の決めた撤兵計画を通達されて、形式も含めて合意できないと強く主張し、収拾がつかなくなれば、原首相や田中陸相が辞表を出す。そうすると普選運動や労働運動対策で最も頼りになる原内閣を失うことになり、後継を託せる首相候補が見当たらないので、最有力元老の山県が最も困るのである。

陸軍の主要人事を掌握し続けている山県の支援がないまま、参謀本部は原首相・田中陸相と正面から対決することはできなかった。原と田中は、参謀本部が抵抗してきたら辞表を提出するだけでなく、その後山県の仲介があって留任を承諾するのと交換に、参謀本部を縮小してしまう計画すら合意していた。その雰囲気を察知してか、参謀本部は原内閣に対して従順になっていった（伊藤之雄『原敬』下巻、第三二章）。

原首相の宮中に対する権限拡大

大正天皇は皇太子時代に渡欧を望んだが、明治天皇の反対などで実現できなかった。しかし、宮中には皇太子や皇族が海外生活を体験して見聞を広めようとする空気があった。これは明治国家が近代化のために各界の有能な人材を欧米に派遣したことを反映していた。

皇太子裕仁親王（のちの昭和天皇）は満一八歳になり、一九一九年（大正八）五月七日に成年式を終えた。一一月六日、原首相と元老山県（枢密院議長）は会見し、皇太子はもう少し政治と人々に接して慣れるべきこと、結婚前に欧米を遊歴すべきことで一致した。しかし貞《てい》明《めい》皇后は、大正天皇が病気中であることや欧米でのテロなどの危険を考慮し、皇太子の欧米歴訪に反対であった。そこで元老山県が中心となり、原首相や元老の松方内大臣や西園寺の協力も得、中村雄次郎《なかむらゆうじろう》宮相らを使いこなしながら宮中関係者を説得し、実現を推進した。こうして、一九二一年一月一六日、元老松方内大臣が上奏して、皇太子欧米歴訪の裁可を得た。

ところが、一九二〇年一二月には、皇太子妃に内定していた久邇宮良子《くにのみやながこ》女王に色覚異常遺伝の要素がある問題が表面化し、大きくなっていった。元老間では久邇宮に内定辞退をしてもらうことで一致したが、久邇宮側が抵抗した。このなかで、右翼（国粋主義）活動家の動きが激しくなり、内定辞退を主張する中心であった元老山県が追い詰められていった。

結局、一九二一年二月一〇日に中村宮相の責任で、宮内省から婚約内定遂行通知を各新聞社宛に出させ、中村宮相と石原健三《いしはらけんぞう》次官（いずれも山県系）が責任を取って辞表を提出した。松方内大臣も、同月一八日付で辞表を提出した。このため山県は、二一日付で枢密院議長の辞表およびすべての官職ならびに恩典の拝辞を申し出る手紙を天皇に差し出さざるを得なくなり、小田原の本邸「古稀庵《こきあん》」で、前年一二月以来の謹慎を続けた。

このなかで、一九二一年二月一〇日前後から右翼（国粋主義者）らの間で、皇太子の洋行も山県の陰謀として阻止しようとする動きが出てきた。それに対し、原首相は、山県らと連携して洋行を実現しようと動き、議会で予算を通過させ、三月三日に皇太子を横浜港からイギリスに向けて無事出発させた。この過程において、原首相は皇太子の渡欧問題という、本来は元老、とりわけ山県の指導の下で宮相が処理する宮中問題の主導権を握っていった（伊藤之雄「原内閣と立憲君主制」第四章1）。

元老山県が原首相に頼る

ところで、皇太子妃選定問題に関し、山県と松方の二元老が良子女王婚約内定破棄を主張した責任を取って、辞表を提出し官職・恩典の拝辞を申し出たことを、原首相らは二元老が元老としての地位も含めて拝辞しようとしていると受け取った。元老は西園寺一人になってしまう。後にも述べるが、元老制度存廃の三回目の危機である。

原首相が政党嫌いの山県をここで失脚させるのは難しいことではない。しかし、原は右翼運動を利用してそんなことをすれば、右翼運動を勢いづけてしまい、日本社会の秩序が崩壊するかもしれないと考えた。このような発想は、普選運動を好ましく思わなかった理由と共通している。しかも、原が陸軍を統制することができたのは、田中陸相と連携し元老山県の支持を得ることによって、参謀本部を抑え込んだからであった。

そこで一九二一年（大正一〇）三月一五日、原は新たに宮相に就任した牧野伸顕《まきののぶあき》に対し、山県・松方の辞表は天皇から認められるべきではない、との考えを示した。また原は、一貫して山県を支持する姿勢を内々に本人にも伝えた。

山県の原を見る目は、原が裕仁皇太子のイギリスへの出発を成功させ議会運営を見事にやり遂げたことで、さらに好意的に変わった。三月末に、山県は「〔原の〕人格と云ひ遣《や》り口《くち》と云ひ、実に立派なものだ」と、信頼する私設秘書松本剛吉《まつもとごうきち》に述べるまでになった。その後、原首相は牧野宮相に二人の辞表を天皇が却下するよう計らうことを主張し、五月一八日に山県と松方に留任するよう優諚《ゆうじょう》（天皇の有難いご指示）を受けさせるまでに、政局を主導した。

これ以降、原首相は病気で辞任する田中陸相の後任問題などで、陸軍への統制力をさらに発揮した。この他、海軍についても、政党内閣に協力的な加藤友三郎《かとうともさぶろう》海相を通して、原首相は内閣の統制下に置いた。さらに原首相は、裕仁皇太子の渡欧中の方針に関しても影響力を振るい、元老山県や配下の宮相が管轄していた宮中も基本的に掌握するようになった。

さらに一九二一年（大正一〇）四月以降、原は病気で政務が取れなくなっている大正天皇に摂政を設置する問題についても、新任の牧野伸顕宮相と連携し、元老西園寺・山県や松方内大臣の了解を得ながら推進した。この問題は、一九二〇年六月中旬には元老の松方内大臣や山県の間で話題になっていながら、具体的な進展がなかったものである。

結局、一九二一年九月二九日から一〇月五日までに、牧野宮相は皇族筆頭の伏見宮貞愛《ふしみのみやさだなる》親王ら九家の皇族の了解を得ることができた。これを背景に一一日、松方内大臣が皇后を訪れ、摂政設置を一一月の陸軍大演習がすみしだい、なるべく急いで行うことについて、了解を得た（伊藤之雄『原内閣と立憲君主制』第四章2）。

すなわち、原首相は個人の政治家としての力量を活かし、元老山県の影響下にあった陸軍や宮中までも最終的に掌握した。まさに本格的な政党内閣を展開したのである。こうして、原首相は政敵であった元老山県を自分の支援者に変えてしまい、元老西園寺の好意を維持したことにより、元老の影響力をそれまでになく小さくしたのだった（伊藤之雄『原敬』下巻、第三二章）。他方、原は存廃の危機にあった元老制度を存続させ、原・政友会の政党内閣による秩序の維持に役立てたのであった。

大隈の新しい「元老」スタイル

ここで、大隈重信に話の焦点を当てるため、少し時期をさかのぼらせよう。すでに述べたように寺内内閣成立後、元老山県は大隈を元老にしようとしたが、元老松方と西園寺の反対で実現せず、大隈も元老になる意欲を見せなかった。

寺内内閣が倒れる見通しになると、衆議院の多数党の党首に政権を担当させる立場から、原敬が後継首相になるべきとの意見や（『東京朝日新聞』一九一八年〔大正七〕九月一〇日「原内閣たらざる可らず」）、西園寺を最も適当とする意見があった（『読売新聞』一九一八年九月一五日「元老と内閣」）。寺内内閣の辞任が時間の問題となると、大隈は一九一八年九月一九日、二〇日と二回も召され、二度参内した。

一九日に参内して下問があった際に、大隈は世界の形勢などを大正天皇に言上した。その後、学識ある者が必要だという理由で、加藤高明（憲政会総裁）が後継首相として適当だと思うが、いずれよく考えて二、三日中に再び参内して奉答する、と申し上げて退出した。波多野敬直宮相にそのことを伝えると、波多野は二、三日とあっては天皇が困るだろうから、なるべく速やかに奉答する方がよいであろう、また他の元老は西園寺を推薦するようである、と大隈に述べた。大隈は、それなら明日参内し言上すると述べて退出、二〇日に再び参内し、西園寺を推薦した（『原敬日記』一九一八年九月二〇日、二三日）。

大隈以外、元老はそれぞれ連絡を取り合っており、西園寺は原敬を推薦するつもりであったが、山県・松方は西園寺を推薦した。このように大隈は、元老集団から孤立した形で、後継首相の推薦をし、実質的な影響力を持たなかった（同前、一九一八年九月二〇日、二二日、二三日、二五日）。

大隈が召されたのは、山県の主導であり、一九日段階では、原も「元老としての御待遇と見ゆ」（同前、一九一八年九月一九日、二二日）と、大隈が元老になる可能性があると見ている。なお、大隈は一九日、二〇日と二度参内するようになったことを、新聞記者らに「非常の御信任ありて再度も参内する」というように言いふらしているようだ、と原は見た（同前、一九一八年九月二〇日）。

憲政会（大隈）系の新聞は、次のように報じた。一九日午前の拝謁で、大隈は世界の大勢より説き起こし、日本の「憲法政治」に及び、この大変動の時代に対応するには、「立憲的大手腕家」を必要とする旨、五時間にわたって奏上した。しかし、御下問の本旨に入らなかったので、二〇日に参内し奉答することになったため、西園寺の御召は一日延引して二一日となった。大隈は二〇日午前に参内し、「純理」より言えば加藤高明が適任であるが、実際政治は「純理」のみでいかないので、他の元老が挙国一致の必要上西園寺を推薦するなら、「一時の権宜《けんぎ》」として西園寺を適任とすると「詳細」に奏上した（『報知新聞』一九一八年九月二〇日、二一日夕刊〔二〇日夕方発行〕）。大隈は後継首相に関して召されたことを使って、旧来の元老に並ぶ新しい「元老」としての自分の存在をアピールしたのである。

寺内内閣後の後継首相推薦に大隈が積極的に関わったのは、この狙いがあったからであろう。

他方、山県は大隈を後継首相推薦に関わらせることで、元老の権力の正当性を強めようとしたのである。

大隈と三元老の思惑

さて、すでに述べたように西園寺は、後継首相を受けないということで原と打ち合わせており、下問に対し首相就任を辞退した。そこで一九一八年（大正七）九月二六日、再び後継首相推薦がなされ、元老の山県・松方・西園寺は原を、大隈は加藤を推薦し、原に組閣の大命が下され（『報知新聞』一九一八年九月二七日）、政友会を背景に原内閣が成立した。

この過程で大隈は召されて参内し、後継首相について奉答したので、新聞のなかには、大隈を山県や松方などと同様に元老の一人として表現するものも現れた。数日後には、山県・松方と、大隈・西園寺に出された詔勅の文言の差異に注目して、山県・松方を元老、大隈・西園寺を「准元老」と論じたりもした（『東京朝日新聞』一九一八年九月二一日「憲政の進歩を害する者」〔元老か将《はた》政党か〕、九月二六日「我儘《わがまま》なる挙国一致論」〔元老の不誠実〕）。

しかし大隈は、山県以外の二人の元老からその一員として承認されておらず、大隈は元老になる可能性のある人物だが、元老になったとはいえない。また、特に元老山県のインフォーマルな権力と行動について批判が根強く、元老制度の存在についての疑問も出され続けていたので、この頃でも大隈は、ただちに普通の元老になる気はなかったと思われる。

その後、原内閣下で大隈は東宮御所に参殿し、一九二〇年五月六日に裕仁皇太子に約一時間も拝謁したり、翌月一四日には、一時間以上にわたって米国事情その他について言上したりした（『昭和天皇実録』一九二〇年五月六日、六月一四日）。この大隈の行動は、元老に近いものといえよう。

ところが、同年六月一一日に松方邸に続いて西園寺邸で、山県・松方・西園寺の三元老が二度も集まって「密談」をしたが、大隈は招かれなかった（『報知新聞』一九二〇年六月一二日夕刊〔一一日夕方発行〕）。この「密談」の内容は不明であるが、時期と三元老が揃った物々しさから考えると、久邇宮良子女王の色覚異常遺伝の問題の可能性が強い。大隈は、三元老全員から十分に信用されているとはいえず、深刻で具体的な問題の相談となると、外されてしまうのである。

次いで、同年九月二四日には、大隈は松方や西園寺とほぼ同時刻に参内、天皇の御機嫌をうかがって、退出した〔大隈〔午前九時五〇分乾《いぬい》門より参内～一一時五〇分坂下《さかした》門より退出〕、松方〔同一〇時一五分坂下門より参内～一一時五五分坂下門より退出〕、西園寺〔同一〇時二〇分坂下門より参内～一一時五〇分坂下門より退出〕〕。このことを、『読売新聞』は、揃って「参内の三元老」と表現した〔『読売新聞』一九二〇年九月二五日〕。

この時の宮相は、山県系官僚の中村雄次郎であり、元老山県が、これまで同様に、元老の権力の正当性を維持して、元老の基盤が弱まるのを止めようと、大隈を元老に加えようとしたのである。すでに述べたように、山県は久邇宮良子女王に皇太子妃内定を辞退させたいと考えており、そのためにも大隈を元老の一員にすることが必要であったと思われる。なお、前年七月三日には山県が大隈を訪問、五日には大隈が山県を訪れ、「世界改造に対する日本の立場を論究」したように〔『報知新聞』一九一九年七月五日〕、むしろ山県の方から大隈との接触を求めており、大隈もそれに応じていた。

しかし、元老山県の意向にもかかわらず、すでに述べたように、この後に起こる皇太子妃婚約内定破棄問題、皇太子の渡欧問題、摂政設置問題などの宮中関係の最重要問題に関し、大隈は山県・松方・西園寺の三元老の協議に参加できず、実質的な相談に関わることができなかった。大隈に旧来の元老になるという一貫した意欲がなかったことも一因であるが、それよりも、元老の松方・西園寺や、原首相が大隈の関与を嫌っていたことが大きい。

元老制度の存廃をめぐる大隈と原・山県

すでに述べたように、久邇宮良子女王の婚約内定を辞退させることに山県ら元老は失敗し、山県・松方の二元老が責任を取って、元老としての慣例的地位も含め官職等を拝辞することを、天皇に申し出た。残る元老は西園寺一人であり、これは二人の引退のみならず、元老制度自体の存廃にも関わる三回目の危機であった。

この問題に関し、一九二一年（大正一〇）二月中旬、『東京朝日新聞』は「某消息通談」として、山県・松方・西園寺の三元老が引退するのは当然のことと思われる、との記事を掲載し（一九二一年二月一四日）、暗に三元老の引退を促した。また『読売新聞』も、元老、なかんずく元老中の主たる責任者である山県が一日も早く引退するべきである、と論じた（一九二一年二月一六日「元老謹慎の急務」）。

同じ頃、大隈は二月一八日に葉山で天皇に拝謁し、また二〇日に東宮御所で裕仁皇太子にも奉伺するという記事が出た。これらはいずれも大隈から申し込んだものである（『報知新聞』一九二一年二月一九日、二〇日、『読売新聞』一九二一年二月一九日）。このようにして、大隈は新しい「元老」イメージをふりまいた。

その上で、拝謁直後に大隈は、山県・松方・西園寺とともに国民の相手となるにはあまりに年を取りすぎており、元来、元老などに対して国民が信頼の意を表したり、元老の動静を重大視したりする傾向があるのは大いに間違ったことである、と元老を批判した（『読売新聞』一九二一年二月一九日）。また、その翌一九日、中村宮相一人が責任を取って辞任し、山県や松方が安閑としているのはどういうことであるか、その真相と責任を明らかにしなければならぬと思う（『報知新聞』一九二一年二月二〇日）、と山県・松方の引退を求めた。大隈は元老制度存廃の三回目の危機を拡大させようとしたのである。

大隈は山県・松方の二元老が引退した後、旧来の元老制度を消滅させ、新しい「元老」として天皇の相談役となり、同じ立場に立つであろう西園寺を抑えて、憲政会総裁の加藤高明に政権を担当させようとしていたに違いない。こうすることで、大隈主導でイギリス風の政党政治が形成され、政治外交や宮中の改革が早く進むと考えていたのであろう。

ところが、原首相が元老制度存廃の三回目の危機を鎮め、制度を守る。原は元老西園寺の支援を得て、牧野宮相を説得し、五月一八日に大正天皇から山県と松方に留任するようにとの優諚《ゆうじょう》が出る形に導いた（伊藤之雄『原敬』下巻）。こうして、山県・松方二元老はその後も元老として活動することになった。大隈にとっては大きな誤算であった。

このように原首相が、宿敵ともいうべき元老山県の慣例的地位や政治生命を守ったのは、なぜだろうか。一つの理由は、良子女王婚約問題や皇太子の渡欧問題で、右翼活動家が宮内省や内閣に対し大きな圧力をかけてきたので、原は、そうした圧力に屈しないという姿勢を示すために山県を復権させたのである。すなわち原は、運動の圧力で社会の秩序が弱まったり崩壊したりすることを許したくなかった。

もう一つは、原は陸軍の秩序も維持したかったのである。大日本帝国憲法上、「天皇は陸海軍を統帥す」（第十一条）と、統帥権が独立して陸・海軍は天皇に直隷《ちょくれい》（直属）していた。このため、とりわけ陸軍は、内部の有力者の協力を得ないと、内閣だけでは統制が困難になる可能性があった。原は陸軍の最高実力者でもある元老山県に、陸軍の当面の秩序維持の役割を期待し、その間に、すでに述べたように法令や組織を改正し、新しい組織にすることを考えていたのであろう。西園寺も、山県・松方の復活を支持したように、原と同様の考えであった。*

*この当時の、理想に走る傾向にある新聞論調や大隈重信の動向と比べると、原と西園寺は、陸軍の統制が困難になる可能性があることを考慮して動いている点で、極めて思慮深かった。本書第12章以下で述べるように、一九三〇年代になると、元老西園寺や昭和天皇・首相は、陸軍の統制に苦しむようになっていく。この事実を考慮すると、山県より若い世代の陸軍の実力者で、政友会など政党勢力とも協調性のあった桂太郎や寺内正毅が山県に政治的につぶされて、すでに死去していたことが惜しまれる。彼らが生きていて、桂が元老になるなど、山県の後を継いでいたら、一九三〇年代の陸軍の様相は変わっていた可能性もある。それ以上に、この後半年も経たずに原首相が暗殺されてしまったことも、陸軍統制に関し、将来の可能性の一つを摘んだといえよう。

大隈が元老になる意欲を示す

さて、原首相は山県を復権させることに成功したものの、久邇宮良子女王の婚姻問題で、元老山県のみならず元老制度全体の権威が大きく傷つくことは防げなかった。一九二一年（大正一〇）六月二日、『読売新聞』までが、山県・松方二元老の引退を阻止した原首相を批判した上で、「今迄《いままで》日本の内閣を倒したものは、或《あるい》は元老であり、或は国民である。元老の力は吾人《ごじん》の否認する所であるが」、多数の国民の力はこのような「虚偽の憲政の常道」を破壊して、多少の「変道」でも、比較的立憲的内閣を作りたい、と論じていることも一例である（一九二一年六月二日「所謂憲政の常道」〔政権の合理的移動〕）。

このような状況下で六月一三日午前、山県の方から大隈を訪問したが、あいにく留守であった。しかし午後に大隈が山県を答訪し、時局問題等について会見した（『報知新聞』一九二一年六月一四日夕刊〔一三日夕方発行〕、一四日、『東京朝日新聞』一九二一年六月一五日夕刊〔一四日夕方発行〕「元老会議開かれん」〔大隈重信侯談〕）。山県は大隈が山県を引退させようとしたのを承知で、元老制度を守るため大隈との関係を修復しようとしたのである。

大隈の行動は不快であるが、山県から見て連携できる余地はあった。まず、大隈は普通選挙を唱道していなかった。また良子女王皇太子妃内定破棄問題に関し、婚約内定続行を目指して運動した松平康国《まつだいらやすくに》（早稲田大学教授）の手記によると、久邇宮側の押川方義《おしかわまさよし》が大隈を訪問したが、大隈は婚約内定続行を求めるために参内する等、積極的な行動を取る気配がないことが伝えられている（刈田徹「宮中某重大事件に関する基礎的史料の研究」）。

六月一三日に山県と会談した次の日、大隈は原内閣下の「官紀風紀の腐敗」など時局を検討するため、元老会議が開かれるであろう、と次のように断じた。

> 今日は実に、大英雄が出て何とか国家の行先に明りを告げねばならぬではないか、山県も昨年会つた時よりは元気があつた。何とか国家の前途の為めに元老会議を開かねばならぬが、其時期は陛下が本月又は来月上旬沼津御用邸から御還御遊ばされ更に来月下旬日光離宮へ行幸遊ばさるゝ間に実行せらるゝであらうと期待して居る。
>
> （『東京朝日新聞』一九二一年六月一五日夕刊〔一四日夕方発行〕）

この談話から、元老山県・松方の引退が阻止された以上、大隈も元老の一員になろうと思っていることがわかる。また、国家の行先に明かりをつける「大英雄」とは、大隈と山県、とりわけ大隈であると大隈自身も思っていることも見える。

結局、大隈のいう元老会議は開かれなかった。おそらく松方と西園寺が反対したからであろう。

しかし、元老になる決意をした大隈の気持ちを反映し、憲政会系（大隈系）の新聞は、大隈が九月以来一〇月下旬にかけて病気を悪化させていた状況下で、大隈を元老として次のように論じた。

侯爵〔大隈〕は一日も国民なかるべからず。国民は一日も侯爵なかるべからず。侯爵は陛下の元老なると同時に、又国民の大隈侯なり。政治家にして此の如き国民の敬愛を得たる者は、古来匹儔《ひっちゅう》〔匹敵する者〕稀《まれ》にして、英のグラッドストンの如き其れ近き歟《か》。
(『報知新聞』一九二一年一〇月二三日夕刊〔二二日夕方発行〕)

【現代語訳】大隈侯爵は一日も国民をないがしろにできない。国民も一日とて侯爵なしではいられない。侯爵は大正天皇の元老であると同時に、国民の大隈侯である。政治家でこのように国民の敬愛を得たものは、古来当てはまる人は稀であるが、イギリスのグラッドストン(前首相、自由党党首)あたりが近いといえるだろうか。

おそらく大隈自身も新しい元老像を、国民に近づき人気のある判断ができる元老、というイメージでとらえていたのだろう。*

*『読売新聞』も、この時期に大隈を元老と呼んでいる(一九二一年一一月七日「両元老で奉答か」〔山県両老故障のため〕)。

第9章　危機をどう乗り越えるか――山県没後の西園寺

大隈は元老になれず

憲政会系新聞が大隈を元老と報じた約二週間後に原首相が暗殺されると、山県が病気であるので、西園寺と松方が主導し、山県も同意して、高橋是清蔵相が後継首相に推薦され、高橋内閣が誕生した。大隈は病気から回復しつつあったにもかかわらず、後継首相について下問はおろか、元老からの相談もなされなかった。これは、山県が病気で、西園寺・松方の二元老が主導権を握ったからである。

大隈を外して、高橋を後継首相に選んだことについて、憲政会系（大隈系）新聞は次のように批判した。

陛下の元老たる一人〔大隈〕を除外し、之をして献替《けんたい》の機会を得ざらしむるは如何《いかん》。陛下の大隈侯を待つに元老を以てし、日夕《にっせき》特別の寵遇《ちょうぐう》を賜はるもの、斯《かか》る時機に於て其思想を述べんとするに在るは、他の三元老に於て然ると甲乙あるべしと思はれず。然るに彼等三人が私《ひそか》に相好む間に於て政局を私占し、大隈侯をして口を挿《さしはさ》む機会なからしむるは、陛下の盛意《せいい》に悖《もと》る擅私《せんし》〔恣〕の振舞《ふるまい》なり。

（『報知新聞』一九二一年〔大正一〇〕一一月一三日夕刊〔一二日夕方発行〕「元老等の私議」）

【現代語訳】天皇陛下の元老である大隈侯を除外して、君主を補佐する機会を得られなくしてしまうのはどういうことだろうか。陛下は大隈侯を元老として認め、日頃特別に目をかけているのであり、大隈侯がこのような機会にその考えを述べたいのは、他の三人の元老と同じであろう。それなのに他の三人の元老が勝手な時に政局の動きを独占的に左右し、大隈侯に意見を言う機会を奪っているのは、陛下の意思に反する自分勝手な行動である。

憲政会系新聞が、大正天皇から元老と認められた大隈を、他の三人の元老が外すのは私的な専断であると批判していることから、今後に元老が適切な人物を後継首相に推薦していないと見られ正当性を失う場合に、元老制度が動揺し崩壊していく恐れがあったといえる。

摂政からの「御沙汰」の意味

すでに述べたように、一九二一年（大正一〇）一一月二五日に皇太子裕仁親王が摂政となった。翌二六日、裕仁摂政は、侯爵松方正義内大臣・公爵西園寺公望に拝謁を許し、次の「御沙汰」を与えた。

予今回摂政と為《な》りしに、皇上曩《さき》に卿《けい》等《ら》に賜はりし勅語に本《もと》つき、予は卿等の匡《きょう》輔《ほ》に頼らむことを希望す

公爵山県有朋、侯爵大隈重信にも同じ「御沙汰」が与えられたが（『昭和天皇実録』一九二一年一一月二六日）、二人は病気で参内できなかった。

この「御沙汰」の意味は、裕仁皇太子が摂政となったので、すでに各々が大正天皇から賜ったそれぞれの勅語にもとづいて、四人の「匡輔」（そばで助ける）に頼ることを希望するというものである。各々に与えられた勅語にもとづくという文言にしたのは、これまでも元老・宮中や政界中枢で論じられてきたように、大隈に関しては元老に与えられた「御沙汰」と異なるのだという含意があった。他方、山県・松方・西園寺とともに、大隈が摂政から同じ「御沙汰」を与えられたということで、元老になりたいと思うようになった大隈や、その取り巻きたちの自尊心を満足させた。そのことで、摂政設置問題への第二党憲政会や大隈らからの批判が抑制されることにもなった。

不思議なことに、右の「御沙汰」は、『東京日日新聞』（一九二一年一一月二七日）以外のどの新聞にも掲載されていない。また、『東京日日新聞』にも、単に二六日午後の「賜謁《しえつ》式《しき》」に「松方・西園寺両元老及び高橋首相」が真っ先に摂政に拝謁し、「両元老」には「特

に有難き御沙汰を賜り、山県公及大隈侯に対しても同様の御沙汰が伝宣《でんせん》された」と報じられているだけである。「御沙汰」の内容が掲載されていないことも含めて考慮すると、これは宮中と関係の深い『東京日日新聞』の記者が、「御沙汰」が下されたことのみの情報を関係者から知り得てスクープしたもので、「御沙汰」の下賜は宮内省から公表されなかったらしい。それは、この「御沙汰」で大隈が元老になったとの誤解を広めないようにするためであろう。

また、「御沙汰」を下すよう推進した中心は、宮中をほぼ掌握しつつあった原首相が暗殺され、元老山県が病気であったことを考慮すると、松方内大臣・西園寺の両元老と、牧野宮相であろう。両元老との様々な会見を経て、直前の牧野の日記に、「松西両元老参集。二十五日の会議及び善後の事に付一々説明、何《いず》れも同意なり」(『牧野伸顕日記』一九二一年一一月二四日)とあることからも推定できる。*

*荒船俊太郎は、一九二一年一一月二六日の「御沙汰」を初めて紹介した(ただし、日付を二五日と誤解。「元勲と元老のはざまで」)。しかし、「御沙汰」の文面の内容に注目せず、三人の元老と同一文面であるという形式のみから、「摂政宮が大隈を特に『元老』扱いとすることを宣言したと位置づけられる」とか、「摂政宮の意向が強く働いていることが推察される」(四〇頁)などと結論づけているのは、誤りである。後者に関し、裕仁皇太子が表の政治に関係しない宮中の女官改革を牧野宮相に提案した際、牧野が勘案した上で実行された例がある以外は、今回のような表の政治に関係する「御沙汰」を含めて、摂政時代の裕仁皇太子には権力がまったくなかった(伊藤之雄『昭和天

皇と立憲君主制の崩壊』第二章)。ましてや二〇歳の裕仁皇太子が、摂政に就任した翌日に、「御沙汰」に関し自分の意思は発揮できない。同じ荒船論文は、大隈が一九二一年に病気の大正天皇に二月、五月、八月と拝謁したことを根拠に、「宮中問題に関しては、大隈は元老以上に元老の機能を帯びていた」とする(三八頁)。皇太子の渡欧・摂政設置などの宮中の具体的問題に対して、ほとんど関与することができなかった大隈を、元老の役割を果たしていたと論じるのは無理である。

その後、一二五歳まで生きると公言していた大隈が、一九二二年一月一〇日に八三歳で病没した。すでに見たように大隈は、山県が彼を元老にしようとして、原内閣の成立に際しては、後継首相推薦のために参内したこともあり、元老であるかのように報道され、自らも元老に類似した行動をすることもあった。しかし、元老松方・西園寺から元老になることの賛同を得られなかったため、元老になることなく世を去ったのである。

山県の死と二人の元老

すでにふれたが、大隈が病没する約二ヵ月前、一九二一年(大正一〇)一一月四日に原敬首相は東京駅で暗殺された。一一月八日、元老山県は西園寺に組閣するよう強く勧めたが、西園寺は受諾しなかった。結局一〇日に、西園寺が高橋是清蔵相を後継首相として推薦することを元老松方に提案し、同意を得た。翌一一日、山県も二人が相談して決めたことであるので異議はない、と高橋の推薦に同意した。山県は個人的には高橋が嫌いであったが、政友会のリーダーとしての高橋を認めざるを得なかった。こうして三人の元老は、政友会が行き詰まって内閣が倒れたのではない場合、政友会のリーダーに特に問題がなければ後継首相に推薦するということで、共通の理解を持つようになった。

原が暗殺される前日から、山県は熱を出し、体調を崩していた。その後、原の死のショックもあり、病状は一進一退の状態が続いた。弱気になった山県は、信頼してきた私設秘書の松本剛吉を西園寺に譲ろうと考えた。山県の命で、松本は一九二二年一月一九日に静岡県興津《おきつ》の西園寺の別荘「坐漁荘《ざぎょそう》」を訪れ、西園寺の御眼鏡《おめがね》に適《かな》った。二月一日、山県は眠るように息を引きとった。* 大隈と同じ、享年八三であった。

＊山県の死去までに、日本の元老制度は中国のみならずアメリカの植民地で自治を許されているフィリピンまで、東アジアによく知られるようになっていた。たとえば、一九二〇年の夏にフィリピン大学からの夏期講習の依頼に応じ、「日本の政治組織」という科目の講義に行くことになった松波《まつなみ》仁一郎《にいちろう》博士（東京帝国大学法学部教授）は、「元老とか皇室中心の忠義とかいふことまで徹底的にやつて欲しいと」の希望を伝えられた（『読売新聞』一九二〇年六月二一日）。また、一九二二年二月に山県の死去について、某中国政府当局者は、大隈に次いで山県も死去し、「二元老」が一時に亡くなったのは気の毒であるが、その死によって日本の政治に重大な影響を及ぼすとは思われない、と述べた。その上で、山県の勢力は大隈の比でなく、その「一言一行《いちげんいっこう》」はよく政権を左右し、「元老政治」といっても山県一人の力であったのだから、山県の死によって日本における「元老政治」はま

ったく終わりを告げるであろうと予想した（『東京朝日新聞』一九二二年二月四日）。

山県が死去し、元老は高齢であまり頼りにならない松方と、松方より一四歳若いが七二歳になっている西園寺の二人だけになった。「人生五十年」といわれた時代である。西園寺とてかなりの高齢で、しかも元老になってからまだ五年ほどであり、寺内・原・高橋の三つの内閣の誕生にしか関係していなかった。

また、大正天皇は形式的な政務でさえまったく行えなくなり、前年一一月には裕仁皇太子が摂政に就任していたが、二〇歳の摂政は後継首相推薦の手続き等にも慣れていない。このため、元老の役割は引き続き重要だった。

山県は一八八五年（明治一八）の内閣制度の創立以来、最も有力な藩閥官僚の一人として、次いで元老の一人として、三五年以上にわたって首相の選定に関わってきた。この最有力元老の死は、四回目の元老制度の危機につながる可能性があった。それのみならず、大日本帝国の危機につながる恐れもあった。

それを見越した山県は、私設秘書の松本を西園寺に推薦し、西園寺の情報収集を少しでも助けようとしたのであった。

元老を当面容認する論調

山県の死後三ヵ月ほど経った一九二二年（大正一一）四月末、政友会を与党とした高橋内閣は閣内不一致のため行き詰まりつつあった。これに対し、『東京朝日新聞』は、政権交代の際に元老の後継首相推薦が必要であるような形式は「非立憲極まる事である」と、原則論として元老制度を批判した。ところがそれに続き、今日の実際は元老の関与なしで政権交代はできず、「政変来としても結局西公〔元老西園寺公望〕の東上《とうじょう》、元老会議の開催といふ予定の筋書を履《ふ》むに極《き》まつてゐる」などと、元老西園寺を中心とした政権交代を、既定の事実で避けられないものと論じた（一九二二年四月二五日）。

同紙は衆議院の多数党の党首が政権を担当すべきであるとの原則論から、従来元老や元老制度に最も否定的であった。この新聞が、当面はという限定付きながら、元老西園寺を中心とした政権交代を避けられないもの、と主張したのは、政友会・憲政会が国民の信頼を失っていたからだった。その代わりに、西園寺が「大所高所より観察して」、国民の向かうべき方向を定める大方針を与える（同前）ことを期待したからである。*

＊吉野作造（東京帝大講師〔前教授〕）は、一九二四年度の法学部講義において、元老制度を撤廃すべきという者があるが、理想としてはとにかく、日本の現実では困難である、と論じた。吉野は衆議院が後継首相推薦を担うべきと考えるが（「御下問範囲の拡張」）、選挙で買収が行われている現状が改善される必要があると見た（吉野作造講義録研究会編『吉野作造政治史講義』三九六〜三九七

頁)。これは、少し慎重な立場に変わった、一九二二年の『東京朝日新聞』の立場と同じである。

四回目の元老制度の危機

ところが、山県死後約四ヵ月の一九二二年(大正一一)六月六日に、高橋内閣が閣内不一致で辞表を提出すると、『東京朝日新聞』が四月末の時点で予想したのとは異なる事態が展開した。たまたま、西園寺が六月五日に発病していたからである。牧野伸顕宮相は、裕仁摂政に対し、元老に下問するよう言上し、「嘉納《かのう》〔喜んで聞き入れる〕」された。六日に牧野は松方と相談、後継首相は加藤友三郎海相が適当であるということで一致した。また松方が下問を受ける際に、清浦奎吾枢密院議長と山本権兵衛大将(薩摩、海軍の長老)に相談の上で奉答すると摂政に伝えることになった。

この後継首相推薦の過程で、牧野宮相が元老松方を通して行おうとしたことは、元老が健在のうちに、山本や清浦を元老見習いとして後継首相推薦の協議に参加させておくという、下問範囲の拡張であった。

後継首相の人選は、九日までに松方・牧野の予想した筋書通りに進展し、一二日に穏健派の海軍大将加藤友三郎(前海相)の内閣が成立した(政友会が準与党)。その際、平田東助(旧山県系官僚、前内相)は山県から次期内大臣と期待され、良子女王皇太子妃問題では内大臣府御用掛《ごようがかり》として元老会議にも加わったが、今回はまったく関与できなかった。薩摩出身同士ということで、宮相である牧野が、元老松方と事態を主導したことに、西園寺も平田も不満であった（伊藤之雄『昭和天皇と立憲君主制の崩壊』四二～四三、四六～四七頁）。そもそも宮相は宮内省の責任者で重要ポストではあるが、これまで後継首相推薦に積極的に関わったことはなく、牧野の関与は前代未聞であった。とうとう、元老制度存廃の四回目の危機が始まった。

高齢と病弱で松方が内大臣の辞任を表明していたので、その後、九月一八日に平田が内大臣に任じられた。その翌日、牧野宮相は平田内大臣に協力を求めて対等の立場で接した。平田は七三歳で、六〇歳の牧野より年長であるばかりでなく、山県系官僚の法制局長官として、第二次山県内閣の中枢におり、閣僚になったのも、平田が一九〇一年（明治三四）六月（農商相）で、牧野の一九〇六年三月（文相）より早かった。それにもかかわらず、牧野宮相は平田内大臣に強気の姿勢で接した。これは宮内省を掌握している牧野の自信からである。元老西園寺が見たように、牧野宮相が宮相としての権限を越え、元老松方を使って安易な下問範囲の拡張を図り、とりわけ薩摩派として行動するなら、後継首相推薦の正当性を失わせ、元老制度を危機にさらすことになる。

しかし平田も旧山県系の経験豊富な有力政治家である。内大臣に就任して三ヵ月ほどで、加藤友三郎内閣と枢密院が「日中郵便約定」（中国国内に存在する日本の郵便局を撤廃する協定）問題をめぐって対立すると、平田は調停に乗り出し摂政皇太子の「御沙汰」まで使って解決し、加藤内閣を助けた（三谷太一郎「大正期の枢密院」、松田好史『内大臣の研究』六〇～六二頁）。これは、元老西園寺や政友会のリーダーの横田《よこた》千之助《せんのすけ》が加藤友三郎内閣を支持していたのを前提とした行動である（伊藤之雄『大正デモクラシーと政党政治』一二七～一二八頁）。こうして、西園寺と平田内大臣は連携を強め、牧野宮相に孤立感を与えていったと思われる。

元老西園寺主導の後継首相推薦様式

結局、牧野宮相は元老西園寺の警戒心を感じ、宮中で孤立しないため、西園寺の感情を好転させる必要があると感じたようである。一九二三年（大正一二）八月、加藤友三郎首相の病気が悪化すると、薩摩派の間で同派の長老山本権兵衛を後継首相に、という運動が広まったが、牧野宮相は関わらないように慎重に動いた。今回は、西園寺より松方の方が体調が悪かった。

西園寺公望

八月一七日に牧野は西園寺を訪れ、山本が政権を受ける意欲があることや有力各方面で山本に対する期待が強いとの情報を伝えると、西園寺は大いに喜んだ。この日の相談で、西園寺と牧野は、今回は元老以外の者には相談せず奉答すること（松方も了解）等、摂政から下問された時の対応の様式も決めた。

すでに老熟していた元老西園寺は、元老松方の病状があまりよくない状況を利用し、後継首相推薦様式を牧野宮相と相談するという形を取り、元老のみがそれに関わる、という結論を導いた。こうして、清浦や山本権兵衛に下問範囲を拡張して将来の元老含みとするという、牧野宮相が松方とともに進めていた構想を、西園寺は阻止した。また、牧野宮相が後継首相の実質的人選や元老制度を将来どうするのかといった制度修正に関わることも、西園寺は拒否したのである。

西園寺は、元老の数を増やしたり元老制度を修正したりすることに、元老以外の者が勝手に関与することに反対であった。そこで、安易に清浦や山本権兵衛まで下問範囲を拡張し、なし崩し的に二人を元老としていくことや、牧野宮相が関与することを拒絶したのである。

とりわけ山県の死後、西園寺には元老としての強い責任感が出てきていた。

なお、この二日前の八月一五日の時点で、平田内大臣は、摂政から政変の際に平田に善後処置の下問があり、平田は元老に下問するよう奉答することを考えており、この話は西園寺の私設秘書になった松本剛吉を通して、一六日または一八日に西園寺に伝えられた。

こうしたなかで、八月二四日加藤友三郎首相が死去すると、翌二五日、摂政から善後処置についての下問が平田内大臣にあり、平田は元老の松方・西園寺に下問あるべき、と奉答した。次いで両元老に下問がなされ、二七日に山本権兵衛が後継首相に推薦され、九月二日に第二次山本内閣が発足した。西園寺は、政変の際に摂政から内大臣に善後処置について下問がある、という平田の提言を受け入れたのである。

内大臣への下問の意味

摂政から内大臣への下問については、内大臣が後継首相の推薦までも下問されたと見るか、今後元老に万一のことがあった場合に備えての下問であって、元老が健在のうちは内大臣に形式的に下問されるのみと見るかで、大きく意味が異なる。この時点では、経過を示しながら述べてきたように、元老をはじめ、内大臣も他の宮中の中枢の者も、内大臣が実質的に下問されたとは考えていなかった（伊藤之雄『昭和天皇と立憲君主制の崩壊』四三〜四四頁）*。

*この様式の変化を「元老・内大臣協議方式」と名付ける見解もある（永井和「西園寺公望はいかにして最後の元老となったのか—『一人元老制』と『元老・内大臣協議方式』」一九九七年）。「元老・内大臣協議方式」という用語を用いることにより、元老と内大臣が対等かほぼ対等に協議しているかのような誤解を与える。これ以後も含め、内大臣への善後処置に関する下問は、高齢の元老が下問に応じられなくなる可能性に備えた安全装置で、形式的なものである。それは以下で述べるように、元老が西園寺一人になると、西園寺が状況に応じて推薦に加わる人選も含め、後継首相推薦様式ですら自分一人の判断で変えていることからもわかる。この時期は、「元老・内大臣協議方式」で後継首相を推薦しているのでなく、あくまで西園寺の一人元老制である。「元老・内大臣協議方式」なる用語は、政治の実態を十分に踏まえない、誤った形式論にすぎない。

山本内閣は、摂政裕仁皇太子への狙撃《そげき》事件である虎《とら》ノ門《もん》事件の責任を取って、一九二三年（大正一二）一二月二七日に辞表を提出した。前回の後継首相推薦にならい、裕仁摂政は平田内大臣に善後処置を下問し、平田は松方・西園寺両元老に下問するよう奉答した。次いで、摂政の下問を、元老に伝えた。

西園寺は、山本推薦の際と同様に、一九二四年に予定されている総選挙の執行内閣の首相として、旧山県系官僚の清浦奎吾枢密院議長を選んだ。すでに見たように、一九二〇年五月に総選挙が行われており、解散がなくても一年以内に総選挙が行われることになっていたからである。松方も清浦推薦に同意し、一九二四年一月七日に清浦内閣が成立した。

しかし国民は、二人の元老の意図を理解せず、清浦内閣を官僚系内閣と批判し、第二次護憲運動を起こした。五月一〇日の総選挙の結果は、予想通り、現内閣に対抗する護憲三派の圧勝で（憲政会一五一名、政友会一〇五名、革新俱楽部三〇名）、政友会から分かれて与党となった政友本党は一〇九名を得たにすぎなかった。このとき、元老松方は重病で意識がはっきりしない状態にあり、元老は事実上西園寺一人であった。

ここで問題は二つあった。一つは、選挙に勝利した護憲三派に政権を取らせるのは自明としても、第一党憲政会の党首加藤高明（前外相）のみを後継首相として推薦するか、護憲三派を構成する有力政党である政友会の総裁高橋是清（前首相）も合わせて推薦するかどうかである。二人に組閣の命が降りたのは、約二六年前の第一次大隈重信内閣（隈板内閣）成立に際しての大隈と板垣退助の先例がある。

もう一つの問題は、事実上元老が一人という初めての事態に、西園寺が一人で奉答するのか、内大臣や枢密院議長ら、他の誰かにも下問があるようにして、複数で奉答するかである。今回は大きな選択をしなければならない奉答であり、西園寺一人の奉答で正当性が確保できるかが問題であった。

六月七日、清浦首相が辞任を申し出ると、善後処置について平田内大臣に下問があり、平田は元老に下問するよう奉答した。二人の元老に下問があったが、松方は病気を理由に下問を断ったという。翌八日、西園寺は勅使を通して加藤高明一人を推薦し、松方が重病のため平田内大臣にも下問するよう奉答した。

右の過程からも、すでに述べたように平田内大臣への最初の下問は元老が健在な限り実質的な意味を持たない、形式的なものであったことが確認できる。

このようにして、西園寺の奉答により、九日に平田内大臣にも下問があった。平田は、西園寺と同じく加藤を推薦した（「加藤内閣成立の顚末《てんまつ》」『松本剛吉政治日誌』三一九～三二〇頁）。こうして九日、摂政より加藤高明に組閣の命が下され、一一日に第一次加藤内閣が護憲三派を与党として成立した。山県の死後に始まった四回目の元老制度の存廃の危機はひとまず脱却できた。

第10章　新しい首相推薦様式——実権者の西園寺

西園寺が元老を補充しない理由

一九二四年（大正一三）七月二日、元老の松方正義が八九歳で死去した。こうして元老は、七四歳の西園寺一人となってしまった。内実はともかく、形式として元老が一人で後継首相を推薦したことはない。大正天皇が病気で摂政を置いている状況下で、元老の権力の正当性が得られるか否か、元老存廃の不安が続いた。

しかし、前章で述べたように、元老の中心であった山県が死去した一九二二年二月から二年半ほどの間に、西園寺は元老として宮中を掌握し、そこを中心として権力中枢で後継首相推薦などの政治上の権威を確立していった。

大きな問題は二つあった。一つは当時の日本の政党の発達は未熟で、全体として公共性を追求するよりも、ともすれば自分の選挙区の公共事業等の地方利益を求める方向に走りがちであったことである。また、衆議院（下院）の最大勢力の指導者が組閣するというイギリスのような慣例が十分に確立していないことであった。この慣例を確立するためにも、西園寺は元老としての権力を使って、できるだけ政党の健全な発達を促す方針で次期首相を選定しようとした。

もう一つの問題は、元老が一人になった今、新たに補充しないと、高齢の西園寺に万一のことがあれば摂政の裕仁皇太子に後継首相を推薦する人がいなくなってしまうことであった。それは摂政（天皇）の下問という形式で誰かが行うことができても、政党政治の健全な発達を促す能力のある元老はなかなか得ることができないことである。

元老の補充に関し、西園寺は元老制度に反対だったので補充をしなかった、と主張する研究者もいる。この根拠は、第一次山本内閣が成立した時に西園寺が、将来は元老をなくし衆議院の多数党の党首が政権を担当する形にすればよい、と発言したことである（第6章）。しかし、これは西園寺が将来の理想を述べた発言の言葉尻《じり》をとらえた、皮相な解釈である。現実を見据えて行動する西園寺の老熟した政治家としての力量を理解できていない見解といえよう。

すでに示し、また今後も明らかにしていく西園寺の言動からいえることは、西園寺が元老を補充しなかった理由は、元老としてどうあるべきかという価値観を共有できる有力者がいなかったからである。西園寺が元老を補充しなかったのは結果であり、補充しないことを目的としていたのではない。

松方が死去した一九二四年七月の時点で、西園寺のように首相・閣僚を歴任した有力者といえば、山本権兵衛（薩摩出身、二度の首相の他、海相を三つの内閣で七年以上務める）しかいなかった。山本は第一次内閣で原敬・政友会と連携し、山県系官僚閥、とりわけ陸軍を抑える改革を行ったように、政党政治の発達に好意的であった。ところが、第二次内閣では、薩摩派の山本内閣擁立運動と距離を取らずに政権に就いている。西園寺や平田内大臣は、薩摩派色の強い山本を将来の元老とすることに反対であった。

おそらく原敬が生存していれば、間違いなく元老になったはずである。

また、護憲三派が選挙に勝利した後、西園寺は三派中で衆議院の最大の議席を得た憲政会党首の加藤高明を首相に推薦している。これは、西園寺が最も問題視していた二十一ヵ条要求について正当だったと強弁するような姿勢を、加藤が転換したことを西園寺が理解したからである。加藤はイギリス風の政党政治を理想としており、当然内政面では問題ないが、第二次大隈内閣の際の外交政策が失敗だったことを自覚しながらも成功と強弁するような加藤の未熟さが問題だった。それを、政権から離れた九年近くの苦労の後に、ようやく克服したと、西園寺は評価したのであろう。加藤内閣は、幣原喜重郎《しではらきじゅうろう》を外相にすえて、米国を中心とした欧米協調外交を展開した。これは、原敬が首相として設定した路線であった。

一九三〇年代後半に、西園寺は木戸孝允・大久保利通・伊藤博文らと並べて、加藤を「ひとかどの人物だった」と評価したという（『陶庵公清話《とうあんこうせいわ》』九八頁）。この評価からも、加藤が無事かつ健康なまま首相の任期を終えれば、西園寺は加藤を元老に加えていたと推定できる。

牧野伸顕を内大臣とする

さて、話を現実の歴史の展開に戻すと、一九二四年（大正一三）一二月一五日、平田内大臣は病気のため西園寺と牧野宮相に辞任を申し出た。元老が西園寺一人だけであるのに、内大臣が欠ければ、西園寺に万一のことがあった場合、これまでの慣行では後継首相推薦ができなくなり、憲法体制の大きな危機をもたらす可能性がある。

翌年一月中旬から二月中旬にかけ、西園寺は牧野宮相と内大臣の後任につき相談を重ね、牧野を内大臣にすることにした。病床の平田内大臣も牧野の他は後任者がいないと見ていた。牧野の後任宮相は一木喜徳郎《いちききとくろう》枢密院副議長（前内相）と合意された。この結論が摂政の裕仁皇太子に伝えられ、三月三〇日、牧野と一木はそれぞれ内大臣と宮内大臣に任命された。

牧野は四年以上宮相を務めるなかで、宮内次官らを配下に宮内省を掌握しており、西園寺の支持を得て内大臣になったことで、名誉とともに、宮内省も含め宮中を引き続き掌握する実権を得た。

西園寺は、牧野も薩摩派的な行動をするのではないかと疑いを持っており、牧野にこのような実権を与えることを躊躇《ちゅうちょ》する気持ちもあった。しかし、高齢ながら一人元老としての責任をまっとうするためには、日常は気候のよい静岡県興津《おきつ》にある別荘「坐漁荘《ざぎょそう》」にいて、政治家たちとの距離を適度に取り、必要な時のみ東京へ出るという生活を続けて、健康を保持する必要があった。西園寺は、自分に代わって宮中を日常的に監督し、摂政の裕仁皇太子を教育する人材を、牧野以外に見いだせなかったのであった（伊藤之雄『元老西園寺公望』）。

いずれにしても、摂政とはいえ二三歳と若い裕仁皇太子は、内大臣・宮内大臣という宮中の重要人事に関しまったく発言力がなく、元老である西園寺を中心に人選が行われた。ここで注目すべきは、元老西園寺は唯一の元老として、内大臣・宮内大臣という宮中関係の重要人事の実権を掌握していることである。*

＊宮中関係の人事の実権は、一八八五年（明治一八）に近代的内閣制度が成立した後、首相の伊藤博文が宮相を兼任して宮中改革を推進して以来、伊藤にあった。これは、明治天皇が伊藤を最も信任し、伊藤が藩閥第一の実力者であったことも一因であった。ところが、一八九〇年代に伊藤が政党に接近すると、多くの藩閥官僚は反発し、山県有朋の下に結集し、伊藤は宮中の重要ポストに就くことができる伊藤系藩閥官僚に事欠くようになった。このため、山県系官僚となった田中光顕《たなかみつあき》（前警視総監）が、一八九五年七月に宮内次官となり、一八九八年二月から一一年以上にわたって宮相を務めたことに象徴されるように、宮中への山県の影響力が強くなった。明治天皇に信任された伊藤と、人脈的に宮中の重要ポストを押さえていた山県とは、一九〇〇年以降、宮中関係の人事において対等の権限を持ったといえる。しかし、一九〇九年六月に田中宮相が辞任すると、明治天皇の意思で、山県系ではない岩倉具定《ともさだ》公爵（宮内省爵位頭、岩倉具視の嗣子）が就任した。このように、山県系は後任宮相を確保できなかった。ところが、伊藤と明治天皇が死去すると、状況は大きく変わり、枢密院議長でもある山県が宮中関係の人事のみならず、それに準ずる枢密顧問官の人事まで、おおむね掌握するようになった。その後、第二次大隈内閣期に大隈首相が山県の人事権と対抗する

などの混乱はあるが、原内閣が首相権力を強めて、山県からそれらを奪っていくまで続いた（伊藤之雄「山県系官僚閥と天皇・元老・宮中」第一章、第三章〜五章1、伊藤之雄『昭和天皇と立憲君主制の崩壊』二二〜二九、八七〜九〇頁）。

西園寺の宮中の人事権掌握は、伊藤・山県の先例を踏襲している。しかし伊藤・山県は元老であったが、元老集団として人事権を握ったのではない。西園寺の一人元老制になることにより、元老が宮中の人事権を掌握している、と本当にいえるようになったのである。

その後、西園寺は加藤高明首相の依頼を受け、一九二五年三月には貴族院の有力者を説得し、普通選挙法案の議会通過を支援した（松尾尊兊『普通選挙制度成立史の研究』Ⅲ部第四章、奈良岡聰智『加藤高明と政党政治』第六章、松本剛吉「老公更に人物を月旦《げったん》す」他、「松本剛吉文書」）。

西園寺は原首相の普選漸進論に異を唱えた形跡がなく、原を評価していたことからも、元来普選論者ではない。しかし、一九二四年総選挙で国民の間に普選への期待が異様なまでに高まった状況を見て、この議会で普選法案を成立させないわけにはいかない、と判断したのであった。

元老西園寺の「予備」としての牧野内大臣

その後、護憲三派内閣内の政友会と憲政会の対立で、一九二五年（大正一四）七月三一日に加藤首相は辞表を提出した。西園寺と牧野内大臣は、加藤が憲政会単独内閣を作ることを支持していた。

摂政は、牧野内大臣に善後処置について下問し、牧野は元老の意見を参照するように奉答した。この様式は、第二次山本内閣が成立する際に、平田内大臣が摂政の裕仁皇太子から下問されて以来、踏襲されたものであった。

後継首相について下問を受けた西園寺は、牧野に意見を求め、両者は加藤を再び推薦することで一致し、牧野が西園寺の奉答を摂政に言上した。西園寺が牧野の意見を求めたのは、対等の相談者としてではなく、元老が一人となってしまったので参考のために聞いただけで、あくまで元老西園寺一人の奉答である。

ところが、西園寺の奉答に対して、摂政は改めて牧野の意見を下問したので、牧野は西園寺と同じである旨を答えた。元老の奉答に対して、牧野内大臣の意見を下問するのは、これまでにない異例のことである。これは、この後に摂政の裕仁皇太子が天皇になってからも続くことから、二四歳の摂政が責任感から密室の中で新しい慣行を始めたといえる。

右のようなハプニングは、牧野が内大臣に就任した直後から、摂政の「政治御練習」のためということで、同時代の政治経過についての言上を牧野が意識的に行い始めたことに関係している。しだいに牧野と摂政の関係は、政治の師匠と弟子ともいえるものになっていった。

このため、摂政が元老と内大臣の慣行的な権力について深く考えずに、気安く牧野の意見を聞いたのであった（伊藤之雄『元老西園寺公望』）。

本来なら、牧野は摂政に、後継首相についての奉答は元老の責任である、と摂政の下問をやんわりとたしなめるべきであったが、牧野も、摂政を支える責任感から、自分の考えも西園寺と同じと答えてしまった。もっとも、牧野は責任感もあって後継首相推薦への関わりを増やしたいとの言動をするが、元老に取って代わろうとするような野心はない。

元老の奉答について摂政が牧野内大臣に下問するというハプニングはあったが、摂政から加藤高明に再び組閣の命が出て、八月二日、憲政会単独の第二次加藤内閣が成立した。

加藤は第二次内閣成立の半年後の一九二六年一月二八日に、議会中の無理がたたって突然病死してしまった。今回も、前年と同じやり方で後継首相推薦についての下問がなされた。しかし、今回は牧野内大臣が西園寺の私設秘書の中川小十郎《なかがわこじゅうろう》に会った際に、後継首相について前もって自分の意見を含みとして述べた。また、元老西園寺への勅使となった入江為守《いりえためもり》侍従長も、念のためとして牧野の意見を聞いてきたので、牧野は中川に述べたのと同じことを答えた。牧野は東京に戻った中川や入江から、西園寺も同意見で、西園寺はあらかじめ牧野の意見を知って安心していたと聞いた。

二九日に元老から同じ憲政会の若槻礼次郎（前内相）が適当であるとの奉答が出た直後、摂政は牧野を召して、西園寺の奉答の内容を示して、牧野の意見を聞いた。牧野は同意見である、と言上した（伊藤隆・広瀬順晧編『牧野伸顕日記』一九二六年一月二八日、二九日）。こうして若槻が一月三〇日に第一次内閣を作った。

今回も西園寺の奉答後、摂政は牧野内大臣の意見を聞いた。また、牧野は中川と、使いの入江侍従長の求めに応じ、前もって西園寺に後継首相についての意見を述べた。しかし、次項で述べるように、元老と内大臣の権力の差は大きく、後継首相について実質的な下問を、牧野内大臣も受けているとはいえない。

西園寺一人で後継首相推薦様式を変える

一九二六年（大正一五）一〇月二八日に牧野内大臣が元老西園寺を訪れると、西園寺は、政変の際の対応の方法を先日摂政に奏上しておいた、と述べた。

それは、「今後政変等の場合には〔元老と〕内大臣にも〔後継首相推薦の〕御下問」がある、ということである。また西園寺が死去した後は、内大臣に主として下問し、内大臣が参考のために他の者に相談したり意見を求めたりしたい場合は、勅許を得て目的の人と協議する、ということであった。西園寺が奏上した際に、摂政からは特に言葉がなかった。一一月四日、西園寺は右の話を、一木喜徳郎宮相にも、牧野同席のもとで参考のために伝えた（『牧野伸顕日記』一九二六年一〇月二八日、一一月三日）。

西園寺の奏上の内容と、それについての牧野や摂政の反応等は、元老制度についての様々な興味深い問題を含んでいる。

第一に、元老西園寺が、牧野内大臣にまったく相談せずに、いきなり摂政に奏上し、非公表ながら摂政・元老西園寺・牧野内大臣および参考のために一木宮相が承知する形で、新しい後継首相推薦様式が決まったことである。元老と内大臣では、元老が圧倒的に権力を持っているのである。推薦様式の変更について、このような実態であることを考慮すると、推薦の権力も同様で、事実上西園寺一人にあったといえる。この件について、若い摂政は言葉すら発することができないほど、権力を持たなかった。

第二に、それにもかかわらず、このことを伝えられた牧野が、「ただ今のような御内話耳にし、唯々《ただただ》事の重大なると自分の其器にあらざるを思ひ、恐懼《きょうく》するの外なき」などと述べたことである（『牧野伸顕日記』一九二六年一〇月二八日）。これは、牧野が後継首相推薦に関し、これまでよりも自分の責任が非常に重くなったと自覚したからである。

この意味は、元老に万一のことがあった際の備えとして、従来は内大臣に形式的に下問があるだけであったが、今回は内大臣にも実質的に下問があると元老西園寺が認め、摂政にも内奏した点が新しかった。また西園寺が死去した後は、内大臣に主として下問する、などと西園寺死去後のことを規定している点でも新しい。この時点でこうした話が出てくるのは、加藤高明が一月に病死し、西園寺が元老になり得る人材がまったくなくなったと、元老補充をあきらめたからであろう。

もっとも、元老西園寺と牧野内大臣の権力の差は、歴然としている。以下で見ていくように、下問に対し、元老西園寺は牧野内大臣の意見も考慮して後継首相を天皇に推薦するが、それは二人の名ではなく、元老西園寺の名でなされた。すなわち、西園寺一人の決断で実質的に後継首相が決まったのである。*

＊永井和「西園寺公望はいかにして最後の元老となったのか」、同『青年君主昭和天皇と元老西園寺』（二一二〜二一三頁）は、西園寺の提言の新しさを見落とし、「現行の『元老・内大臣協議方式』を再確認したまでといえる」とし、山本内閣成立の際のは「非公式の元老・内大臣協議方式」、今回のは「（公式の）元老・内大臣協議方式」と呼ぶ、と論じている。しかし、このような評価は、表面の形式に目を奪われ、元老西園寺の実権の強さという歴史の実態を十分につかんでいないためになされたものである。

昭和天皇下の初めての政変

一九二六年（大正一五）一二月二五日、大正天皇は崩御した。四七歳であった。同日に、摂政を務めていた二五歳の裕仁皇太子が践祚《せんそ》（事実上の即位）した。父は病弱で晩年は存在感が薄かったが、若く健康な裕仁皇太子は、とりわけ渡欧後は国民の期待を集めた。また、生来の生真面目さもあり、牧野内大臣の教育の結果、政治に対する強い責任感と意欲を持つようになっていた。

昭和天皇が践祚した後、初めての政変が一九二七年（昭和二）四月一七日に起きた。これは若槻内閣が金融恐慌を鎮めることができなかったからである。同日、若槻内閣が倒れる見込みが強くなると、牧野内大臣・一木宮相・珍田捨己《ちんだすてみ》侍従長・河井弥八《かわいやはち》侍従次長が相談し、組閣についての意見を決めた。

天皇は牧野内大臣に下問し、牧野は元老西園寺に下問するよう奉答した、今回、西園寺は京都「清風荘」に滞在していたため、天皇は河井侍従次長を勅使に立て、京都に派遣した。勅使は西園寺に、天皇からの下問と、牧野内大臣が田中義一政友会総裁（前陸相）を適当であると考えていること（牧野・一木・珍田・河井の合意事項）を伝えた。これは、衆議院第一党の憲政会を与党とする内閣が行き詰まって辞職したので、衆議院第二党を率いる政友会総裁の田中に組閣させようという提案であった。

提案の内容自体は、政党内閣の展開を促進する妥当なものであった。勅使が牧野内大臣の意見を西園寺に公式に伝えていることが新しい。これは、前年一〇月に西園寺が摂政裕仁皇太子に内奏して決めた後継首相推薦の新様式を実行したもので、内大臣にも実質的に下問があるとの趣旨を、牧野が実行したからである。

西園寺は田中を後継首相として推薦することを自己の意見と同じだとただちに同意し、一九日に元老の奉答として田中が推薦された。天皇は牧野内大臣を召して西園寺の奉答について下問したので、牧野は退出して一木宮相と協議の上、二人で拝謁し下問に奉答した。* その後、田中は天皇から組閣の命を下され、四月二〇日に政友会を与党とする内閣を組織した（伊藤之雄『昭和天皇と立憲君主制の崩壊』）。

＊田中義一を後継首相に推薦する過程で、牧野内大臣が、一木宮相・珍田侍従長・河井侍従次長らと非公式に相談しているのが新しい様式である。これは内大臣にも実質的に下問があるようになったので、牧野が慎重を期したからである。平常時においては、このように、元老西園寺と牧野内大臣の後継首相推薦の権力が対等であるかのようにも見える。しかし後述するように、満州事変下という非常時で、西園寺と牧野の意見が異なった際、西園寺が自分の考えを押し通して犬養毅（政友会総裁）を推薦し、犬養内閣を成立させたことなどからも、牧野内大臣に比べ元老西園寺に圧倒的な権力があるのがわかる。『東京朝日新聞』は、京都に勅使として派遣された河井侍従次長が、下問と合わせて牧野内大臣・一木宮相の「意向を報告、〔西園寺〕公の参考に資するところあつた」と（一九二七年四月一九日夕刊〔一八日夕方発行〕）、元老と内大臣の権力関係を感得し、正確なニュアンスを伝えている。

元老の正当性確立と西園寺の課題

後継首相推薦の新様式は、順調に展開し始めた。すでに述べたように、日露戦争前から、ジャーナリズムには元老の正当性を疑う議論が出現し、その後も続いていた。しかし元老西園寺の一人推薦であっても、もはやそのような論はなくなった。西園寺の元老制度運用の結果が、評価されたのである。＊こうして、山県の死後まもなく始まった四回目の元老制度存廃の危機は最終的に解消していった。また、西園寺に万一のことがあっても、後継首相推薦が滞る可能性もほとんどなくなっていた。

＊ただし、日本で政党内閣が展開し始めたことで、元老の存在は必要ないと、次のように原則論から楽観的に見る新聞も現れた。「最近二回の政変に見るも明らかなるが如く、元老の存在は、もはや必要ではないのであるから、風流に余生を送らんとする西園寺公としては、この際昭和新政を機会に、元老の優遇を辞し奉るの途に出でんことを勧告するのである」（『東京朝日新聞』一九二七年四月一九日「枢密院と元老—政変を見て国民は考へよ」）。

残された問題は、天皇としての政治的訓練をほとんど受けていない若い天皇を、七七歳という当時としてはかなり高齢な西園寺が元老としてどのように導くか、であった。西園寺はこの役を、基本的に牧野内大臣に任せた。

政治生活スタイルに関し、西園寺のロールモデルは山県であろう。山県は、日露戦後の六九歳の時に小田原に別荘「古稀庵《こきあん》」を建て始め、七〇歳代半ばに近づく頃には、「古稀庵」で過ごす日が多くなった。シーメンス事件後は、元老の大山巌を内大臣とし、宮中の日常の要務を任せ、健康に気をつけながら元老中の最高実力者としての務めを果たした。西園寺はこの頃の山県の年齢を超えている。日常は牧野に宮中の要務を任せ、興津の「坐漁荘」で暮らし、重要な情報に気を配り政変に備えた。政党政治が安定して元老が事実上必要でなくなる時まで、健康に留意して元老の務めを全うしよう、というのが西園寺の意図だったのだろう。

第11章　昭和天皇の若さと理想——西園寺の不安と苦悩

若い天皇への批判

牧野伸顕は誠実で力量のある政治家であったが、明治維新と新国家を軌道に乗せるまでの修羅場を体験していない。また、外相・文相・農商務相の経験はあるが、首相として国家を取り仕切ったことはなかった。四年間の宮相を経て内大臣となっても、若い天皇を導くのには、少し経験不足であった。

その兆候は、田中義一内閣組閣の四ヵ月後に現れる。田中内閣は衆議院の第二党を背景としていたので、総選挙に影響を及ぼすことのできる内務省の次官・局長・知事を中心に、組閣後五十数日の間に、五六名の人事異動を行った。田中内閣の人事異動は確かに多いが、第一次加藤内閣の例があるように、何十人にも及ぶ異動に先例がないわけではなかった。

しかし昭和天皇はこれを問題にし、一九二七年（昭和二）六月一五日に牧野内大臣に対し、田中首相に注意してはどうかと質問した。明治天皇の時代以来、前例のないことである。牧野は、天皇の心配を内大臣から漏れ聞いたという形で、元老西園寺から田中に警告するのが最も良策であると奉答した。

牧野は西園寺を訪れ「同意」を得るが、西園寺は田中に警告することまでは行わず、天皇が心配しているという事実を伝えて、詳細は牧野に聞くよう述べるにとどまった。西園寺は、自分や天皇がこのようなことに関与するのは望ましくないと思っていたのである。

田中首相は牧野から天皇の心配について説明を受けたが、八月一八日、天皇に人事異動が正当であることを弁明しようとした。結局、牧野は二九日に田中に天皇の意向をそのまま話し、三〇日に田中首相が天皇に詫《わ》びるように仕向けた。

このような行動をしても、昭和天皇が、必要な場合に政治の調停者として影響力を行使できるような威信を身につけていくことにはならなかった。この年の秋には、平沼騏一郎枢密院副議長（前法相・検事総長）など右翼やそれに近い有力官僚の間で、天皇が次のような形で話題になるようになった。

たとえば、近年は天皇の「親政」ということがだんだん「薄くなる様」であるとか、天皇は意志があまり強くないとの話があり秩父宮（天皇の一歳下の弟）には何事も及ばないと聞いたことがある、などであった（「倉富勇三郎日記」一九二七年一〇月一二日、一一月一五日）。

昭和天皇が威信を強めることができないなかで、それを補完すべき元老西園寺も、翌年一九二八年一月末に重い病状に陥り、秋になっても毎日の大半を寝床の中で過ごす有様であった。また同年には、四五歳年下の女中頭で西園寺の三番目の「妻」（愛人）の花子が、他人の子を宿す事件があった。結局、花子は追放されたが、「坐漁荘」の波風は翌年になっても続いた。以下で述べる張作霖《ちょうさくりん》爆殺事件の処理も含め、西園寺はいつになく消極的で、牧野内大臣任せの傾向が強い。病気と「坐漁荘」内での事件が西園寺を気落ちさせていたことも一因だろう（伊藤之雄『元老西園寺公望』）。

張作霖爆殺事件への対応

西園寺が健康を害して毎日の大半を寝床で過ごしている間、一九二八年（昭和三）六月四日、満州に駐屯していた関東軍（南満州の日本の利権を守るため駐屯していた部隊）の河本大作《こうもとだいさく》大佐らが、満州軍閥の頭目張作霖が乗った列車を爆破し、張を殺害した。河本らは満州占領を計画し、関東軍の警備する南満州鉄道の線路上で列車爆破事件を起こし、張と対立していた国民革命軍（蔣介石《しょうかいせき》が指導）のスパイの仕業と見せかけようとしたのである。

しかし、それが日本軍の仕業であることは、現地で知られるようになった。西園寺も事件後、一～二ヵ月という早い段階で真相を知り、田中義一首相に断固として処罰するよう、内々に主張した。一二月二四日、田中首相は天皇に拝謁し、事件の犯人は日本陸軍の者のようで、証拠が挙がれば軍法会議で処罰する、と述べたらしい。

ところが、陸軍首脳は真相の公表に反対であった。一九二九年三月二七日、白川義則《しらかわよしのり》陸相は事件についての上奏を行った。それは、調査の結果、河本大佐の犯行であることが判明したが、事件の内容を暴露すれば日本の不利益になる可能性が強いので、暴露せずに、軍紀は十分に正したい、というものであった（永井和『青年君主昭和天皇と元老西園寺』）。

これに対し、牧野内大臣や昭和天皇は、受け入れるしかないと判断した。その理由は、陸軍首脳が一丸となって決めた事件の処理方針を天皇が認めなければ、陸相が辞表を出す可能性が高い。そうなれば内閣が倒れ、十分な権威のない若い天皇の下では、後任陸相が得られず新内閣ができない。結局天皇が陸軍に屈服せざるを得なくなることが、予想できたからであろう。陸軍を抑えられず、元来田中首相に好感を持っていなかった牧野内大臣と昭和天皇は、最初の方針を転換した田中への反感を増大させた。

田中首相は、事件の最終処分を六月二七日に上奏する予定である、と牧野内大臣に通告してきた。そこで六月二五日、牧野はかねて天皇と合意した通り、天皇が田中首相を問責する方針を、鈴木貫太郎《すずきかんたろう》侍従長・一木喜徳郎宮相らとも改めて協議し確認した。

ところがこの日になって、西園寺は牧野に対し、天皇が首相に問責の言葉を発することは、明治天皇以来先例がなく、首相の辞任につながるとして反対した。西園寺の指摘は事実であり、また十分な検討と勝算の確信なしに先例を破ることは軽率であり、リスクが大きいという判断も正しかった。

しかし西園寺は、天皇の問責をやめさせるために、天皇や牧野らに積極的に働きかけるまでの行動は取らなかった。すでに述べたように、前年の大病からお花騒動までの後遺症で、気が弱くなっていたのであろう。

牧野内大臣は、元老西園寺の忠告を聞かなかった。牧野は昭和天皇と同じ考えであり、侍従長や宮相も牧野の方針を支持していたことから、過信が生じ、元老の判断を重く受け止めなかったのであろう。また、西園寺が天皇に拝謁を求める等の積極的な行動を取り、明確に問責を否定する姿勢を示さなかったので、西園寺は考えを変え天皇や牧野に再び同調したと誤解したことも、要因であった。

六月二七日、田中首相の拝謁で予定通り天皇は田中首相を問責し、翌日に田中が再び拝謁を求めても、鈴木貫太郎侍従長を通して拒否した（伊藤之雄『昭和天皇と立憲君主制の崩壊』）。

そこで田中は七月二日に辞表を提出し、同日に元老西園寺と牧野内大臣に下問があり、二人は宮中で面会し、一致して衆議院第二党民政党の総裁浜口雄幸《はまぐちおさち》を適当とし、西園寺の推薦で浜口が後継首相に推薦された。天皇は牧野を召して、後継首相について牧野の意見を聞いたので、牧野は浜口を召すほかないだろうと申し上げたところ、天皇は満足し、浜口に組閣の命を下して、浜口内閣が同日成立した（『牧野伸顕日記』一九二九年七月二日）。

以上のように、元老西園寺一人の決断による一九二六年一〇月の後継首相推薦様式の変更の後も、後継首相推薦は元老西園寺の名で行われ、形式においても内大臣に対する西園寺の元老権力の優位は明らかであった。しかし、高齢で病気がちの西園寺が積極的に動かないと、牧野内大臣らにより、若い天皇が西園寺の意向と異なる行動を取ってしまうことが起きるのであった。

先例にない倒閣への善後策

この間、一九二九年（昭和四）六月二九日に、小川平吉《おがわへいきち》鉄道大臣が東京市駿河台《するがだい》邸に元老西園寺を訪れた。小川は右翼とつながりが深く、田中内閣の副総理格を自任する大物政治家であった。天皇の問責や背後にいる牧野内大臣について、小川が厳しく批判すると、西園寺も同調し、牧野が自分を騙《だま》して田中内閣倒閣に走った、と牧野を批判した。西園寺は、牧野が天皇を諫《いさ》めるどころか、最終段階の自分の忠告を無視し、先例のない倒閣に突っ走ったことを憤っていたのである。

また、そうした西園寺の個人的感情以上に、天皇の背後に牧野内大臣がいると、小川が天皇の正当性も含めた批判を行ったことに対する、元老西園寺の対応が重要な意味を持った。西園寺は真実を述べ、元老としての正当性を確保し、元老の助言（輔弼《ほひつ》）ということで、若い天皇の正当性を育てていかねばならないのである。この際、牧野をどうするかは事態の推移を見ながら考えよう、と西園寺は考えたのだろう。

牧野は最後の段階で正義感と田中への悪感情に走りすぎ、その結果、軍も含め右翼や保守派方面から正当性を疑われ始めている。しかし、西園寺は自身の健康状態にも自信が持てず、実際この問題に対して積極的に行動することができなかった。今後も健康上の問題が続く可能性が強いことも含めて考えると、西園寺は牧野を積極的に守ることも見捨てることもできなかった。

西園寺が最終段階で直感的に田中首相への天皇の問責は危ういと感じた判断は、正しかった。この後、牧野内大臣ら宮中側近の「陰謀」に、意志が強くない昭和天皇が引きずられて田中首相への問責が起こったというイメージが、軍人や右翼、および政友会など保守派に近い人々の間に、少しずつ広がっていった。これが、天皇は全体を考えて公平に判断している、というイメージの形成に、長期的に大きな障害となっていく（伊藤之雄『昭和天皇と立憲君主制の崩壊』二一六～二二〇頁）。

歴史に個人ができることは

ところで、西園寺の究極の理想である、衆議院の二大政党が交互に政権交代し、その間に元老や内大臣・天皇が介在する余地がほとんどない、というイギリス風の状況は近づいていたのであろうか。

二大政党が交互に政権交代する政治制度が正当性を得るためには、総選挙で得られた多数が国民の意向をほぼ正確に反映し、多数党が政権を取り、国民全体の利益（公共性）のために政治を行っている、という信頼の形成が必要である。ところが男子への普通選挙が実施され、有権者数が約四倍に急増すると、原内閣期までと異なり、政党は票を獲得する不安にかられ、恣意的に選挙区に鉄道や道路を建設するなどの地方利益誘導政策に走った。また、一九二〇年代に不況が深刻化し、地方民営鉄道の経営が悪化すると、それを政党政治家が介在して不当に高い値段で国に買い取らせ、介在した政党政治家は、その民営鉄道経営者から様々な形での実質的な賄賂《わいろ》を受け取る、という不正が各地で行われた。政権交代後、それが反対党の政府に摘発されて、鉄道疑獄事件となった。これらには政友会・民政党（憲政会）の二大政党のいずれもが関わった（伊藤之雄「原敬と選挙区盛岡市・岩手県」四八一〜四八二、四八八〜四八九頁、同『昭和天皇と立憲君主制の崩壊』一五一〜一五八頁）。

このような事件はジャーナリズムで報道されたため、国民の間に政党政治や政党相互の政権交代が正当性を持つという認識が確立していかなかった。また、鉄道疑獄事件の実態は司法界と右翼の重鎮の平沼騏一郎枢密院副議長を通し、枢密顧問官に伝わり、さらに軍・右翼にも広がっていったと思われる。

さらに悪いことに、田中内閣や浜口内閣およびそれに続く政党内閣は、経済不況・世界恐慌（昭和恐慌）から国民を救うことができなかった。このため、彼らの権力の正当性は一気に失われる運命にあったといえる。

元老西園寺が、政友会の田中内閣が総辞職を申し出た際に、民政党総裁浜口雄幸を後継首相に推薦した時、国民は疑獄事件や利益誘導とはほど遠い人柄の浜口を歓迎した。また、大正初期や中期よりもデモクラシー思想が広まっていたにもかかわらず、元老西園寺の存在や元老制度への疑問はまったく出なかった。

おそらく西園寺は、元老として自分が正当性を得ていることに満足しつつも、若い天皇の権力の正当性を確保するのはなかなか難しいと思い始めたのであろう。ましてや政党の体質を変えることは、西園寺の力が及びきらない範囲でもある。その政党によってイギリス風の政党政治を形成し、国際協調を保持して日本の発展を図ることに、自分はどれほどのことができるのか、大きな歴史の流れの前に、むしろ力の限界を感じていたと思われる。それでも、浜口内閣ができると、少しでも国民の期待に応えようと、西園寺は浜口内閣を陰で支援していくのであった。

ロンドン条約での上奏拒否を止められず

浜口内閣は組閣後に施政方針として、金解禁を実現して、為替相場を安定させ、輸出を増進させて不況を克服することを政策の柱とした。また、そのためにも、国際協調外交や軍備縮小をしようとしていた。

すでに八年前にワシントン会議で戦艦・航空母艦など海軍の主力艦の軍縮条約を結んでいたので、米・英で補助艦（重巡洋艦など一万トン以下の軍艦）の建艦競争を抑制する条約を結ぼうという機運が高まった。一九三〇年（昭和五）一月二一日からロンドンで、米・英と日本・フランス・イタリアが参加して、海軍軍縮会議が開かれた。

そこで、米・英・日がギリギリのところで妥協してできた協定案は、日本は補助艦全体では、海軍が要求していた兵力量の対米英七割をほぼ確保できた。しかし、大型巡洋艦に関しては日本海軍が仮想敵の第一にしている米国に対し六割二厘にすぎなかった。海軍は大型巡洋艦も対米七割を確保したいと、強く求めていた。

昭和天皇も元老西園寺も、何とか軍縮会議を成立させたいという考えを持っていた。ロンドンの日本側全権から協定案に日本が同意するか否かの請訓が来て、海軍軍令部（作戦担当の部署、陸軍の参謀本部にあたる）などが強硬に反対し始めると、西園寺は非常に心配した。三月二一日には、信任の厚い私設秘書の原田熊雄に、浜口首相にロンドン条約をまとめる決断をするよう伝えてほしいと依頼した。

しかし西園寺は、興津の「坐漁荘」を離れなかった。東京市の駿河台邸に出向いてロンドン条約成立に向けて直接働きかけようとはしなかったのである。その理由は、三月でまだ寒く健康に自信がなかったこと以上に、後継首相推薦や宮中の人事を行うために、「公平」な調停者として元老権力の正当性を確保したかったためであろう。

浜口首相や内閣は、条約締結に賛成であった。海軍では、主流の岡田啓介《おかだけいすけ》大将（前海相）や海軍省幹部は、協定案に同意した。本格的な建艦競争になったら、日本は米国に経済的についていけないからである。

ところが、加藤寛治《かとうひろはる》軍令部長（大将）ら軍令部の幹部らは、国防が危うくなるとして、会議を決裂させてもやむを得ないと考え、協定案に強く反対した。日本海海戦の英雄で、日本海軍のシンボル的存在であった東郷平八郎《とうごうへいはちろう》元帥は、これまで海軍省の主流を支持してきたにもかかわらず、今回は加藤ら軍令部に同調した。このため、加藤ら軍令部側は、浜口首相や岡田大将らの説得に応じなかった。薩摩系を主流に団結を保ってきた海軍の秩序は、この時に崩れた（平松良太「ロンドン海軍軍縮問題と日本海軍」）。

三月二七日、昭和天皇は条約を成立させるよう、浜口首相を密《ひそ》かに激励した。意志強固な性格の浜口首相は、翌二八日の閣議で、協定案をほぼ了承する形の回訓案を四月一日の閣議にかけることを予告した。

三月三一日、閣僚でないので閣議に出席できない加藤軍令部長は、反対意見を天皇に上奏しようとしたが、鈴木貫太郎侍従長（前軍令部長、条約締結支持）から、天皇が多忙で時間が取れないと告げられ、同日も翌四月一日も拝謁できなかった。

結局、加藤が拝謁できたのは四月二日の午前であった。すでに一日の閣議で協定案とほぼ同じ内容の回訓案が決定され、午後に天皇に内奏された後、ただちにロンドンに向けて電送され、その事実は新聞の夕刊でも大きく報道されていた。したがって、加藤は拝謁しても条約を批判することができなくなり、何のための拝謁かわからないものになってしまった。

問題は、加藤軍令部長が三月三一日も四月一日も拝謁できなかった理由とされた、天皇が多忙で時間が取れないということが事実ではなかったことである。実際は、それを名目に加藤の上奏が拒否されたのだった。これは鈴木侍従長の判断であったが、昭和天皇も暗黙の了解を与えていたことは、間違いないだろう。

天皇と鈴木の関係は、その後も良好であった。鈴木の上奏拒否が天皇の了解なく行われていたのなら、潔癖ともいえる性格の天皇が、鈴木を咎《とが》めないはずがないからである。また、加藤が上奏をした日に拝謁したある宮内省幹部は、天皇が病気ではないかと思うくらい心ここにあらずの状態だったことに気づいた。軍令部長の上奏を拒否するという、明治天皇以来なされたことのない行動を取ったことと、その後に起こる反動を考えると、天皇は不安だったのであろう（伊藤之雄『昭和天皇と立憲君主制の崩壊』）。

四月下旬までにこの上奏阻止の噂は、阻止に関わった人物の情報は不正確であったものの、政界や海軍・陸軍の中枢および右翼の間に広まっていった。また、六月中旬になると、東京の新聞記事にもなって噂は一般国民の一部にも伝わり、八月には上奏阻止したのは鈴木侍従長であるが西園寺は知らなかった、という真相が、政界中枢や右翼の間に伝わった（「倉富勇三郎日記」一九三〇年八月一日）。

一人元老制の問題

鈴木侍従長の責任で加藤軍令部長の上奏阻止が行われた一九三〇年（昭和五）三月三一日、四月一日やその直前、元老西園寺は何をしていたのであろうか。

西園寺は興津の「坐漁荘」にいた。三月二六日夜半（二七日早朝）に発熱し、三九度までにもなった。孫を抱いて、孫の風邪がうつったのである。西園寺の病気は、肺炎である。三〇日には生死すら危ぶまれる状況になり、四月三日からしだいに回復に向かったが、全快したのは六月一五日であった（伊藤之雄『元老西園寺公望』）。

鈴木侍従長が上奏阻止をすべきかどうか西園寺に相談できたなら、西園寺は先例にない危険なことをすべきでない、と止めたであろう。昭和天皇が牧野らの助言もあって田中首相を問責した過程とその後に起きた波紋の大きさを、西園寺は最も知っている一人であった。西園寺は上奏阻止に反対し、上奏させた後に勅諭などで加藤をなだめる策を助言したことであろう。

加藤軍令部長が上奏することは、まったくあり得ないことではない。しかし、政党政治がそれなりに順調に展開しているので、条約締結派の岡田大将ら海軍省主流や、昭和天皇、海軍出身の鈴木侍従長、牧野内大臣らは、予想していなかったのだろう。元老西園寺も同様であった。彼らの間で、軍令部長の上奏への対応が前もって相談されたことを示す史料は見つかっていない。

加藤軍令部長の上奏願いへの対応は、鈴木侍従長が、天皇に少なくとも暗黙の了解を取って短い時間で自分の責任として判断したのであろう。海軍で艦長を務め、軍令部長にまでなった鈴木は、緊急時に現場で決断する勇気が必要だということを、身をもって知っていた。

もっとも、西園寺が東京市の駿河台邸にいて健康であったなら、鈴木と西園寺の関係は良好なので、車を飛ばして西園寺に相談していた可能性もある。しかし、この時は西園寺が興津にいた上に重病であったことは、新聞でも報道されて知れ渡っていた。

原敬や加藤高明の没後、西園寺は元老として自分と同じレベルで高度な政治判断ができる人物はいないと判断し、元老を補充することをあきらめた。内大臣を万一の保障として、健康に気をつけながら、政党政治の成熟を待った。この西園寺の判断はやむを得ないものである。しかし、西園寺がいかに妥当な判断ができるとしても、西園寺がどこに滞在しているか、その時に西園寺の健康状態がどうであるか、という個人の状況によって、元老制度の機能が制約されるのは大きな問題であった。

また、岩倉・大久保・木戸や伊藤が明治天皇に対して行ったように、西園寺のような人物が時々昭和天皇に拝謁して、天皇と打ち解けて様々なことを話し合うなかで、天皇の判断力を高めていくことも必要であるが、高齢の西園寺にそれを望むのは無理であった。

以下で述べるように、この一年半後に満州事変が起こって、こうした問題が再び繰り返されるのである。

西園寺の輔弼の限界と可能性

ロンドン海軍軍縮条約は、一九三〇年（昭和五）四月二二日、米・英・日間の補助艦の保有量を主な内容として成立した。大日本帝国憲法では、条約は天皇が枢密院に諮詢《しじゅん》して批准《ひじゅん》することになっており、明治天皇以来、天皇はすべて枢密院の奉答通りに対応してきた。したがって日本がロンドン条約の批准をするかどうかは、枢密院の審議結果にかかっていた。枢密院の倉富勇三郎議長や平沼騏一郎副議長ら中枢は、元来条約に反対で、加藤軍令部長が上奏を阻止された真相も知っていた。七月下旬に条約が枢密院に諮詢されると、彼らは八月上旬には、浜口内閣が情報を十分に提供しないので奉答できないと、倉富議長が辞表を提出するなどして浜口内閣を倒すことを検討し始めた。

これを知った元老西園寺は八月中旬に、もし枢密院が筋道の立たないことをしてきた場合は、首相はその職権によって枢密院議長・副議長を罷免し、新しい議長・副議長に諮詢に奉答させてもよい、と信頼する私設秘書の原田熊雄を通して浜口首相に伝え、内閣を激励した。

枢密院が審査できないと諮詢を返上しても、天皇は元老西園寺に下問するであろうから、西園寺が強気であれば枢密院側にほぼ勝ち目はなかった。結局、一〇月一日に枢密院は満場一致で条約批准を可決し、二日に天皇が裁可して、条約の批准は終わった。

この過程を通し、問題が軍事に関わっておらず、事態がじっくりと進行する場合には、元老西園寺の影響力が十分に発揮されることがわかる。しかし、山県が陸相・参謀総長などの重要人事を握ることを通して陸軍を最後まで統率していたのに対し、文官の元老の西園寺にはそのような力はない。海軍主流の岡田啓介大将（前海相）や、首相になる野心を持っている陸軍の実力者宇垣一成《うがきかずしげ》陸相などを通し、海軍や陸軍に間接的に影響を及ぼすだけであった。したがって、岡田や宇垣の海軍、陸軍への影響力が十分でなくなったり、次に述べる三月事件のように宇垣が西園寺を裏切ったりすると、有効な手段をなくしてしまう。つまり、軍事に関わることや、まして事態が急速に進行する場合には、西園寺の影響力は大きな限界に突き当たるのである。

ロンドン海軍軍縮条約問題は、反対派の完敗に終わり、彼らの怨念《おんねん》が残った。一九三〇年一一月に浜口首相が条約問題で狙撃されて重傷を負い、幣原喜重郎外相が首相臨時代理、次いで臨時首相（外相兼任）となった。しかし、一九二九年秋に始まった世界恐慌は、一九三〇年になると日本に深刻な影響を及ぼし昭和恐慌となり、年末から始まった第五九議会も混乱した。

三月事件をどう処理するか

この状況を利用し、一九三一年（昭和六）三月に陸軍のクーデター未遂事件である三月事件が起きた。事件は、参謀本部などの中堅エリート将校の一部が、軍事クーデターによって宇垣内閣を作り、政党に取って代わろうとしたものであった。「腐敗」し状況に対応できない政党には統治の正当性がない、と判断したのであった。

宇垣は情報を知っていたが、他に漏らさなかった。最終段階で宇垣は計画に乗ることを拒否し、事件は失敗に終わり、関係者以外に知られることはなかった。その後宇垣は陸相を辞任し、自分の腹心の南次郎《みなみじろう》を後任とした。四月二七日に、宇垣は退任のあいさつをするために興津の西園寺を訪ねたが、多くの話をしたにもかかわらず、事件のことを一言も話さなかった。

この間、負傷していた浜口首相が四月一三日に辞表を出し、若槻礼次郎が民政党の総裁になったので、前内閣の延長として翌一四日に若槻内閣ができた。その際の後継首相推薦の手続きは、これまでと同様であった。

西園寺は三月事件について、断片的には話を聞いていたが、その全貌を知ったのは八月上旬になってからである。これは、私設秘書の原田熊雄が、東久邇宮稔彦王《ひがしくにのみやなるひこおう》（陸軍少将、第五旅団長、戦後に首相）や、井上三郎《いのうえさぶろう》大佐（元老だった故井上馨の孫、井上家の嗣子、陸軍省整備局動員課長）から聞いた情報による。

西園寺は事件について、天皇のみならず秩父宮（天皇の弟、陸軍大尉）・閑院宮載仁《かんいんのみやことひと》親王（陸軍長老、元帥）らの有力皇族に話し、事件の中心となった二宮治重《にのみやはるしげ》参謀次長（中将）ら三人を辞めさせようと考えた。

しかし、西園寺の指示で原田が井上大佐や、木戸幸一《きどこういち》（内大臣秘書官長、のちに内大臣）・近衛文麿公爵（貴族院副議長、のちに首相）ら、西園寺の期待する壮年華族の判断を聞くと、二宮をただちに辞めさせるのは陸軍の感情を刺激してよくない、との意見であった。彼らの方が、青壮年のエリート将校たちとの接触の機会が多かった。牧野内大臣や若槻首相も、それに同意した。

西園寺は二宮らを辞めさせる方針を撤回した。また、西園寺や牧野・若槻・木戸・近衛らの間に、昭和天皇には三月事件のことは伝えないという合意ができた。宇垣が西園寺を裏切ってしまうと、陸軍の内情がわからず、西園寺は強気の行動が取れなかったのである。

天皇に事件のことを伝えないのも、この段階で、天皇には清濁併せ呑んで陸軍の危機にじっくり対応するという精神的な強さが十分に備わっていない、と西園寺のみならず、昭和天皇をあがめる姿勢を取ってきた牧野内大臣らまでが見ていたからであろう（伊藤之雄「昭和天皇・元老・宮中勢力の情報・ネットワークと政治」5節）。

西園寺は三月事件の収拾の方針に関し、当初の自分の意見を変え、井上大佐や木戸・近衛らの考えに従ったものの、事件発覚以来、誰に相談するかも含め、対応策は西園寺が常に主導した。西園寺に比べて牧野内大臣の役割は小さく、こうした面でも元老と内大臣の権力に大きな差があることは明らかであった。

満州事変に助言が活かされず

それから約一ヵ月、もっと大変な事件が起きた。満州事変である。一九三一年（昭和六）九月一八日夜、関東軍の一部が、謀略を用いて自ら南満州鉄道線路を爆破し、中国側の仕業として張学良《ちょうがくりょう》の中国軍を攻撃した。満州（中国東北地方）を占領するためである。

当時の関東軍の兵力では、満州全土を占領するには不足していたので、朝鮮に駐屯する日本軍が応援に行く密約が、関係するエリート将校の間でできていた。しかし、日本領である朝鮮から中国の一部で外国である満州に派兵するには、明治以来の慣行で、陸軍が出兵計画を立て、閣議でその予算を認め、首相が上奏し、天皇が裁可した上で、陸軍が天皇に出兵要請をし、天皇が出兵を命じるという手続きが必要であった。

幣原外相らは、事件が関東軍の謀略ではないかと疑っており、若槻内閣は関東軍への増援の経費をただちに認める雰囲気ではなく、増援に出動した朝鮮軍の混成旅団は朝鮮と満州の国境でいったんとどまった。ところが、二一日午後、混成旅団は天皇の命令を待たず、国境を越えて満州に入り、関東軍司令官の指揮下に入ってしまった。

これは、天皇の統帥権を陸軍がないがしろにした異常な事態であった。田中首相の問責や加藤軍令部長に対する上奏拒否は、昭和天皇や内大臣・侍従長らの宮中側近が旧来の慣行を破った事件である。宮中側近が攻撃され、軍や右翼・保守派から、天皇も含めてその権力行使の正当性に疑問すら持たれるようになった。今回は陸軍が慣行を破って天皇の統帥権をないがしろにしたのであり、うまく対応すれば、逆に陸軍統制を回復し、事変を収束させる好機会にできる可能性があった。

事変が起きた時、西園寺は京都市田中の別荘「清風荘」に滞在していた。二一日午前一〇時に、私設秘書の原田が西園寺を訪れ状況を報告すると、天皇から下問があれば東京に出る、と、西園寺は事態収拾に意欲的であった。

その日の午後に朝鮮軍混成旅団は天皇の命令がないまま国境を越え、午後三時三九分に東京の参謀本部にその事実が着電した。京都の西園寺のもとにも、その日の夕方に情報が届いた。

西園寺は、万一若槻内閣が辞意を示しても、この事件がすべて片付くまでは、天皇は絶対に許してはならない、と鈴木侍従長と牧野内大臣に伝えるよう、原田に命じた。西園寺は若槻首相が剛毅な浜口と異なり、陸軍相手にできるところまでは対決してやろうという気の強さを持っていないことを、危うく思ったのである。

また西園寺は、独断越境について陸相あるいは参謀総長が上奏した時に、天皇はこれを許してはいけない、考えておくとして一度保留し、のちに何らかの処置を行うことが必要である、との注意も原田に伝えさせた。

ところが、西園寺の注意が天皇や牧野内大臣に伝わる前に、夕方五時五五分に金谷範三《かなやはんぞう》参謀総長が拝謁した。天皇はこの時、事変の収拾に尽力するように等の一般的注意を与えただけだったようで、西園寺のいう、考えておくという保留は行わなかった。牧野がその前に天皇に拝謁しており、穏便な処置にするということで天皇と暗黙の合意をしていたことは間違いない。

西園寺の注意は、原田から木戸内大臣秘書官長に電話で伝えられ、木戸は夕食後の七時半に牧野内大臣を訪れて、西園寺の意向を伝えた。しかし、金谷参謀総長の拝謁は一時間半ほど前に終わっており、西園寺の助言を活かす余地はなくなっていた。

ここで問題だったのは、牧野内大臣が田中首相問責、加藤軍令部長の上奏拒否などの強気の行動から起こった反動のために弱気になっており、今回は慣行を破ったのが陸軍であり反撃のチャンスであることを意識できず、天皇に適切な助言を与えられなかったことであった。

もう一つの問題は、西園寺が京都に滞在しており、元老としての緊急の助言が間に合わなかったことである。

それでも、その夜の段階で参謀本部では、混成旅団の独断越境を、天皇の統帥権を侵したと若槻内閣がみなしているという情報を得て、翌二二日の閣議で確実に責任を追及されるだろうと、悲観的な見通しを持っていた。参謀本部では、南次郎陸相と金谷範三参謀総長および参謀次長は辞職せざるを得ない、とまで考えていた（『現代史資料』7）。

参謀本部のエリート将校たちは、慣行を重視する陸軍の官僚組織の中で昇進してきたのである。したがって、陸軍が勝手に慣行を破ることの責任の重さを、今回は自分たちの罪として、逆に強く受け止めていたのである。

ところが、二二日朝の段階で若槻首相は陸軍に対して宥和《ゆうわ》的になっており、閣議前の拝謁において、天皇が独断越境については特にふれなかったので、それが承認されたと思ってほっとした。閣議では朝鮮軍の出兵の経費を認め、その後天皇は越境を裁可した。

結局、統帥権を侵して実施された独断越境は、事後承認されて合法的なものとなってしまった。前日午後七時半には、木戸から牧野内大臣に伝わっていた元老西園寺の助言の趣旨は、まったく活かされず、満州事変の拡大を防ぐ最大のチャンスを見逃してしまった。*

こうして、西南戦争に勝利し「西郷王国」を支配下に収めて以後、太政官制下の「内閣」や近代的内閣が、元老の協力も得て、外交や内政を統制してきた体制が崩壊していった。

＊一九三一年一〇月二四日になると、国際連盟理事会は日本軍が満鉄付属地への撤兵を一一月一六日までに完了させるべき、との決議案の採決を行った。可決には全会一致の賛成が必要なので、賛成一三に対し、日本が反対したために案は否決された。翌二五日、この件について上奏を受けた天皇は、列強からの経済封鎖や開戦すら心配するようになった。しかし、実際には列強からの制裁は何もなかった。現在の国際連合には、安全保障理事会が設置され、侵略的行動が起こった場合の対応は、国際連盟時代より強化されている。しかし現在でも、安全保障理事会における拒否権を持つ常任理事国である三大強国の米国・中国・ロシアが、軍事力を背景とした行動を起こした場合、国連としてそれを制止することは容易でない。当時の日本も、米・英に次ぐ三大強国の一つである。この時期は、日本が満州事変から太平洋戦争へと進む道を変える可能性が、それ以後と比べると大きかったにもかかわらず、連盟構成国は世界恐慌への対応に追われていることもあって、強い行動を取らなかった。そのため日本の軍部は増長し、天皇・元老西園寺や若槻内閣などが事変の拡大を抑制する方針を立てても、崩されていった。

後継首相推薦に関する圧倒的な権力

その後、若槻内閣は、満州事変の拡大を止める見通しをなくすなかで、民政党と政友会が協力して陸軍の意向も取り入れていこうという「協力内閣」運動が起きた。このため、閣内対立が激しくなり、同内閣は一九三一年（昭和六）一二月一一日に辞職した。従来と同様に、元老と内大臣に下問があった。

翌一二日に西園寺は、興津から東京に向かった。西園寺は、野党第一党の政友会総裁犬養毅を、政友会単独内閣の首相として天皇に推薦する決意を、ほぼ固めていた。東京に着くと、牧野内大臣の部屋で、一木宮相・鈴木侍従長も交えて、後継首相について相談した。牧野は「協力内閣」がよい口ぶりで、一木も牧野を支持する傾向があったが、三人とも犬養に異論を出さなかったので、西園寺は犬養を首相候補として奉答した（伊藤之雄『昭和天皇と立憲君主制の崩壊』）。

ここでもわかるのは、事変下の危機ということで、牧野内大臣に一木・鈴木も加えて相談する西園寺の柔軟さと気配りである。またより重要なのは、後継首相推薦の人選に関する西園寺の圧倒的な権力である。それは、一部の研究者がいう「元老・内大臣協議方式」などという言葉のイメージではまったくなかった。八二歳の西園寺の老熟と、一人元老の責任感からくる気迫が支えていたのである。

第12章　満州事変後の軍部台頭の時代——西園寺の柔軟な対応

満州国建国への対応

一九三一年（昭和六）九月に満州事変を起こした関東軍の狙いは、満州全土を占領してそこに新しい国家を作ることだった。犬養毅首相の内々の方針は、この状況に現実的に対応し、関東軍の要求と中国との妥協をギリギリのところで成立させ、列強との協調を何とか保つことである。

犬養は、満州に対する中国の主権には変更を加えず、満州に日本と中国の合作で新政権を作ろうとした。日中相互の経済利益を増進することが、中国側を説得する手段であった。犬養は、最後の切り札として、天皇に犬養の方針を支持してもらうことも考えていた。これは、陸・海軍大臣が、政党政治家である犬養の方針に従って動き、軍部を統制することが無理と見られたからである。

元老西園寺も犬養首相を支持した。しかし、軍部は犬養が天皇の力によって軍部を抑えようとしていることに反感を持っているとの話が、近衛文麿（貴族院副議長）から私設秘書の原田熊雄を通して西園寺に伝わってくると、西園寺は天皇を利用することをあっさりとあきらめた。

これまでの行きがかりから、西園寺には、天皇の威信（権力の正当性）がそれなりに形成されているとは思えなかったからである。軍部や右翼・保守派には、天皇が牧野内大臣らによって判断を誤らされている、と見ている者が多かった。中途半端に天皇の沙汰を出して、その効果がなかった場合、天皇の威信はますます傷つき、軍部の統制はさらに不可能になるに違いない。時間がかかっても、天皇が政治問題への適切な判断を積み重ね、少しずつ威信の回復を図る必要があった。

ところが一九三二年三月一日、関東軍は満州国建国を宣言した。犬養首相の方針を根底から揺るがすものであった。西園寺も強い危機感を持った。三月五日に興津を出て、駿河台邸に滞在し、七日に犬養首相、八日に大角岑生《おおすみみねお》海相、九日に荒木貞夫《あらきさだお》陸相らに会い、一四日に昭和天皇に拝謁し、一八日に興津に戻った。

西園寺は犬養首相らと満州国を承認しないとの方針を話し合い、かつ各方面の情報を収集した。また若い天皇に、少しでも安心感を与えようとしたと思われる。

ところで、これまでの牧野内大臣との親密な関係に比べると、昭和天皇と西園寺との関係は拝謁の回数のみならず、精神的つながりにおいても弱かった。しかし満州事変が起きるまでになると、危機のなかで天皇はしだいに西園寺を誰よりも深く信頼するようになっていった。一九三一年一一月二日に、西園寺は久しぶりに拝謁し、天皇を非常に満足させている。

天皇は第二次若槻内閣成立時までは、元老西園寺の後継首相推薦の奉答について、これまで示したように、改めて牧野内大臣の意見を問うていたが、満州事変下の一九三一年一二月の犬養内閣成立時からは確認されない（『牧野伸顕日記』一九三一年一二月一二日、一三日）。これは元老西園寺と牧野内大臣が何らかの形で意思疎通を図った上で、西園寺が奉答しているからである。また天皇が西園寺の判断に強い信頼を寄せるようになったことを示している。

五・一五事件後の首相推薦

その後も陸軍は犬養内閣に満州国の承認を迫ったが、犬養首相は承認を引き延ばした。これが原因となって、一九三二年（昭和七）五月一五日、犬養首相は海軍青年将校らに襲撃され暗殺される。翌日に内閣は辞表を提出した。

善後処置についての下問は、これまでと同様に一九二六年の様式で行われた。興津「坐漁荘」にいた西園寺は上京を求められたが、天皇の命に従うことは回答しながらも、上京の日時は明示しなかった。すでに五月一七日の段階で、陸軍は政党内閣の成立を拒絶していた。

当時の状況から、西園寺には選択肢が三つあった。

一つ目は、政友会総裁に内定した鈴木喜三郎《すずききさぶろう》（前内相）を首相とする政友会内閣または政友会と民政党の「協力内閣」である。これでは陸軍との正面からの対決となり、陸軍が陸相を出さないことにより内閣が成立せず、大きな混乱を引き起こす可能性があった。もう一度国民の間に政党を援護する護憲運動が巻き起これば別だが、数年来、政党内閣のもとで不況が深刻化していたため、政党への信頼感は高くなく、極めて勝算のない選択といえる。

二つ目の選択肢は、斎藤実（前海相・朝鮮総督）ら、ロンドン条約を支持した海軍穏健派の軍人を首相とし、政党を基礎とする挙国一致内閣である。

三つ目の選択肢は、右翼の平沼騏一郎枢密院副議長（前法相・検事総長）を首相とし、政党の協力も求める内閣である。陸軍は平沼内閣を求めていた。

西園寺は私設秘書の原田熊雄などから情報を集め、五月一九日に上京した。鈴木侍従長から天皇が希望する首相の条件を伝えられた時点で、すでに斎藤を推薦する腹を決めていたと思われる。

しかし西園寺は、二〇日に高橋是清臨時首相と倉富勇三郎枢密院議長（倉富のかねての申し入れ）に会った。その後、牧野内大臣に会い、牧野から「重臣」らの意見も聞くという具申を入れて、二一日から二二日にかけて、軍人も含め政界・官界の有力者と精力的に面会した。

西園寺がこの二日間に会ったのは、若槻前首相・近衛貴族院副議長（西園寺は正式には招かず）・山本権兵衛前首相（海軍大将、前海相、薩摩派の山之内一次《やまのうちかずじ》が代理で来る）・清浦奎吾前首相・上原勇作《うえはらゆうさく》元帥（前陸相）・荒木貞夫陸相・大角岑生海相・東郷平八郎元帥・牧野内大臣である。誰に会うかは、西園寺が決め、西園寺一人が各人と会見した。

西園寺は、一部軍人による首相暗殺という危機のなかで、鈴木侍従長や牧野内大臣らの意見も入れて、一九二六年以来の後継首相推薦様式を変更したのであった。しかも、牧野の提言以外の人物も含めて西園寺は誰を「重臣」とみなして会うかを決め、また一人で会見した。八二歳の元老の一挙一動には、各方面からの注目が集まった。この過程から、内大臣は元老と対等に近いのではなく、元老が圧倒的に実権を持っていたことが、改めて確認される。

五月二二日までに有力者から後継首相について意見を聞き、西園寺は翌二三日に参内し、牧野内大臣・一木宮相・鈴木侍従長と会見した後、天皇に拝謁して、斎藤実を後継首相として推薦した（『西園寺公と政局』第二巻、二八七～二九一頁）。

同日、斎藤に組閣の命があり、二六日に斎藤内閣が発足した。政友会から三名、民政党から二名を入閣させ、官僚系からそれより少し多く入閣させて、斎藤内閣は官僚系の挙国一致内閣として出発した。海軍軍人の斎藤に西園寺が託したことは、陸軍の暴走を抑え、日本が国際的に孤立していくのを防ぐことであった。

しかし、西園寺が「公平」性を示す演技に努めたにもかかわらず、斎藤を推薦したことで、右翼の平沼などは、西園寺の権力の正当性を疑うようになり、内密にはっきりと強い反感を示すようになった（伊藤之雄『昭和天皇伝』）。

なかなか打つ手がない

斎藤実内閣ができても、状況を大きく変えることは難しかった。一九三二年（昭和七）九月一五日、斎藤内閣は陸軍の圧力に屈する形で満州国を承認した。そのわずか半月後の一〇月一日には、国際連盟の調査団が満州事変の収拾についてまとめたリットン報告書が、日本に送付された。報告書は満州国を承認していないが、満州における日本の利益を認め、満州に対する中国の主権を認めた上で、日本と中国の間に新条約を結び、満州に広い範囲の自治を確保することを提案していた。

リットン報告書の内容は、犬養内閣が目指したものと類似しており、むしろ日本に有利なものであった。それにもかかわらず、日本の有力新聞は、報告書に対したただちにかなりの批判を行った。西園寺は、満州国を支持し報告書に批判的な新聞報道が不快であった。すでに政府が満州国を承認し、新聞などがそれを支持している以上、西園寺は元老として何もできなかった。国際的孤立がどういう意味を持つかも深く考えず、軍に影響された軽薄な世論《せろん》が広がっている。そんな状況である限り、西園寺がリットン報告書を支持し満州国承認を撤回すべきとの発言をしたなら、元老としての正当性を疑われ、権力を失墜することは目に見えている。

このように西園寺は慎重に行動していたが、一一月上旬には保守派の倉富枢密院議長は、腹心の二上兵治《ふたがみひょうじ》枢密院書記官長との密談で、西園寺は政界から引退すべきだと述べている。

また天皇の勘違いもあって、一九三三年二月四日に天皇の許可を得て、関東軍は二月下旬から満州と河北省《かほく》（中国本土）との中間の熱河省《ねっか》に出兵し、満州国の安定を図ろうとする熱河作戦を始めた。この作戦は、熱河省を関東軍が制圧する形で終了し、五月三一日に中国側と停戦協定が結ばれた。

この間、一九三三年二月一五日にリットン報告書にもとづく国際連盟の日本への勧告案が伝えられた。日本は国際連盟の常任理事国であったが、それまで慎重であった海軍を含め、除名される前に国際連盟を脱退すべきであるとの意見が急に強まった。

西園寺は内心連盟脱退に反対であったが、日本全体が連盟脱退に動いている以上、打つ手がなかった。西園寺は連盟脱退への反対論を公言しなかった。当面は元老の権威（正当性）を守り、日本の国民が目覚め、国際的孤立は問題であると思い、軍部に対する目が厳しくなるのを待つしかなかった。

二月二〇日、閣議は国際連盟で勧告案が可決された場合、連盟を脱退すると決定した。二月二四日、連盟は勧告案を四二対一（日本）で可決したので、三月二七日に日本は連盟脱退を通告した。

この一九三三年は、日本のみならず世界が協調関係を弱めていく転機となった年である。同年六月一二日からロンドンで始まった世界経済会議は、七月二七日に不成功に終わった。世界恐慌から立ち直るため、各列強は自国と関係の深い国や地域・植民地との経済関係を強めていき、第一次世界大戦後にできた、世界の政治・経済・文化交流を活発にして問題を共通に解決していこうという空気は、急速に崩れていった。

こうしたなかで、陸軍などの主張する、世界は列強間の生き残りをかけた「戦国時代」のような時代に突入したのだ、という見方が支持を広げていった。それに対し、元老西園寺や昭和天皇らの国際協調を維持しようという考え方は、日本国内でしだいに古臭い、現実性のない考え方ととらえられるようになった。このため、軍部の行動を正当であると見る風潮が強まっていった。

後継首相推薦様式の変更

軍部や右翼の台頭する時代のなかで、西園寺は慎重に行動して、元老の権威を何とか維持した。しかし牧野内大臣ら宮中側近の権威は、右翼の攻撃を受けて、ロンドン軍縮条約から満州事変、五・一五事件と進行するなかで下降線をたどり続けた。牧野の息子が「赤化」した（共産主義の容疑者として逮捕された）等の理由もあるが、最大の原因は、昭和天皇が軍部の行動を積極的に支持しないのを、牧野がそのように仕向けているとされたことである。西園寺は牧野らの更迭を認めないことにより、間接的に牧野らを支持した（伊藤之雄『昭和天皇と立憲君主制の崩壊』二〇一～二〇六、二七一～二七五、三六一～三六六頁）。

すでに述べたように、一九二六年（大正一五）に後継首相推薦様式を変えた（非公表）にもかかわらず、実権は西園寺にあった。五・一五事件後の後継首相推薦は、軍人も含めた幅広い意見を聞いて、推薦の最終決断を西園寺一人が行っているイメージをさらに前面に出すことによって、西園寺は斎藤実を推薦する正当性を守った。

したがって、五・一五事件に際し、元老として西園寺が実質的に変更した後継首相推薦様式を、その後の状況も踏まえて文章化し、一九二六年の様式を変更しなくてはいけない。これは、八二歳になって当時としては非常に高齢である西園寺に、万一のことがあった際に備えるためでもあった。

五・一五事件から三ヵ月経って、事件の余波も収まってきた一九三二年（昭和七）八月中旬、西園寺は牧野内大臣に後継首相推薦手続き、特に「重臣」の範囲の検討を要請した（伊藤之雄『昭和天皇と立憲君主制の崩壊』三九六～三九八頁）。ここでも、元老と内大臣は対等ではなく、後継首相推薦様式の変更を発議する実権は元老にあることが、確認される。

西園寺の提言を受けて、木戸幸一内大臣秘書官長を中心に検討がなされた。この過程の史料は、木戸関係のものしか残っておらず、木戸らの案に西園寺がどの程度修正を加えたのかは不明である。しかし、決定案までに半年もかかっていることから、西園寺が木戸ら任せであったとは考えられない。決定案には西園寺の意思が反映されているといえよう。

いずれにしても、一九三三年二月二八日に決定案が天皇に伝えられ、承認を得た（今回も非公表）。

その内容は、第一に、一九二六年の決定は元老に加えて内大臣にも実質的に下問があったのに対し、最初に形式的に内大臣に下問があり、内大臣は元老に下問するよう奉答し、元老の判断によって内大臣は後継首相の推薦の相談に関わるようにしたことである。

これは、元老山県が死去した後、元老は高齢の松方・西園寺二人のみになったので、第二次山本内閣ができた際から実質的に行われてきた様式に戻したのである。軍部も含めた右翼・保守派の牧野内大臣批判を考慮して、このように西園寺は後継首相推薦に関する内大臣の権限を後退させ、後継首相推薦補佐集団の正当性を守ろうとしたのである。他方、元老西園寺は限界まで責任を持って任務を果たすが、西園寺に万一のことがあっても内大臣への下問を通して対応できるという制度的保証があった。

第二に、「重臣」も内大臣と同様としたことである。「重臣」の範囲は、枢密院議長、内閣総理大臣の前官礼遇を受けた者となった。首相の前官の礼遇を受けた者とは、前首相とほぼ一致するが、就任期間が短かったり、在職中の不祥事で辞めたりしたため、前官の礼遇を受けられなかった者が除かれる。

西園寺は「重臣」から東郷・上原の両元帥をはずした。五・一五事件後の際には相談者に含めた陸相・海相も、除外された。これは、五・一五事件のようなクーデターを前提としているのでなければ、軍人の意見を特別に聞かなくてもよい、との判断である。首相の前官礼遇にこだわったのは、首相経験者とすると、疑獄事件で退任した首相も加えることになり、後継首相推薦補佐集団の正当性を右翼から攻撃される可能性が強いからである。

ここで、元老西園寺が後継首相推薦様式を非公表にしておいて、適宜変えていったことの意味にふれておきたい。

これまで見てきたように、西園寺は政党と政党政治が健全に発達するまでは、元老と後継首相推薦補佐集団を維持することを、非常に重視していた。また、適切な人選をするとともに、人選の様式も、状況が激変するなかで柔軟に変更し、元老と後継首相推薦補佐集団の権力の正当性を確保しよう、と考えていた。それなら成文化しなくてもよいのであるが、一人元老制となった今、自分に万一のことがあった後を考えて、成文化して非公表とすることにしたのである。

後継首相推薦様式についての、西園寺のこのような柔軟な姿勢は、本書で述べてきたように、明治の立憲政治が不安定ななかで、明治天皇に厚く信頼された伊藤博文が取った手法そのものであった。

西園寺は伊藤の第二次内閣で文相・外相、第三次内閣で文相、第四次内閣で班列相（副総理格、現在の無任所相）を務めた。また伊藤系官僚として、のちには伊藤の後継者として、伊藤の手法を間近に見ていた。もっとも、後継首相推薦に関し、西園寺が伊藤と何を話したかを伝える史料は、残念ながら見つかっていない。

さらに、山県も元老制度の正当性を保持するために詔勅などを根拠に使ったり、大隈を加えようとするなど、柔軟な姿勢を持っており、西園寺はそれを間近で見ている。

このような二人の大物元老の姿を見て、西園寺は激変の時期に元老制度はどのように運用されるべきか、についての思索を深めていったのであろう。

後継首相・枢密院議長・宮中人事の実権保持

最も嫌う国際連盟脱退を、西園寺は黙認する結果となった。そうまでして彼が元老としての権力の正当性を保持しようとしたのは、何を守るためだったのであろうか。

すでに述べたように、右翼の大物である平沼騏一郎枢密院副議長（前法相・検事総長）は、一九二〇年代から宮中入りして天皇を補佐するか、首相になるかを念願していた。しかし西園寺は、一九二五年（大正一四）に平田東助内大臣が辞めた時、平沼には目もくれず、牧野を内大臣とし、一木喜徳郎を牧野の後任の宮相とした。

また、五・一五事件後には、陸軍は平沼内閣を期待していたが、西園寺は斎藤内閣を誕生させた。首相になれなかった平沼は、牧野内大臣らの勢力を弱めるため宮中入りを望んだが、西園寺は牧野内大臣や一木宮相を辞めさせる策動にまったく妥協的でなく、乗ってこなかった。

一九三四年（昭和九）五月に、平沼と連携していた倉富枢密院議長が健康上の理由で辞任すると、西園寺は後任枢密院議長に一木宮相を選んだ。また一木の後任宮相には、あまり大物でない湯浅倉平《ゆあさくらへい》（前会計検査院長）を選んだ。これらの人事は、天皇の任命により実行された。

平沼は宮相になれなかったばかりか、八年近くも枢密院副議長を務めてきたが、議長にすらなれなかった。副議長を務めていた者が議長に昇格するのが慣例であったにもかかわらずである。

その後、平沼は軍人を統制することは現在の急務であり、その点は西園寺も理解してくれるのではないか、と首相になることを期待した（「倉富勇三郎日記」一九三四年六月二一日）。平沼は五・一五事件の後に期待していた首相になれなかったことで、西園寺に内心強い反感を持っていたが、西園寺の老獪《ろうかい》な言動の効果もあり、首相候補の人選の実権を持つ西園寺と直接対決することは、あくまでも避けた。

しかし、同年七月三日に斎藤内閣が総辞職すると、前年二月に決めた後継首相推薦様式によって、西園寺が主導して、牧野内大臣や「重臣」と相談し、後継首相として全会一致で岡田啓介海軍大将（ロンドン条約支持の海軍穏健派）を推薦した。岡田内閣は七月八日に、民政党から二名、政友会から三名（ただし党議に反して入閣したとして除名）の入閣を得て、斎藤内閣同様に官僚系の挙国一致内閣として発足した。これに対する表立った反発は、何もなかった。平沼の名は、後継首相推薦過程で、西園寺らの間ではまったく出なかった。

なお、今回「重臣」として召集されたのは、首相前官礼遇者である高橋是清・清浦奎吾・

若槻礼次郎・斎藤実と枢密院議長の一木喜徳郎であった。

ところで、斎藤内閣が倒れるのが確実になった段階で、牧野内大臣が、「重臣」を首相の前官礼遇者とすると、政党の総裁である若槻も含まれるので適当でなく、元老西園寺・牧野内大臣に準元老のような形で清浦を加えた三人がよい、と提案してきた。この時、使いとして西園寺を訪れた木戸内大臣秘書官長は、元老・内大臣と枢密院議長（一木）の三人で相談するのがよい、としきりに述べた。木戸の発言は秘書官長として越権行為といえる。

しかし西園寺は、満州事変以来の極端な時期は過ぎ去ろうとしている、と前年二月に決めた後継首相推薦様式を変えようとしなかった。これは、一九三三年五月三一日に塘沽《タンクー》停戦協定が蔣介石側との間に成立し、八月に日本軍は長城線に撤兵し、満州事変が一段落したからである。ここでも、西園寺と牧野内大臣とで状況解釈が異なった場合に、元老西園寺の権力の方がはるかに強かったことが確認される。

元老西園寺は、国際連盟脱退など、世論も含めて手の施しようのない場合には一歩退いてなるがままに任せ、後継首相人選と推薦様式、内大臣、宮相や枢密院議長の人選などでは一歩も妥協せず、時勢が大きく変わってくるまで待とうとしたのである。

天皇機関説事件を乗り切る

満州事変が一段落し、都市部では恐慌からの回復が見られるようになり、一九三五年（昭和一〇）初頭には、時勢が落ち着き始めるようにも見えた。

これに対し右翼・軍部は危機感を抱いた。そこで一九三五年二月一八日から、右翼の貴族院議員らが、美濃部達吉（貴族院議員、東京帝大名誉教授）の学説が日本の「国体」に反するとして、排撃する演説を行った。天皇機関説事件の始まりである（菅谷幸浩「天皇機関説事件展開過程の再検討」）。

美濃部の学説は、伊藤博文や西園寺公望がかつてシュタイン教授から学んだ君主機関説の系譜を引く、法的に合理的で緻密《ちみつ》な憲法学説である。しかし、主権は国家にあり天皇は国家の最も重要な機関である、などと論じると、右翼・保守派から攻撃されるので、美濃部自身は天皇機関説という用語を使わなかった。この学説は、天皇機関説事件が起きるまでは通説であり、昭和天皇もこの考え方を支持していた。

元老として西園寺は、この事件に対し、はっきりとした態度は公言せず、国際連盟脱退問題の時と同様の姿勢を取った。西園寺自身が青年将校や右翼の攻撃対象になり始めていた上に、機関説問題を陸軍が取り上げ始めたからである。今回は、帝国在郷軍人会まで関わり始めた。

西園寺は自分の生命が惜しかったのではない。衰えていく元老の権威を少しでも守り、世論の流れが変わった時に、それを天皇に助言し反撃する軸となりたかったのである。またそのためにも、首相や宮中は国際協調の精神を理解した者で固めておく必要があった。

西園寺は機関説事件がかなり深刻な問題になることを、比較的早い時期から見抜いていた。四月一三日には信頼できる私設秘書の原田熊雄に、岡田内閣の次は宇垣一成内閣以外に考えられないが、岡田内閣はギリギリまでやるべきだ、と述べた。三月事件に関し、西園寺を裏切ったことのある宇垣ですら、相対的にまだよいと判断して使おうとしたのである。

その後、陸軍は在郷軍人会も巻き込み、八月にかけて機関説排撃の空気が高まっていった。このなかで、攻撃対象にされた一木枢密院議長・岡田首相・牧野内大臣らが病気で辞任したい等の気弱な発言をするようになった。それを聞くと、西園寺は個人の損失などどうでもいいが国家の損失を避けるためにお互い死ぬまでやらなければならない、などと激励した。

結局、八月と一〇月、岡田内閣は二度の国体明徴《めいちょう》声明を出して機関説否定を言明し、美濃部は貴族院議員を辞任(著書は発行禁止)して、機関説排撃運動は収まっていった。

しかし健康上の理由もあって、牧野内大臣が辞意を漏らし、とうとう一二月二六日に辞任した。その後任人事は岡田首相を中心に進められ、最終的に西園寺が確認して、西園寺の意思で斎藤実(海軍大将、前首相)が任じられた。一木喜徳郎枢密院議長の辞任は先に引き延ばすことになる。*岡田内閣も、機関説問題を乗り切って辞任せずにすんだ。

陸軍と右翼によって天皇機関説が排撃され、やむを得ず後退したが、西園寺は元老として、岡田首相の協力を得ながら毅然と踏みとどまり、自分の選んだ内閣と宮中人事を守り切ったのである(伊藤之雄『元老西園寺公望』)。

＊岡田首相は、一九三五年一二月五日段階では、ほんの思いつきとして近衛文麿（貴族院議長、公爵議員）を牧野内大臣の後任として考えており、元老西園寺の意向を気にしていた。同日に私設秘書の原田熊雄からそれを聞いた西園寺は、岡田首相の決断に委ねたいことと、決断する時は西園寺に伝えてほしいことを、岡田首相に伝言してくれるよう原田に頼んだ。結局、一二月一〇日に岡田首相は原田に次の内大臣は斎藤実（前首相）がふさわしいとの考えを述べ、一四日に原田はそのことを西園寺に伝え、西園寺も同意したらしい。また同じく辞意を示していた一木枢密院議長については、右翼の平沼騏一郎副議長の昇格を防ぐため、西園寺も岡田も一木の辞任を避ける方向で合意しつつあった（『西園寺公と政局』第四巻、三八六〜三九三頁）。この三ヵ月後に、陸軍青年将校のクーデターである二・二六事件で岡田内閣が倒れた際に、西園寺は近衛文麿を後継首相候補の第一に考えた。今回の牧野内大臣の後任人事で、岡田首相が当初に後任内大臣候補者として近衛の名を西園寺に思いつきとして伝えた際に、おそらく西園寺は近衛を首相候補として残したいために、明確な賛意を示さなかったのであろう。そこで岡田は、西園寺の意向を察知し、後任候補者を斎藤に変更したと推定される。

他方、木戸幸一（宗秩寮《そうちつりょう》総裁兼内大臣秘書官長）は、一二月四日には、内大臣の後任として近衛がふさわしいと考えていたが、一二月九日には前宮相で宮中に関わりの深い一木枢密院議長が斎藤説に傾き、一七日には昭和天皇までが斎藤がよいという意向を侍従次長に示した（ただし、湯浅宮相が難色を示すなら、湯浅を内大臣に、鈴木貫太郎侍従長を宮相にとの意向。『木戸幸一日記』一九三五年一二月九日、一七日）。こうして、地位が低くまだ権力の弱い木戸は浮き上がり、二一日から二二日までに元老西園寺・岡田首相・一木枢密院議長の間で、内大臣の後任を斎藤にしようという方向が固まった。西園寺は、内大臣の件は理屈からいえば宮相の所管であるが、事実においては重大な関係があるので岡田首相の意向が一番大切である、と原田から岡田首相に伝えさせ、岡田の最終的意向を原田に確認させた（『西園寺公と政局』第四巻、三九八〜四〇二頁、『木戸幸一日記』一九三五年一二月二一日）。この過程から、元老西園寺が自分の宮中関係の重要ポストの推薦権を、高齢のため岡田首相に代行させていることがわかる。この人事を、元老西園寺の影響力にふれず、岡田首相の役割にも特に注目せずに論じている研究もあるが、それは原田熊雄の談話筆記である『西園寺公と政局』の叙述を見落とし、『木戸幸一日記』を十分に読み込めなかった結果である。

第13章　二・二六事件と元老権力――西園寺による軍部抑制

二・二六事件と天皇の政治的成長

元老西園寺公望は、後退しながら慎重に陸軍や右翼の動きに対応したが、一九三六年（昭和一一）二月二六日に、二・二六事件が起きてしまった。これは、同日早朝に陸軍第一師団（東京）を中心にした青年将校が、約一五〇〇人の兵を率いてクーデターを起こし、内大臣に就任して間もない斎藤実や、軍事費の無原則な拡大を抑制しようとした高橋是清蔵相らを殺害、鈴木貫太郎侍従長に重傷を負わせた事件である。岡田首相も襲われたが、危うく難を逃れた。青年将校らは、彼らの信奉する陸軍軍人を中心に内閣を作り、積極的な大陸政策を進めようとした。

二〇一四年秋に公表された、宮内庁編の『昭和天皇実録』には、記録係ともいえる侍従の日誌など、従来未公開だった史料が使われ、この事件に対応した昭和天皇の行動について、いくつかの興味深い事実が明らかになった。

天皇が事件を知ったのは、当日の午前六時二〇分に起床した後で、同五六分に湯浅倉平宮相に会う。七時一〇分には本庄繁《ほんじょうしげる》侍従武官長に拝謁を許した（本庄が記憶にもとづいてのちに書いた『本庄日記』では、本庄の拝謁時間を一時間早く記述）。天皇は本庄に事件鎮圧を督促し、同日中に計一四回も会った。また広幡忠隆《ひろはたただたか》侍従次長を七時二〇分に召し、それ以降同日中に計六回召している。広幡侍従次長（公家出身）は宮内官僚として目立つ存在ではなかったが、鈴木侍従長が重傷を負って職務を果たせない代わりを務めたのである。

さらに重要なのは、天皇が川島義之《かわしまよしゆき》陸相に会って鎮圧を命じたのが、『本庄日記』の「午前九時頃」ではなく、午前一一時一三分であることである。またその前、一〇時一五分に海軍の長老で作戦責任者の伏見宮軍令部総長に拝謁を許している。このことから、天皇は海軍側の事件鎮圧を望む空気を知った上で、川島陸相に鎮圧を命じていることがわかる。

天皇が本庄侍従武官長に鎮圧の督促を行うのは、身近な宮中側近に意向を示すことにすぎず、天皇の御意向はこのようなものである、としか伝えられない。しかし、陸相に鎮圧を命じるのは、責任を持つ大臣への公式な命令である。撤回することが困難な行為であり、重みがまったく違う。

天皇が川島陸相に会ったのが従来いわれていたよりも二時間以上も後だったとわかったことから、本庄・広幡もしくは伏見宮らを通し、午前九時前には参謀本部内で固まっていた鎮圧方針（高橋正衛『二・二六事件』）が天皇にも伝わっていた可能性が強い。すなわち、天皇は事件の衝撃で感情的になって川島陸相に鎮圧を命じたのではなく、多くの情報を集め、落ち着いて事件に対応していたことが判明したのである。

またこの後も、二月二九日に事件が鎮圧されるまでに、天皇は引き続き本庄武官長のみならず広幡侍従次長にもたびたび会っており、二つのルートを使って情報を収集していたことがわかる。

践祚《せんそ》後一一年余り、牧野が内大臣を辞め、斎藤内大臣が殺害され、鈴木侍従長も重傷を負ったなかで、天皇は事実上一人でこのような決断ができた。三四歳の天皇は、政治家としても格段に成長していたのである。

天皇の成長ぶりを、後継首相推薦などを担う元老制度の観点から見ると、明治時代に明治天皇が元老制度を補完したように、今度は高齢化も加わり権威が衰えていく元老西園寺を、昭和天皇が補完する可能性が出てきたということである。

もっとも、天皇が事件発生の日の午前一一時過ぎに陸相に鎮圧を命じているにもかかわらず、実際に事件鎮圧の方針が決まったのは、それから一二時間も経ってからである。また天皇が鎮圧を実行せよとたびたび催促したにもかかわらず、実際に事件鎮圧に動いたのは事件発生から三日以上も経ってからであった。事件鎮圧後、天皇はある程度の達成感とともに、陸軍統制の困難さも改めて感じたはずである（伊藤之雄『昭和天皇伝』）。

二・二六事件という激震

二・二六事件の発生時、元老西園寺は興津《おきつ》の「坐漁荘《ざぎょそう》」にいた。「坐漁荘」の西園寺も青年将校らの襲撃目標に入っていたが、下士官・兵の利用問題で、前日に中止となった。

事件発生の報を聞いても、西園寺は落ち着いていた。いったんは政府から静岡県知事を通して警察部長に命があったということで、静岡市内の警察部長官舎や知事官舎に避難したが、二七日午後には「坐漁荘」に戻った。

ところが同じ頃、殺害された斎藤内大臣の後任人事に関し、宮中では異例のことが進行し始めた。それは、元老西園寺に相談なく、二月二八日朝までに、湯浅宮相と一木枢密院議長の間で、近衛文麿公爵（貴族院議長）が適当である、という合意ができていたことである。同日午前中には、湯浅宮相は近衛に対し、内大臣就任を求める内々の交渉すら行った。この間、木戸内大臣秘書官長から「坐漁荘」にいた原田に、近衛を内大臣にすることも多少考えておかねばならない、含んでおいてくれ、という電話があっただけであった。

新任で宮中の事情に疎い湯浅宮相や、辞任したがっていた一木枢密院議長が、積極的にこのようなことを行うとは考えられない。この裏では、内大臣秘書官長歴が数年に及び、宮中の事情や慣行にも通じた木戸が、動いたに違いない。木戸と近衛は青年華族として親しい関係であった。すでに述べたように、三月事件に西園寺や彼らが気づいた際に、連携して西園寺に対応を進言し、採用されたことがある。彼らは青年将校たちとも接触があった。

近衛や木戸ら若い華族は、中国本土で戦争を拡大したり、米・英と対決したりするのも辞さないと考えていたわけではない。しかし、ブロック経済化が進んだ世界の新状況に合った経済体制を作るべきだという考えにも影響されていた点で、元老西園寺とは異なっていた。

こうした背景のもとで、木戸は二・二六事件の衝撃を受け、西園寺のように宮中を軍部から隔離しておくのではなく、宮中と軍部の関係を密にし、軍部の意向をもっと理解して統制すべきであると考えたのであろう。その橋渡しになるのが近衛であった。このように一九三〇年代半ばになると、西園寺の考える宮中のあり方に対し、西園寺が期待した青年華族の間で批判的にとらえる動きが現れ、二・二六事件を機会に動き始めたのである。ところが近衛は内大臣就任を湯浅宮相に内々に打診されると、健康上の理由で辞退した。

内交渉とはいえ、すでに「坐漁荘」に戻り連絡可能な状態であった西園寺にまったく相談なく、内大臣の後任人事が進みかけた。西園寺は、元老としての自分の権威の低下を、そのまま受け入れようとはしなかった。近衛が内大臣就任を辞退したとの報が電話で伝わると、西園寺は湯浅宮相が内大臣に適当であるという意見を持っているようである、と私設秘書の原田を通して木戸に電話で伝えさせた。

その後、二月二八日に岡田首相は閣員の辞表を天皇に提出した。翌二九日午前八時半、陸軍はクーデター部隊を反乱軍として討伐すべく行動を起こした。すると、一木枢密院議長・湯浅宮相・木戸内大臣秘書官長の三人は、西園寺に相談することなく、内大臣が欠けた状況での後継首相推薦様式について決めた。それは、従来の内大臣の代わりを枢密院議長が行う内容で、「重臣」の召集については言及されていなかった。この内容を天皇に言上し、了承を得た。すなわち、西園寺の指示で三年前の二月に作られた後継首相推薦様式は、西園寺を介することなく変更されてしまったのである。

二月二九日の午後二時に、クーデターは大体掃討されたという奏上があると、一木・湯浅らは後継首相推薦の手続きを始めた。西園寺には、広幡侍従次長から電話で、後継内閣の組織について天皇が下問したいので、参内できるなら参内してほしいと伝えられた。勅使を出さずに電話で依頼するというのは、元老制度始まって以来のできごとであった。

西園寺は参内の命を受け、三月二日午後に参内して拝謁、後継内閣組織についての下問を受けた。次いで、湯浅宮相・一木枢密院議長と相談し、さらに木戸内大臣秘書官長から事情を聞いた。一木は、次期首相には平沼がよいとの考えであったが、西園寺は近衛を推薦するという考えで押し切った。木戸も近衛推薦に賛成した。

西園寺は、一木・湯浅・木戸らで変更され天皇の承認を受けた後継首相推薦様式には、そのまま乗ったが、首相の人選については自己の主張を押し通した。さらに三月四日に近衛に首相を引き受けるよう説得までした。しかし近衛は、健康上の理由を挙げて固辞した。それでも西園寺は天皇に近衛を推薦し、近衛は天皇から組閣の命を受けたが、結局組閣を辞退した。

西園寺は近衛が京都帝大に在学中から、彼に期待していた。しかし、この大事な時に近衛は受けて立つ勇気を見せなかった。八六歳の西園寺は事件発生以来の緊張の果てに大きな失望に見舞われて、一気に疲労に襲われ、時局を主導する気力をなくしたようである。

この後、三月六日に湯浅宮相が内大臣、松平恒雄《つねお》（駐英大使、秩父宮妃勢津子《せつこ》の父）が宮相に就任、三月九日に広田弘毅《ひろたこうき》（前外相）が組閣する。西園寺はこれらの人事を支援したが、主導的役割を果たしたのは、一木枢密院議長や湯浅宮相・木戸内大臣秘書官長らであった。

また、病気で辞任を求めていた一木に代わって、あれほど拒んでいた平沼騏一郎が三月一三日に枢密院議長になるのにも、西園寺が反対した形跡がない（伊藤之雄『元老西園寺公望』）。

元老として重みを増す

広田内閣は一三人の閣僚中、三名しか政党員を入閣させず、二・二六事件前の岡田内閣よりも官僚出身者の比率が上がった。しかし、組閣当初から弱体と見られており、衆議院の解散を主張する寺内寿一《てらうちひさいち》陸相を抑えられず、一年ももたずに一九三七年（昭和一二）一月二三日に閣内不一致で総辞職した。

そこで同日、湯浅内大臣と百武三郎《ひゃくたけさぶろう》侍従長（海軍大将）・広幡侍従次長・松平康昌《やすまさ》内大臣秘書官長と木戸幸一皇后大夫《だいぶ》（前内大臣秘書官長）らが後継首相の下問手続きを打ち合わせた（『木戸幸一日記』一九三七年一月二三日）。木戸も含めて五人もの人々が手続きを打ち合わせているのは、湯浅内大臣らが二・二六事件後に就任した人ばかりであったため、事件のことも考慮して元老西園寺の意に沿うように手続きを再確定していくことに自信がなかったからであろう。皇后大夫になり、後継首相推薦問題に直接関係のない木戸が加わっているのも、数年にわたって内大臣秘書官長を務めた経験に学ぼうというものであり、湯浅らの自信のなさを示している。

まず湯浅内大臣に下問があり、湯浅は元老西園寺に下問あるべき、と奉答した。その後、天皇は西園寺に下問するため参内を求め、それを侍従長が書面に記し、侍従職の職員が静岡県興津の「坐漁荘」まで持って行った。

すでに述べたように、一九三三年二月の下問手続き（非公表、成文化）を二・二六事件の際に宮相・枢密院議長らで変更し、今回は「重臣」に参内を求めないという点では、二・二六事件の際に行われた様式を基本的に踏襲している。これは主に、西園寺の健康上の理由から参内できない場合も考慮したからであろう。

西園寺は一九三七年一月二〇日に風邪を引き、治りかけてはいたが、まだ病床にあった（「熊谷《くまがい》八《や》十三《そぞう》日記」一九三七年一月一〇日〜二三日）。後継首相推薦において、元老以外で重要なのは湯浅内大臣であるが、就任して一年も経っておらず、宮相歴を加えても宮中のポストにいるのは四年に満たなかった。彼はまた首相はおろか閣僚の経験すらなかった。松平宮相や百武侍従長らも就任して一年にもなっていない。後継首相推薦の正当性のためには、どうしても八七歳になった元老西園寺の権威が必要であった。

西園寺が病床を離れられないということで、翌日、湯浅内大臣は一応参考までに平沼枢密院議長の意見を聞いた上で、興津に出向いて西園寺に面会した。

湯浅は西園寺と四〇分間ほど会談した。西園寺は、宇垣一成大将（前陸相、朝鮮総督）が後継首相にふさわしいとの意見を、湯浅に託した。西園寺は陸軍を統制するために、後継首相として宇垣が可能かという点については、陸軍内の評判を探るなど、以前から研究していた。すでにふれたように、二年近く前の天皇機関説事件の際にも、岡田内閣の次は宇垣内閣以外考えられない、と私設秘書の原田熊雄に漏らしていた。

湯浅は東京に戻り、天皇に西園寺の意見を伝えた。宇垣が参内を命じられ、一月二五日未明に組閣の命を受けた。

平沼が枢密院議長になったにもかかわらず、平沼を相談の正式メンバーに入れず、湯浅内大臣も後継首相の人選には積極的な役割を果たさず、元老西園寺が中心になったのが、今回の特色である。*

＊ジャーナリズムもこの状況を感得し、「園公今日中にも奉答」「西園寺公推薦の事情」（『東京朝日新聞』一九三七年一月二四日、二五日）、「西園寺公へ御下問」「園公、御下問に奉答」「破局の政界道標―こゝ坐漁荘」（『読売新聞』一九三七年一月二四日、二四日号外）、「西園寺公へ御下問」「内府興津に急行、園公に御下問伝達」（『東京日日新聞』一九三七年一月二四日、二四日号外）など、元

老西園寺にのみ注目した記事を掲載している。

近衛が毅然として軍部を抑える気で組閣を引き受ける気がないなら、陸軍内で反発があることを考慮しても、陸軍を抑えて中国本土での軍事行動が起きないようにできる可能性が最もある人物は、宇垣しかいなかった。激動の時代において、西園寺は最も首相にふさわしい人物を選んで、世間を納得させるにはどうすればよいのかということを、過去に作られたルールよりも重視した。このため、これまでも後継首相推薦の手続きを非公表とし、天皇（摂政）と元老西園寺・内大臣・宮相ら宮中側近の間のみにしか伝えなかったのである。もちろん、慣例を無視することで後継首相推薦の正当性が失われないかについては、常に気を配っていた。この意味で、伊藤博文と同様に西園寺は、あるべき理想を状況に即して柔軟に考える、本当の理想主義者であり、かつ現実主義者であった。

宇垣が組閣できず希望をなくす

宇垣が組閣を命じられたことについては、政党・財界や多くの国民は共鳴し、宇垣への期待が高まった。ところが陸軍や右翼は、このような宇垣を歓迎する空気に反発し、脅威すら感じた。

二・二六事件後、軍部の圧力で一九三六年（昭和一一）五月に陸・海軍省官制が改正され、陸・海軍大臣は現役の中将または大将でなければならなくなった。宇垣は陸相経験者であったが、予備役に編入されており、陸軍が陸相を出さない場合に、宇垣が陸相を兼ねることはできなかった。

陸軍内には宇垣排撃の声が高まり、結局宇垣は陸相候補者を得られなかった。一九三七年一月二七日朝、宇垣は湯浅内大臣に三つの対策を示して、暗に宮中方面の協力を求めた。それは、①陸相を任命しないまま、宇垣首相が陸相「事務管理」となる、②現役の将官に天皇が「優詔」を与えて陸相に就任させる、③予備役将官〔宇垣か宇垣の腹心の将官〕を現役に復活させる、ことである。

いずれも天皇の協力がないと実現できず、実施すれば陸軍の強い反発が予想される。クーデターが起こるかもしれないのみならず、陸軍を屈服させられないと、天皇やそれを推進した元老・内大臣らの権威は一挙に地に落ち、収拾のつかない状況になる可能性があった。

元老西園寺は積極的に動かず、湯浅内大臣も宮中が宇垣に協力することを断った。これは昭和天皇の判断でもあった。

一月二九日正午、宇垣は天皇に組閣の辞退を申し出た。次の後継首相についても、西園寺が病床にあったため、「坐漁荘」に湯浅内大臣が派遣された。西園寺と湯浅は相談の結果、平沼枢密院議長を第一候補とし、陸軍の求める林銑十郎《はやしせんじゅうろう》（前陸相、満州事変勃発後の独断越境時の朝鮮軍司令官）を第二候補とすることにした。二・二六事件で、平沼と親しい荒木貞夫ら皇道派系の将官が失脚したため、陸軍を統制する自信のない平沼が辞退したので、林が組閣の命を受け、二月二日に林内閣が成立した。

実は西園寺は、後継首相推薦のため二度目に「坐漁荘」を訪れた湯浅内大臣に、自分が後継首相についての下問と奉答に携わることを辞退したいと申し出たようである。その理由として西園寺は、天皇の召しに応じることができず、人に会うことも少なくなり人を知らないことを挙げた（『西園寺公と政局』第五巻、二六二頁、増田壮平『坐漁荘秘録』二四七頁）。これは表向きの理由で、宇垣の組閣ができなかったことで、もはや元老としての仕事に希望が見いだせなくなったからである。

しかし、西園寺の奉答辞退の意向は、昭和天皇や、湯浅内大臣ら宮中側近には受け入れられなかった。後継首相推薦の人選の実務は、彼らが担うとしても、元老西園寺によって、後継首相推薦の正当性を少しでも得たかったのである。*

*この後、「元老・内大臣・重臣協議方式」から「内大臣・元老協議方式」ないし「内大臣・元老・重臣協議方式」へと移行し、西園寺は「半元老」とでも言うべき存在となったとの見解もある（永井和『青年君主昭和天皇と元老西園寺』二二六頁）。しかし、これらは西園寺の状況や気持ちを踏まえない、形式的な類型論である。すでに実態を見てきたように、一九三七年一月に宇垣が組閣を辞退するまでは、西園寺が一人元老として責任を持ち、内大臣らの協力を得ながら、後継首相推薦や宮中関係の人事などを、実質的に一人で最終的に決め、天皇に推薦していたのである。また、この後は元老としての仕事に希望を見いだせなくなり、八七歳という当時としては異例の高齢であった

ことも加わり、一気に気力をなくして、元老としての仕事を事実上放棄したのであった（伊藤之雄『元老西園寺公望』）。

第14章　太平洋戦争は避けられないか——天皇の尽力と内大臣の輔弼

天皇と湯浅内大臣の連携

陸軍出身の林銑十郎首相は、組閣後約三ヵ月で議会との関係に見通しをなくし、辞意を固め、次の首相として近衛文麿を希望した。近衛は軍のみならず財界・政党など各方面から人気が高かった。

一九三七年（昭和一二）五月下旬になると、昭和天皇は六回も湯浅内大臣に拝謁を許している（『昭和天皇実録』一九三七年五月二〇日、二一日、二四日、二六日、二八日）。林内閣の後継についての問題と推定される。前章で見たように、林の奏薦以降に西園寺は後継首相推薦についての気力をなくした。また湯浅は内大臣としての政治力が弱かった（松田好史『内大臣の研究』）ので、昭和天皇が意欲を出さざるを得なくなったのである。

五月三一日、林首相が閣僚全員の辞表を奉呈すると、天皇はただちに湯浅内大臣に下問した。湯浅は、枢密院議長平沼騏一郎・宗秩寮総裁木戸幸一・内大臣秘書官長松平康昌と協議した結果、さらに西園寺の推薦も得て、近衛を首相候補者としたいと奉答した（『昭和天皇実録』一九三七年五月三一日)。

ここで注目すべきは、湯浅内大臣に下問があり、湯浅は平沼や松平秘書官長と協議の結果、ほぼ近衛と決めたことである。元老西園寺には近衛でよいと確認を求めるだけになってしまった。これは実質的に湯浅内大臣の一人推薦制に近い、新しい形式であった。このような形になったのは、陸軍も含め各界で近衛が次期首相にふさわしいとの流れができていたので、首相候補者を選択するのが難しいことではなかったからでもある。

翌六月一日、湯浅内大臣は静岡県興津の「坐漁荘」に西園寺を訪ね、近衛推薦で一致した。その後、近衛にも会見して大命を受けることを確認し、天皇に奉答した。天皇は近衛に組閣を命じた(『昭和天皇実録』一九三七年六月一日)。六月四日、近衛内閣は政党からの二人の入閣者も含めた官僚系の挙国一致内閣として出発した。

ところが、それから約一ヵ月すると、中国本土で日中戦争が始まり、戦火は拡大し終着点を見失って、近衛内閣は行き詰まっていった。一九三八年末になると、近衛首相が辞任したら次は平沼枢密院議長を首相にとの話が、近衛首相・湯浅内大臣・木戸幸一厚生大臣らの間で決まっていった。陸軍が平沼を望んでいるので、平沼に陸軍を統制させようとの考えであった。

湯浅は内大臣、近衛は首相として後継首相人選に関与するのは従来の慣行の範囲内であるが、非公式でも厚生大臣の木戸が後継首相選定に関わるのは異例である。これは、木戸が内大臣秘書官長時代に、湯浅内大臣の経験が浅かったため、軍部等の情報収集などを通し、実質的に後継首相推薦に関わっていたことの延長線上にある。木戸は次の内大臣の有力候補でもあり、インフォーマルに後継首相推薦に実質的に関わり始めたのである。

年が明け、一九三九年（昭和一四）になると、一月二日から天皇は湯浅内大臣に毎日拝謁を許している。一月四日に近衛首相が全閣僚の辞表を奉呈すると、天皇は湯浅内大臣に元老西園寺の「意見を聴取する」ことを命じた（『昭和天皇実録』一九三九年一月二日〜四日）。

この経過から後継首相は、近衛・木戸らとの相談の結果がすでに湯浅内大臣から天皇に伝えられて実質的に決まっており、元老西園寺には下問でなく、参考のために「意見を聴取」したことがわかる。

希望をなくす西園寺

同日に湯浅内大臣は「坐漁荘」に西園寺を訪れ、その意見を聞き、「自己の責任」で平沼を後継首相に推薦した。今回も「重臣会議」は開かれなかった。近衛内閣・平沼内閣の成立過程から、内大臣の権力を補完するため、後継首相選定前や過程において、昭和天皇が内大臣と緊密に意思疎通を図ったことが注目される。また、後継首相推薦の役割は内大臣に移っていることが確認される。もっとも、湯浅内大臣や近衛・木戸らと異なり軍部に迎合しないという点で原則的であった西園寺には、もはや推薦すべき人物が見いだせなかった。

このように政治への意欲をなくしていくにしたがって、八九歳の老人の生活は急速に張りを失っていった。同一九三九年（昭和一四）三月に、西園寺は自分の直筆とされている揮毫《きごう》の鑑定を頼まれて、熊谷八十三《くまがいやそぞう》執事を相手にその書と向き合った。その字句の中に、「処世若大夢」（処世は大夢の如《ごと》し〔人生は大きな夢のようである〕）というのがあった。西園寺はその文章を見て、「わし等のは小夢の如しだね」と熊谷に話しかけた。

西園寺が執事の熊谷と自分の人生を同列に並べて、「わし等のは小夢」と自嘲《じちょう》気味に振り返るところに、最後まで尽力してみたがどうにもならなかった西園寺の無念さがにじんでいる（伊藤之雄『元老西園寺公望』三二八〜三三〇頁）。

三国同盟を嫌う天皇

平沼首相は、反ソ（反共）というイデオロギーから世界を見がちであり、元来しっかりした国際観・外交観を持っていなかった。陸軍が推進しようとする日・独・伊三国軍事同盟締結への対応に苦慮し、一九三九年（昭和一四）八月末に独ソ不可侵条約が締結されると、前途の見通しに自信をなくした平沼首相は、八月二八日に全閣僚の辞表を提出した。

この間、八月五日の首相・陸相など重要五閣僚からなる五相《ごしょう》会議で、板垣征四郎《いたがきせいしろう》陸相が三国軍事同盟締結を提案すると、昭和天皇は同盟を嫌い、陸相に考えを変えることを望んだ。八日から一三日にかけて、六回も湯浅内大臣に拝謁を許している（『昭和天皇実録』一九三九年八月八日～一三日）のは、同盟の問題と、平沼内閣の存続の問題も関係しているのであろう。

その後も天皇は同盟について心配し、侍従武官長畑俊六《はたしゅんろく》大将や板垣陸相に下問した。一九日には湯浅内大臣に一時間も拝謁を許した後、同じ日にさらに二度も拝謁を許している。二〇日から、平沼が辞表を出す日となる二八日にかけても、九回にわたって湯浅に拝謁を許した（『昭和天皇実録』一九三九年八月一六日～二八日）。

湯浅が内大臣に就任して三年半近くになり、近衛や木戸らから軍部の動向等の情報収集を行い、天皇の第一の相談役としての地位を定着させたのである。しかし、近衛・木戸らに対し、湯浅がどの程度主導権を持っていたのかは不明である。ましてや、陸軍への影響力はあまりない。

陸相人事への介入

平沼首相が辞表を奉呈すると、天皇は湯浅内大臣を召し、後継首相について下問した。この頃までに陸軍の要望もあって阿部信行《あべのぶゆき》陸軍大将（木戸の親戚《しんせき》）を選ぶことが固まっており、湯浅内大臣は近衛枢密院議長と面談、次いで御殿場《ごてんば》で避暑中の西園寺と面談し、その日のうちに天皇に拝謁して、阿部を第一候補として推薦した。

天皇は阿部に組閣を命じ、憲法を守り、時局並びに財政について英米と調整するように命じた。さらに、自分は陸軍に対して長い間不満を持っており、陸軍には粛正が必要であるとして、陸相には畑俊六侍従武官長か梅津美治郎《うめづよしじろう》陸軍中将の他適任者がいないので、三長官（陸相・参謀総長・教育総監の陸軍三幹部）の反対があっても実行するつもりである、と述べた（『昭和天皇実録』一九三九年八月二八日）。

このように昭和天皇や湯浅内大臣・近衛・木戸の意図は、陸軍内で拒否されない阿部大将を首相にし、陸軍を統制、三国同盟の締結を防ぎ、英米との関係悪化を避けようというものである。もちろん日中戦争の終結も目指していたことは間違いない。それまで数年間、三長官によって陸相の人選を行うことが定着していたにもかかわらず、* 天皇が組閣の命を受けた陸軍出身者に対して、陸相人選について名前まで挙げるのは異例である。しかし、これは天皇の意思表示のみであり、公式に陸相を任命したわけではない。天皇はギリギリのところで君主機関説的天皇の枠内にとどまったといえる。

*後任陸相の人事は、一八九〇年代末より、山県有朋を盟主とする山県系官僚閥の陸相が山県と相談して行い、山県や陸相を中心に陸軍を統制してきた（伊藤之雄『山県有朋』）。山県没後も、陸相や陸相経験者の大物が影響力を及ぼしたが、軍政経験に乏しい南次郎が一九三一年陸相に就任すると、陸相権力は衰え始めた。こうして、一九三四年に荒木貞夫陸相の後任に、林銑十郎が選定された時から、三長官会議によって陸相が選定・推薦され、天皇が任命するようになった（森靖夫『日本陸軍と日中戦争への道』第三章、四章）。

当時は、首相権力が実質的に弱まった上に、元老が事実上存在しなくなり、内大臣はそれに取って代わる実力がない状況で、国際情勢が悪化していた。このため、天皇が元老の権力に代わる形で政治に乗り出さざるを得なくなったのである。

ところが陸軍首脳は、すでに八月二八日に天皇が組閣を控えた阿部大将に伝えた陸相候補者とは別の、磯谷廉介《いそがいれんすけ》（陸軍中将）と多田駿《ただはやお》（同）を候補者として固めていた。それが二九日の朝刊に掲載されると、天皇は畑侍従武官長を召して、この二人には不同意であり、「自分の信頼する者を任命すべき旨」を「激しい」言葉で述べ、その旨を陸軍大臣に伝達するよう命じた。

板垣陸相が閣議中だったので、畑侍従武官長は山脇正隆《やまわきまさたか》陸軍次官を呼んで、朝の天皇の言葉を伝えた。すると山脇次官は、昨日の阿部大将への言葉はただちに陸軍首脳に伝達されており、今朝の三長官会議で畑を後任陸相に推薦すると決まったことを説明し、畑に陸相就任を求めた。畑は承諾した。こうして、八月三〇日に阿部内閣が成立した（『昭和天皇実録』一九三九年八月二九日、三〇日）。

この過程は、天皇が強い意思を示せば、陸相人事に影響力を与えることができたことを示している。しかし、天皇は憲法を逸脱した専制君主ではなく、憲法下の君主（君主機関説的な天皇）であるため、天皇の意思を国民に公表したり、陸相人事を行う三長官に直接発言したりはしていない。組閣を命じられた阿部大将や、天皇の宮中側近の一人ともいえる侍従武官長に対して述べ、間接的に責任者に伝わるようにしただけであった。

状況の悪化を防ぐため、明治憲法体制が安定した一八九〇年代後半以降において、明治天皇や大正天皇が行わなかったことまで、昭和天皇は憲法の枠内ギリギリで行い始めたのである。

天皇の影響力の限界

問題は、人事面で天皇が間接的に影響を及ぼしても、天皇の望むように、三国同盟締結を阻止し、米・英など欧米主流との協調外交を行える保証は、どこにもないことである。陸軍がそれなりに受け入れられる人物であれば、その人物が、最後のところで陸軍と正面対決して陸軍の方針を変えさせることまではしないからである。天皇や湯浅・近衛・木戸らが期待した阿部首相や畑陸相も、そうであった。

さらに悪いことに、一九三九年（昭和一四）九月一日にドイツ軍がポーランドに侵攻して第二次世界大戦が始まり、ドイツは勢いに任せ占領地を広げていった。この状況下では、結局、三国同盟への流れを変えることはできなかった。

阿部内閣は直接的には、衆議院の解散をめぐる陸・海軍大臣との対立により、組閣後四ヵ月半ほどで辞表を提出した。

昭和天皇はこの状況を見て、海軍の有力者で陸軍に迎合せず、陸相も得ることができる人物を首相にすることにより、流れを変えるしかないと思ったようである。それは、湯浅内大臣・近衛・木戸らの意見を天皇が採用して成立した阿部内閣が、成功しなかったからである。

米内内閣への天皇の意思

天皇は、一九四〇年（昭和一五）一月八日に湯浅を召してから一三日までに、計七回も拝謁を許している。そのうち一〇日の拝謁は、一時間一〇分に及んだ。さらに阿部が総辞職を決意し奏上した一二日には、午前・午後と二度、翌一三日には一時間にわたって湯浅に拝謁を許した。この間、阿部が総辞職を決意する二日前、一〇日に伏見宮博恭《ひろやす》軍令部総長が用兵事項に関する上奏をした際に、米内光政《よないみつまさ》大将（前海相）を後継首相とすることについて、海軍の意向を下問した。はっきりした回答がなかったのか、天皇は一一日にも同じことを伏見宮軍令部総長に下問している（『昭和天皇実録』一九四〇年一月八日〜一三日）。

これらの経過から、天皇が米内内閣の成立を望み、湯浅内大臣を使ってその実現を図っていることがわかる。天皇は自分が表に出ない形で、元老の果たしていた役割を行うようになったのである。

一九四〇年一月一四日、阿部首相が全閣僚の辞表を提出すると、天皇は湯浅内大臣に後継首相について下問した。次いで、百武三郎《ひゃくたけさぶろう》侍従長を通じ、枢密院議長および首相の前官礼遇を受けた者に対し、後継首相に関する意見を内大臣に申し述べるようにとの天皇の言葉を伝えた（『昭和天皇実録』一九四〇年一月一四日）。

後継首相は、昭和天皇の意向に沿い湯浅内大臣が動く形で米内大将に事実上決まっていたのであるが、さらに昭和天皇の意向で枢密院議長と首相の前官礼遇者が後継首相について内大臣に意見を述べることになった。

この形の「重臣会議」の復活は、一九三三年二月の様式に戻ることになる。米内は陸軍の望む首相候補者ではなかったので、天皇は「重臣会議」を復活させて首相としての米内の威信（権力の正当性）を増そうとしたのである。

「重臣」のうち、岡田啓介（前首相）と平沼騏一郎（前首相）は米内に同意し、近衛文麿（前首相、枢密院議長）は第一に池田成彬《いけだしげあき》内閣参議（前蔵相・商工相、三井財閥の幹部）を推し、第二に米内に賛成した。その後、湯浅内大臣は内大臣秘書官長松平康昌を西園寺のもとに派遣した。西園寺も米内を推すことに異存はなかった。

こうして、その日のうちに米内に組閣の命があった。その後、天皇は畑陸相を召し、米内内閣に対する陸軍の態度を質問し、畑から協力するとの奉答を得た（『昭和天皇実録』一九四〇年一月一四日）。畑陸相への態度にも、天皇の米内内閣設立への意思がわかる。

昭和天皇が敗戦の翌年三月から四月にかけて、敗戦までを回想した『昭和天皇独白録』（四九頁）にも、「米内はむしろ私の方から〔首相に〕推薦した」、「日独同盟」に反対していた伏見宮に米内を首相にすることを相談したところ、差し支えないとの意向だったので、「日独同盟論」を抑える意味で首相に任命した、とある。敗戦後一年も経たない時期に行った回想において、天皇は正直だったのである。

もう一つ興味深いのは、推薦する首相候補者が見いだせなくなり、投げやり気味であった元老西園寺が、三国同盟交渉が進展する状況下で意見を問われ、米内に異存はないと答える等、少し気を取り直していたこともわかる。西園寺は米内を擁立する空気が出たことを好ましく思ったのであろう。しかしこの頃の西園寺は、一九四〇年一月七日に胃痛を感じ食事があまり進まなくなっていた。その後一月一七日になると軽い風邪にかかり、二一日に軽い脳貧血を起こし、体調は悪くなっていったが、二月一〇日にようやく快方に向かい始めた（伊藤之雄『元老西園寺公望』三三三頁）。すでに西園寺は、後継首相の下問を受けるのでなく意見を求められるにすぎないようになっていたが、それでも体の限界が近づきつつあった。

話を元に戻そう。昭和天皇が期待をかけた米内内閣は、一月一六日に成立した。

木戸内大臣と「重臣会議」様式の定着

湯浅倉平は、内大臣を二・二六事件後から約四年三ヵ月務めた後に病気のため辞任し、一九四〇年（昭和一五）六月一日に木戸幸一内大臣（前内相）が就任した。陸軍など各界に受けのよい近衛文麿（前首相）・湯浅内大臣・米内光政首相らが一致して推挙したためで、元老西園寺も賛成したという。

木戸はこの時五〇歳で、内大臣としては異例の若さであった。木戸は一九三〇年から内大臣秘書官長を務め、青年将校との接触もあって宮中や軍部の事情に詳しい。このため、一九三六年に二・二六事件が起きると、内大臣の人事に関与しようとしたり、広田弘毅を後継首相にする相談に関わったりするなど、ポストを越えて元老や内大臣の専権事項に発言をした。結局、同年七月に宗秩寮《そうちつりょう》総裁の専任となり、内大臣秘書官長を退任したが、青年華族同士で近衛文麿と親しいなど、将来の内大臣の有力候補だった。いよいよ、実力のある本命内大臣が誕生したのである。

木戸が内大臣に就任して一ヵ月半した一九四〇年七月一六日正午に、畑陸相が辞表を提出したので、その日の夜に米内首相は全閣僚の辞表を奉呈した。四ヵ月前から、近衛文麿前首相を中心とした新党を作り、それを背景に第二次近衛内閣を組織して、日中戦争を解決しようとする計画が進んでいた。彼らは、新党が既成の政党の離合集散に終わらないよう、この運動を「新体制運動」と呼ぶことにした(伊藤隆『近衛新体制』)。陸軍はこの動きに乗り、近衛に再び組閣させて内閣や各界の団結を強め、陸軍の意向を通そうとしたのである。昭和天皇があれほど期待した米内内閣も、このような流れの中で陸相が辞表を提出すると後任陸相を得る見込みがないため、わずか半年で倒れてしまったのだった。*

＊昭和天皇が三国同盟への流れを止めるため、米内首相や畑陸相を就任させ、彼らにいくら期待しても、畑陸相が辞任して米内内閣を倒し、天皇のみならず元老西園寺を失望させてしまう。これには、当時の陸軍エリート将校層に形成されていた人事慣行と東アジアや世界の新秩序を作らないと日本

は生き残れないとする思想が関係していた。一九三九年九月三〇日に武藤章《むとうあきら》が陸軍省の枢要ポストである軍務局長に就任する前、山脇正隆陸軍次官の諮問で、軍務局内の課長などを中心にいろいろ議論し、武藤に決まり、武藤が任命された。この時の武藤は、すでに欧州で始まり拡大していた第二次世界大戦に不介入の上で、「国防国家体制」の確立のため国内体制を整備し、かつ日中戦争を早期解決することを当面の課題として考えていた。武藤は、第二次世界大戦の勃発によって、世界は「戦国時代」となり、弱肉強食の修羅場と化している、ととらえた。列強諸国は、いずれも競って「国防国家体制」を作りつつあるので、日本のみ局外に立ち、「安閑《あんかん》」としていることは不可能である、一刻も早く「国防国家体制」の建設を推進するべきだ、と主張していた（川田稔『昭和陸軍全史』3、一〇～一一三頁）。

武藤のように、旧来の欧米協調の秩序では日本は存続できないと考える人物が軍務局内の総意で選ばれ、また陸軍省・参謀本部でも同様のことが行われていると推定すると、欧米協調（彼らのいう旧秩序）に理解のある、比較的広い視野を持った陸相が就任しても、陸軍各部局を統御できなくなる。また、その陸軍が一丸となって、欧米協調（旧秩序）を維持しようとする内閣を倒すことも難しくない。すなわち、一九三〇年代に出現した陸軍内の一見民主的な人事（いわゆる陸軍内の「下克上」）によって、視野の狭い中堅エリート将校らが集団となって国政の方向を実質的に決めていくという、無責任な状況が作られていったのである。

畑陸相が辞表を提出すると、天皇は木戸内大臣に拝謁を許し、すでに研究の上で決定している内閣更迭の場合の後継首相の選定方法について木戸から内奏を受け、承認した（『昭和天皇実録』一九四〇年七月一六日)。

これは、元老の位置を除けば基本的に一九三三年二月の「重臣会議」を規定した後継首相推薦様式と同じであった。ただし、一九四〇年一月に復活した、内大臣に下問があり「重臣」を宮中に会同して一緒に「協議」する、という点が最も異なっている。すなわち「重臣」の位置づけが強まったのである。

また、これまで「重臣」の範囲は枢密院議長と首相の前官礼遇を受けた者とされていたが、ここでは枢密院議長と元内閣総理大臣としたことも、違っていた。これは陸軍の恣意《しい》で短命内閣が続き、疑獄などで辞任しなくとも、任期が短いため先例上で前官礼遇が得られないことも多くなったからである。先例では、首相の場合は三年以上在任することが必要だったからである(井原頼明『増補皇室事典』三二〇頁)。

元老の意見を聞くことは、内大臣かその意を受けた秘書官長が「相談の上」とし、元老と意見が違っても差し支えない形に、文章上で表現された。一九三七年一月の宇垣一成の組閣辞退以来、西園寺は元老として意欲をなくしており、また一九三九年から内大臣が「自己の責任」で後継首相を推薦しており、実質的には同様である。

元老西園寺の奉答辞退と死

すでに述べたように、一九四〇年(昭和一五)七月一六日の夜に米内内閣が辞表を提出すると、天皇は木戸内大臣に後継首相について下問し、一七日に「重臣」が召集された。木戸内大臣と原嘉道《はらよしみち》枢密院議長、首相経験者の近衛・若槻・広田・岡田・平沼・林が相談し、近衛が後継首相に推薦された（『昭和天皇実録』一九四〇年七月一七日）。

その日の夕方に、内大臣秘書官長が「坐漁荘」に西園寺を訪れ、木戸内大臣と「重臣」の会議の結果を報告して同意を求めた。すでに同日朝、私設秘書の原田熊雄が、近衛が再度組閣することになりそうだという情報を持って来ていた。西園寺は原田に、「今頃、人気で政治をやろうなんて、そんな時代遅れな者じゃ駄目だね」と話していた。

内大臣秘書官長から近衛を後継首相にすることへの同意を求められると、西園寺は、自分はもう老齢で、この間病気でもあり、世の中のことも的確にわからないので、「この奉答だけは御免蒙《ごめんこうむ》りたい」と、意見を述べることを辞退した（『木戸幸一日記』一九四〇年七月一六日～一七日、『西園寺公と政局』第八巻、二八一～二九一頁）。

西園寺は、第一次近衛内閣を見て、近衛がいろいろな人に合わせて気に入られるような言動を取ってしまう、弱い性格の持ち主であることを、しみじみわかっていた。必ず陸軍に引きずられて日本を危うくするに違いないと確信した。老齢と病気を理由に、形式的な奉答すら辞退したのは、西園寺の元老としての意地とささやかな抵抗であったともいえる。

西園寺が意見を述べるのすら辞退したことに対し、木戸内大臣は、西園寺はわからないということで近衛に強く反対するわけでもないようだと判断し、このまま進むことを天皇に奉答した。天皇もこれを受け入れ、七月二二日に第二次近衛内閣が成立した。

昭和天皇も木戸内大臣も、近衛首相に陸軍を抑えることを期待した。しかし、「坐漁荘」に引き籠《こも》って病気がちの九〇歳の老人の近衛観の方が、正しかった。第二次近衛内閣ができて二ヵ月後、九月二七日に日独伊三国軍事同盟が調印された。

ドイツは前年秋より、イタリアはこの年六月より、英・仏等と戦争を始めており、米国はイギリスを兵器や物資等で援助していた。三国同盟は、ヨーロッパの戦争と日本を結びつけることになり、日本は米・英との開戦へ大きな一歩を踏み出したのである。

三国同盟からさらに二ヵ月経った一一月二四日、西園寺は腎盂炎《じんうえん》などが悪化するなか、高齢による衰弱で死去した。こうして、昭和天皇・内大臣・「重臣」などが、とりわけ昭和天皇がその権力を吸収し、形式的な存在となっていた元老は、この世からいなくなったのである。

*

その後も、太平洋戦争開戦前の第三次近衛内閣の成立、東条英機《とうじょうひでき》内閣の成立まで、木戸内大臣に下問があり、昭和天皇の意向を理解した木戸内大臣を中心に「重臣」が会合して後継首相を推薦した。しかし、天皇・木戸内大臣らの後継首相選定の尽力にもかかわらず、日本は太平洋戦争に突入してしまった。

「重臣」が大きな意味を持ったのは、一九四四年（昭和一九）七月の東条内閣倒閣と、小磯《こいそ》国昭《くにあき》・米内連立内閣の成立、一九四五年四月の鈴木貫太郎内閣の成立に関してであった。戦争終結に向けて、天皇も木戸内大臣もこれらの内閣に期待した。小磯・米内内閣末期には、小磯首相では戦争を終結させられそうもないと判断した天皇は、繆斌《みょうひん》工作という和平を探る工作の中止を小磯首相に命じ、同内閣が倒れる直接のきっかけすら作った（『昭和天皇実録』）。木戸内大臣がいたとはいえ、有力な元老がいないなかで、天皇は君主機関説的な枠組みを多少逸脱気味になっても、犠牲者を少しでも少なくするために、戦争終結を急がなければならなかったのである。

無条件降伏での終戦への本格的な動きは、広島の原爆（八月六日）とソ連参戦（八月九日朝）により、陸軍の「本土決戦」主張者の意思が弱まったと天皇が判断し、木戸内大臣に命じて始まった。こうして、八月一五日にようやく戦争は終わった（伊藤之雄『昭和天皇伝』）。

同日の東久邇宮内閣、一〇月の幣原喜重郎内閣の首相推薦は、木戸内大臣に下問があり、「重臣」の召集が困難との理由で、木戸と平沼枢密院議長のみで行われた。これらは米国（その後GHQ）の意向を考え、天皇の意を受け、木戸内大臣が中心になって行ったものである。しかし、実質的な後継首相推薦は東久邇宮で終わっており、一一月には内大臣は廃官となってしまった。

一九四六年五月に吉田茂《よしだしげる》内閣（衆議院の第一党自由党が与党）が成立する際は、吉田についてGHQの同意を得た後、前首相の幣原が、後継首相の天皇への形式的な推薦を行った

（『昭和天皇実録』）。その翌年、五月三日に日本国憲法が施行されたので、後継首相は現在のように国会の投票で決まるようになった。

このように、内大臣が中心となった後継首相推薦も、元老中心の推薦と同様に、状況に対応しながら正当性を保持するために、様式は柔軟に変えられた。また状況の悪化に対し、有力元老がいないので、やむにやまれず天皇が憲法の枠内ギリギリのところまで介入したことが特色である。すなわち、元老の機能は、内大臣などに受け継がれたというより、昭和天皇と内大臣などに受け継がれていったのである。

終章　元老制度と近代日本——果たした役割とは

近代日本に果たした役割

後継首相は、国会（大日本帝国憲法下では帝国議会）の投票で選出される方が、法令にないインフォーマル（非公式）な機関である元老が選定して天皇に推薦するよりも、民主的である。しかし、帝国議会開設後、後継首相を帝国議会の衆議院の多数党の意思によって選出し天皇が形式的に承認して組閣するという形をすぐに採用する方が、日本の発展にとって本当によかったといえるだろうか。

開発途上国が先進国の例を模倣して民主主義的政治制度を作るのは、それほど難しいことではない。しかし、第二次世界大戦後から現在に至るまでの開発途上国では、いきなり民主的な政治制度を作っても、政治や経済がうまくいかず、治安維持すら成功しない例が数多く見られる。明治維新後の日本も列強に比べると開発途上国に近く、外交・内政両面で近代化を支える国民意識の成熟には時間がかかった。このことを考慮すると、元老制度の果たした積極的役割が見えてくる。

本書では第一に、元老が近代日本の外交・内政にどのような役割を果たしたのかを検討した。

元老のなかで中心的な役割を果たしたのは、まず伊藤博文であり、次いで一九〇〇年（明治三三）以降には伊藤と山県有朋、一九〇九年一〇月に伊藤が暗殺された後は山県であった。しかし、山県は第一次世界大戦終了前後になると、新しい時代状況への適応に自信をなくし、最初の本格的政党内閣である原敬内閣の原首相に依存するようになっていった。その後、一九三七年（昭和一二）初頭まで、西園寺公望が元老の中心だった。

元老の伊藤・西園寺や原首相は、帝国主義時代の列強間の国際規範や、形成途上の近代国際法を理解した。その上で、日本の国力の限界を常に考え、何よりも国際協調と東アジアに安定した国際秩序を形成することを重視し、日本の近代化に加えて政党政治の確立という民主化を促進した。山県は伊藤・西園寺・原首相と異なり、政党の台頭を抑制し藩閥官僚・官僚政治を維持しようとしたが、極端な対外膨張主義者・植民地主義者でなく、列強や中国との関係が悪化して日本が国際的に孤立することがないようにと、常に考えていた。

すなわち元老は、後継首相推薦やその他の重要問題で天皇を輔弼（補佐）することで、日本の国際協調と民主化・近代化を安定して進めていくことに、全体として寄与したといえる。明治維新の際に小国であった日本は、第一次世界大戦後に米・英に次ぐ三大国の一つにまで発展し、国際連盟の常任理事国になり、一〇年以上、ウィルソン主義にもとづく新しい世界秩序を支える側に立った。その要因の一つは、世界や東アジアの流れに対する長期的なヴィジョンを持った元老が、後継首相推薦などを通して外交・内政の調整と方向付けを行ったことにある。

天皇との関係

本書では第二に、明治・大正・昭和の三天皇と元老の関係を見てきた。三天皇ともに、伊藤が大枠を設計した憲法に従い、君主機関説的な天皇であろうとしていたが、三人の個性や置かれた時代状況、側近の能力などに影響され、その行動はある程度異なっていた。

明治天皇は伊藤を最も信頼し、君主機関説的な憲法観を理解し、それに従う行動を習得してゆき、必要な場合に調停的に政治に関与して影響を及ぼすことで、権力の正当性を形成し確立した。また、全体の最終的な調停者としての天皇の役割を損なわない形で、外交・内政両面で伊藤の目指す方向を支持した。

大正天皇は政治の教育を受ける機会がなく、山県に抑え込まれ、最終的には病気で政治にまったく関われなくなった。しかし、国際協調やイギリス風の立憲政治に対する志向があり、それは裕仁皇太子に影響を及ぼした。それのみならず、大正天皇が病気になる前に醸し出していた空気は、のちに原が組閣し、イギリス風の政党政治を確立しようとして活動する支えとなった。

元老西園寺と、二五歳で践祚（即位）した昭和天皇の関係は、伊藤と明治天皇の関係とは少し異なる。西園寺と昭和天皇・牧野伸顕内大臣らは、国際協調などの価値観を共有していたが、何か事件が起こった際の具体的な対応法は違った。天皇が践祚して約五年間、満州事変の頃までは、高齢の西園寺との接触が少なかったことも原因して、昭和天皇は牧野内大臣ら宮中側近に影響された。この結果、バランスのよい調停的政治関与ができなかったため、天皇の権力の正当性の形成に失敗した。

これは、西園寺は首相を二度務め、伊藤・山県ら大物元老の行動を間近で見てきたのに対し、そうした経験のない牧野ら宮中側近には、政治経験の浅い天皇を輔弼する力が不十分だったからである。牧野らは、若く威信のない天皇の慣行を破る行動が及ぼす影響を十分に予測することができず、天皇に正義感に駆られた強硬に過ぎる行動をさせたり（田中義一首相に対する問責）、逆に必要以上に弱気になって陸軍の統帥権に関わる手続き違反を黙認したり（朝鮮軍の独断越境）した。

その後、天皇も苦い経験を経ながら政治的に成長していった。しかし、天皇にも、八〇歳を超えた一人元老の西園寺にも、また西園寺が選んだ首相たちにも、いったん増長した陸軍を十分に抑えられなくなってしまった。その結果、日本は国際協調を維持することができなくなった。

制度の形成と確立

本書では第三に、元老という制度の形成と確立について、なぜ形成され、誰がなぜ作り変えていったのかを明らかにし、誰が元老であったかを改めて確定した。

そこでまずわかったことは、元老という大日本帝国憲法にない慣例的制度は、自然にできたのではなく、新しい状況に対応し、天皇が調停者としての君主機関説的天皇であり続けるべきと考える伊藤博文と明治天皇らの意思によって、形成され修正されていったことである。

大日本帝国憲法上は、後継首相選定は誰の輔弼もなく天皇が行うことになっていた。しかし、君主機関説的天皇の創出を目指す伊藤の意思を背景に、憲法が制定される前から、後継首相推薦は、藩閥官僚の有力者を結集した内閣の首相が中心となり、閣員と相談の上で行われた。これは憲法が制定されてからも同様であった。

ところが、初期議会において政党にどのように対応するのかをめぐり、政党側に宥和的な伊藤・井上馨と、抑圧的な山県・黒田清隆ら他の藩閥有力者の間で意見が対立し、内閣で後継首相を推薦することができなくなった。

そこで伊藤は後継首相を推薦するメンバーとして、伊藤・山県・黒田・井上馨・松方正義の五人を想定したが、明治天皇は、藩閥最有力者である伊藤・山県・黒田に対応を下問した。こうして第二次伊藤内閣ができた。その後、内閣が倒れるたびに、天皇は藩閥の有力者に下問し、推薦された首相候補者を天皇が裁可して、首相が決まることが慣行化していった。日清戦争後には、下問を受けるようになった伊藤・山県・黒田・井上・松方らは元老と呼ばれるようになった。

興味深いことに、日清戦争以前は、のちに元老とされる最有力政治家たちは当初は「元勲」あるいは「黒幕」などと呼ばれ、「元老」という用語は、彼らより少し下のクラスの有力政治家たちや、最有力政治家と有力政治家を合わせた集団を指すために使われた。ところが、第二次松方正義内閣ができる一八九六年（明治二九）秋頃より、「元勲」という用語は「元老」という用語に取って代わられた。この理由は、日清戦後経営をするために、新しい感覚を持った若い世代の政治家が必要とされ、最有力政治家たちも自らを「元老」と名乗ることで、新しい時代に適応できることを主張したかったから等であろう。

このように元老制度は形成されていったが、時には、一八九七年一二月に第二次松方内閣が辞表を提出した際のように、天皇が黒田枢密院議長一人に下問し（天皇は次期首相として伊藤を想定）、黒田は伊藤か山県が適当と奉答し、天皇が伊藤に組閣の命を下すようなこともあった。

伊藤は天皇の絶大な信頼を受けていることをわかっていたが、天皇のこのような行為がさらに進展すると、せっかく憲法で設定した君主機関説的な天皇から逸脱する。つまり、政治責任が天皇に及ぶようになり、国家の安定にとって望ましくない。

そこで、一八九八年初頭に第三次伊藤内閣の閣員を選定するにあたり、一月一〇日に伊藤は公式に「元老」として、首相選定の下問を受けたことのある伊藤・山県・黒田・井上に加えて、西郷従道・大山巌を召集するよう天皇に奏請した。こうして「元老」が召集され、時局への対応策を協議した。

首相を辞任した直後なので選ばれなかったものと思われる松方を含め、この七人のメンバーはその後、後継首相推薦の下問を天皇から常に受けるようになった（ただし大山のみは、日露戦争前の一時期と、戦争後の七年間は元老から外れる）。こうして、元老という呼び名と組織が定着していき、一八九八年に元老という憲法にない慣例的な機関が確立した。

このような過程から、元老になるとは、明治期においては、天皇（明治天皇）と伊藤を中心に、元老に選ばれた他のメンバーに承認されて実現することがわかる。大正期以降は、大正天皇に権力がほとんどないので、元老たちの承認が何より重要で、一九一六年（大正五）に西園寺が補充されたのが最後である。

ところで、桂太郎は第三次桂内閣成立の際の元老会議に出席し、大隈重信は原内閣成立の際に後継首相推薦の下問を受けている。しかし、元老仲間に元老としてみなされておらず、継続して後継首相推薦に関与していないので、彼らは元老とはいえない。

元老たちは、それぞれ政治・外交・軍事・財政等のいくつかの得意分野を持っていた。また、第二次世界大戦後の開発途上国のリーダーたちの多くに比べると、天皇や国家・国民への忠誠心（公共心）を持ち、全体として私的利益に極度に走ることはなかった。また、元老が合意して決めたことは、各人の実力を振るって全員で支え、国政を安定させようという意識を共有していた。

日露戦争後の桂太郎（山県系）と西園寺公望（政友会）の連携と政権交代は、元老による後継首相推薦が事実上行われずに展開した。しかしこれは、明治天皇と最有力元老の伊藤が政党の成長と西園寺（政友会）の政権担当を好ましいものと考えたからである。

制度の正当性はいかに確保されたか

本書では第四に、日露戦争以前から、日露交渉への不安のなかで、憲法や法令に根拠のない元老制度の正当性に対する疑問が出され、日露戦争後には政党の台頭に伴い、その疑問が少しずつ広がり、大正政変をきっかけにさらに拡大したことを示した。また、山県や西園寺らの元老がどのように対応して正当性を確保したかについても論じた。

元老伊藤が一九〇九年（明治四二）に暗殺されると、政党嫌いで陸軍を背景とした元老山県の影響力が増し、元老の正当性が、損なわれるようになっていく。陸軍の二個師団増設要求に端を発した第一次護憲運動や大正政変によって、元老制度の存続すら危ぶまれる事態が生じた。

国民は、最有力元老の山県と桂を「長州・陸軍閥」ということで同一視し、元老が憲法上の機関でないとして、その権力の正当性を公然と疑う空気が強まり、一回目の元老制度存廃の危機となった。そこで山県ら元老は、元老は明治天皇から「元勲優遇」の詔勅を受け、大正天皇践祚後にも詔勅を受けた、と元老の根拠として詔勅を挙げるようになった。このような詔勅と元老の資格に関する議論は、明治期には生じず、元老でも井上馨などは、「元勲優遇」の詔勅を受けていなかった。

その後、一九一四年（大正三）に首相となった大隈重信は、総選挙に勝利して与党同志会を衆議院の第一党とすることに成功し、一九一六年に大正天皇を取り込んで、後継者の加藤高明同志会総裁を後任首相としようとした。これは、大隈による元老制度への挑戦であった。最有力元老の山県は、井上・松方・大山（内大臣でもあった）三元老との連携を強め、大正天皇を取り込んだ。また、西園寺（前政友会総裁）を元老に補充し、政友会の支持も得た。こうして、山県を中心に元老たちは大隈の挑戦を退け、元老制度存廃の二回目の危機を脱した。

なお、大隈首相の辞任とその直後には、山県ら元老から元老の資格と詔勅とを結びつける意見が再度出され、それが周囲の有力者たちからジャーナリズムを通して一般に広がった。元老たちは、詔勅によって制度の正当性を確保しようとしたのである。

大隈内閣の次には、山県系官僚を首相とする官僚系の寺内正毅内閣ができた。この内閣が退陣すると、元老西園寺の説得により、元老山県は、衆議院の第一党となった政友会の原敬を後継首相に推薦することに同意する。こうして、日本で最初の本格的な政党内閣ができた。この結果、元老は法的根拠などの権力の正当性を厳しく問われなくなった。

その後、一九二一年に皇太子妃選定問題が紛糾して、山県・松方が元老の資格も含めた辞表を出すなど、元老制度存廃の三回目の危機が生じたが、原首相の尽力で収められた。

次いで一九二二年の山県の死去によって、元老は松方・西園寺の高齢の二人となり、まもなく元老制度存廃の四回目の危機が始まった。このなかで西園寺を中心に二人の元老は、後継首相推薦に関し、元老以外の者の介入を退け、政党の状況を考慮したバランスのよい判断を行ったので、元老の正当性が大きく揺らぐことはなかった。

一人元老制の原因と実相

一九二四年（大正一三）七月に元老松方が死去すると、元老は西園寺一人のみとなり、元老存廃の不安は続く。西園寺にもしものことがあると、後継首相を天皇に推薦する者がいなくなってしまうのである。この時、すでに病気であった大正天皇はまったく政務に関わることができず、若い裕仁皇太子が摂政として形式的な役割を果たしていただけであるので、元老の役割は重要であった。

しかし、首相を経験した有力政治家で公平に後継首相推薦を行える元老候補者は、見当たらなかった。最有力元老候補と思われる原が一九二一年に暗殺され、もう一人の有力候補者と思われる加藤高明も二六年（大正一五）に病死したからである。このようななかで一人元老の西園寺は、自分に万一のことがあっても、内大臣を中心に後継首相推薦が行える慣行を作っていった。さらに一九二六年一〇月に西園寺は、政変の場合には元老と内大臣に下問があること等内々で制度を作り、摂政の裕仁皇太子に奏上し、牧野内大臣に伝えた（非公表）。

昭和天皇践祚後、この様式で、一九二七年（昭和二）四月に元老西園寺が政友会総裁の田中義一を推薦し、田中内閣を誕生させるなど、政党内閣を継続させていった。西園寺の尽力により、ジャーナリズムからは元老の正当性を疑う議論が消え、西園寺が健康で慎重に後継首相推薦をする限り、元老制度は存続する見通しができた。こうして元老制度存廃の四回目の危機も最終的に解消していった。また西園寺に万一のことがあっても、後継首相推薦は滞る可能性がほとんどなくなった。

その後も西園寺は自ら主導して、自分の責任で後継首相推薦を行い、一九三二年の五・一五事件後には有力軍人も含めた「重臣」に後継首相について意見を聞き、補佐させる様式を臨時に行った。一九三三年一月には自分の判断で、木戸内大臣秘書官長らの協力を得て、内大臣や「重臣」（首相の前官礼遇を受けた者で、特に有力軍人を含めない）に後継首相推薦を補佐させるという様式に変え、その後の政変で実施した。一九三六年二月に二・二六事件が起きると、湯浅倉平宮相・一木喜徳郎枢密院議長と相談して、後継首相選定を行った。

このように西園寺は、状況に応じて後継首相推薦様式を柔軟に変え、その面からも元老の権力の正当性を維持した。元老の先輩である伊藤や山県の元老制度に対する態度を見てきた西園寺が、自分なりに応用した結果である。また一人元老として西園寺は、内大臣・宮内大臣・枢密院議長等の宮中に関連する重要ポストの人事権を、実質的に掌握していた。

この状況は、八〇歳を超えた西園寺が一九三七年一月に心身ともに力尽きて、後継首相推薦への意欲を失うまで続いた。近年、一部の研究者の間で、元老が西園寺一人となった一九二〇年半ばから、「元老・内大臣協議方式」で後継首相推薦が行われた等とする見方もある。しかし、それは本質をつかまえていない形式論・類型論である。一九三七年一月までは、実質的な意味で西園寺の一人元老制が続いたのである。

内大臣中心の後継首相推薦と昭和天皇

本書では第五に、西園寺が元老としての役割を事実上放棄した一九三七年（昭和一二）一月以降に、誰がその穴を埋めたのかを検討した。このきっかけとなったのは、昭和天皇も元老西園寺も期待していた宇垣一成大将が、陸軍の反対で組閣を辞退したことであった。このため、西園寺は八七歳という高齢と病気のせいもあって、後継首相を推薦することに投げやりな気持ちになったようである。おそらく湯浅倉平内大臣の主導で改めて推薦がなされ、陸軍が望む林銑十郎が組閣した。

こうして同年六月に次の首相に近衛文麿を推薦した時から、湯浅内大臣が中心となった。元老西園寺は後継首相選定に関わる実質的な存在というより、湯浅内大臣の後継首相推薦に正当性を与える象徴的存在にすぎなくなった。また、元老が事実上機能を果たさなくなると、昭和天皇は湯浅内大臣と緊密に意思疎通を図って、元老の欠如を補完せざるを得なくなった。

さらに、昭和天皇が好まない日独伊三国軍事同盟交渉が陸軍を中心に進むと、危機感を抱いた天皇は、後継首相の人選等への関与を深めていく。一九四〇年一月に阿部内閣が倒れると、天皇は湯浅内大臣に下問しながら、湯浅を誘導する形で、海軍大将の米内光政が後継首相に推薦されるように計らった。

今回は、天皇の命で、枢密院議長・内閣総理大臣の前官礼遇者（「重臣」）が湯浅内大臣と個別に面会し、後継首相についての意見を述べた。「重臣」の意見を聞く形を取ることで、天皇は米内内閣の支持基盤を少しでも広げようとした。

三国同盟の締結という重大な問題に対し、元老を事実上欠いていたので、天皇は、憲法上の君主機関説的な天皇の枠を逸脱しないギリギリのところで、政治に関与して、本来元老が行うべきバランスの取れた判断を探らなくてはならなかったのである。伊藤と明治天皇は、君主機関説的な天皇を維持しようとして元老制度を形成しており、その機能がなくなると、当然生じてくる問題であった。

しかし、昭和天皇や湯浅内大臣の努力にもかかわらず、同年七月に陸相が辞任し、米内内閣は半年ほどで倒れた。この間、六月に病気の湯浅内大臣に代わって、大物の木戸幸一が内大臣に就任した。木戸は天皇の命を受け、従来の後継首相推薦様式を少し変更した案を作成しており、米内内閣が辞表を奉呈した日に、裁可された。新しい様式は、内大臣に下問があり、内大臣が枢密院議長・首相経験者ら「重臣」と「協議」し、元老と形式的に相談の上、奉答するというものであった。

米内内閣の次の首相は、陸軍を中心に近衛内閣を待望する声が強かった。天皇も木戸内大臣も、陸軍と関係のよい近衛に陸軍を統制させることを期待しており、木戸内大臣を中心に「重臣」たちの会議が開かれて、近衛が推薦された。「重臣」会議の意味は、近衛への権威づけをし、陸軍を抑えさせるというものにすぎなかった。西園寺は、意思の弱い近衛に期待しておらず、奉答を辞退した。こうして近衛は、二度目の組閣をすることになった。

天皇らの期待に反し、第二次近衛内閣は、九月に三国同盟が調印されるのを推進してしまった。西園寺はその年の一一月二四日に九〇歳で死去し、すでに象徴的な意味以外の機能を失っていた最後の元老はいなくなったのであった。それから約一年後に、日本は米・英との太平洋戦争を始め、破局への道を進んでいく。

あとがき

私が元老、元老制度に関心を持ったのは、京都大学文学部の卒業を一年少し後に控えた一九七四年秋にさかのぼる。元老を卒業論文のテーマに選び、一九七六年一月に、四〇〇字詰め原稿用紙二百数十枚で論じて提出した。その主要部分を約四分の一にまとめて発表したものが、「元老の形成と変遷に関する若干の考察―後継首相推薦機能を中心として―」(『史林』六〇巻二号、一九七七年三月)である。

卒論を書くため、元老や元老制度のことを毎日考えていると、夢の中に伊藤博文や山県有朋が登場するようになった。そうした体験は、その後にはない。若かりし日の情熱が懐かしく思い出される。

その後四〇年以上の年月の間、折にふれて元老のことを考察してきた。当時の定年の年齢である六三歳に達した今、一冊の本にまとめることができたことは、感慨深い。元老、元老制度の全体像を描ききるには、近代日本の三人の天皇や個々の元老の理念と権力、人柄についても、体系的に理解する必要があり、思った以上に長くかかってしまった。

京都大学大学院法学研究科の最初の受講生の一人であった瀧井一博君（現・国際日本文化研究センター教授）が私に、元老に関するこれまでの論文を研究書にまとめて出版すべきだ、と一〇年来勧めてくれていた。当初は私もそのつもりであったが、中国人の研究者などが近代日本の政治の特色として元老に関心を持ち、よく質問してくるのに答えるうちに、研究書よりも幾十倍もの幅広い読者が得られる新書という形で出版する方が意義がある、と考えを変えた。

本書の草稿は、二〇一五年四月から九月までのオックスフォード大学日産研究所での在外研究期間に書いた。オックスフォードでは、イギリス近代の極東政策についての原文書を写真撮影したり、イギリス史その他の様々なセミナーに出席して議論したりしたが、それでも執筆の時間は十分にあった。サバティカルを認めてくださった京都大学法学研究科のおかげである。

また、受け入れ教授となってくださった日産研究所長S・コニシ教授をはじめ、オックスフォード大学関係の方々にも感謝したい。多彩なバックグラウンドを持つコニシ教授の人柄と、それに触発された様々な国籍を持つ院生たちの研究発表会に加わったこと、オックスフォードを去る前にコニシ教授夫妻が、帰国の応援に来た妻も交え最後の晩餐《ばんさん》に招いてくださったことは、楽しい思い出となった。

またオックスフォードでは、たまたま同じ時期に在外研究に来ておられた八代充史慶応大学教授夫妻と、白鳥浩法政大学教授にも、大変お世話になった。「八代亭」での三度の食事会では、夫人が腕をふるう日本料理に舌鼓を打ちながらワインの杯を傾け、専門を越えた議論を楽しみ、心身ともにリフレッシュすることができた。白鳥教授の車の助手席に乗って、スコットランドまで往復した六日間の旅行は、イギリス滞在のハイライトとも言える。ローマ時代の史跡や博物館等も見学し、イングランド・スコットランドの地勢と風土を体感しながら、二人でイギリスやヨーロッパ(特に北欧)の政治や歴史と文化を日本のそれと比較し議論したのは得難い経験であった。

二〇一五年には、シリアやアフリカからの難民が前代未聞の規模でヨーロッパに押し寄せる事件が起こった。それへのイギリスのキャメロン首相やドイツのメルケル首相らの対応が、連日BBCテレビの報道で流れてきた。また、ワーテルローの戦い二〇〇年を記念した展覧会や特集番組も見た。歴史における個人の役割や、環境の変化に対応するにはどうすべきかを考える上で大きな示唆を与えられ、拙著をまとめる際に役立った。

老母・老犬の世話のためイギリスに同行できなかった妻は、私の単身生活を支える様々なことに加え、小著の作成にあたっても献身的な役割を果たしてくれた。

なお、本書をまとめるにあたり、イギリスへの往復の旅費も含め、上廣倫理財団の研究助成のお世話になったことを記して、感謝を表したい。

最後になるが、中公新書編集部長の白戸直人氏には、本書の構成への助言などで大変お世話になった。ありがとう。

二〇一六年三月二八日　鴨川の桜の満開を目前に

伊藤之雄

主要参考文献

本書で直接引用したものに限定した。『日本外交文書』や外務省外交史料館、国立国会図書館憲政資料室および防衛省防衛研究所図書館所蔵史料や研究書・論文など、すでに筆者の著書や論文で使用し、本書では直接言及しなかったものも多数ある。また国立国会図書館所蔵・寄託等の各文書名中の「関係」は省略した。

〈史　料〉

・未刊行のもの

「徳大寺実則日記」〔写〕（「旧渡辺文庫」早稲田大学図書館所蔵）

「土方久元日記」（首都大学東京図書情報センター所蔵マイクロフィルム）

「倉富勇三郎日記」（国立国会図書館憲政資料室所蔵）

「井上馨文書」（国立国会図書館憲政資料室所蔵）

「寺内正毅文書」（国立国会図書館憲政資料室所蔵）

「大山巌文書」（国立国会図書館憲政資料室寄託）

「松本剛吉文書」（国立国会図書館憲政資料室所蔵）

「伊藤博文文書」（国立国会図書館憲政資料室所蔵）

「熊谷八十三日記」（国立国会図書館憲政資料室所蔵）

宮内庁編『昭和天皇実録』（宮内庁書陵部所蔵）（うち既刊、宮内庁編『昭和天皇実録』第一〜第七〈東京書籍、二〇一五〜一六年〉）

・刊行されたもの

伊藤隆編『大正初期山県有朋談話筆記・政変思出草』（山川出版社、一九八一年）

伊藤隆・広瀬順晧編『牧野伸顕日記』（中央公論社、一九九〇年）

伊藤博文関係文書研究会編『伊藤博文関係文書』全九巻（塙書房、一九七三〜八一年）

大塚武松・藤井甚太郎編『岩倉具視関係文書』全八巻（日本史籍協会、一九二七〜三五年）

岡義武・林茂校訂『大正デモクラシー期の政治―松本剛吉政治日誌』（岩波書店、一九五九年）☆本文中では『松本剛吉政治日誌』と略した

木戸日記研究会編『木戸幸一関係文書』（東京大学出版会、一九六六年）

木戸日記研究会編『木戸幸一日記』上・下巻（東京大学

出版会、一九六六年）
小林龍夫編『翠雨荘日記』（原書房、一九六六年）
小林龍夫他編『現代史資料7 満州事変』（みすず書房、一九六四年）
東京大学史料編纂所編『保古飛呂比』全一二巻（東京大学出版会、一九五二年、一九七六～七九年）
原奎一郎編『原敬日記』全六巻（福村出版、一九六五～六七年）
原田熊雄述『西園寺公と政局』全九巻（岩波書店、一九五〇～五六年）
原田熊雄編『陶庵公清話』（岩波書店、一九四三年）
広瀬順晧監修・編集『伊東巳代治日記・記録―未刊翠雨荘日記』全七巻（ゆまに書房、一九九九年）
本庄繁『本庄日記』（原書房、一九六七年）
山本四郎編『寺内正毅日記―一九〇〇～一九一八』（京都女子大学、一九八〇年）
吉野作造講義録研究会編『吉野作造政治史講義　矢内原忠雄・赤松克麿・岡義武ノート』（岩波書店、二〇一六年）

・新聞・雑誌
『大阪朝日新聞』
『東京朝日新聞』
『東京日日新聞』
『中央新聞』
『報知新聞』
『読売新聞』
『万朝報』
『自由党党報』

〈単行本〉
伊藤隆『近衛新体制―大政翼賛会への道』（中公新書、一九八三年）
伊藤之雄『大正デモクラシーと政党政治』（山川出版社、一九八七年）
伊藤之雄『立憲国家と日露戦争―外交と内政』（木鐸社、二〇〇〇年）
伊藤之雄『政党政治と天皇　日本の歴史22』（講談社、二〇〇二年〔講談社学術文庫版、二〇一〇年〕）
伊藤之雄『昭和天皇と立憲君主制の崩壊―睦仁・嘉仁から裕仁へ』（名古屋大学出版会、二〇〇五年）
伊藤之雄『明治天皇―むら雲を吹く秋風にはれそめて』（ミネルヴァ書房、二〇〇六年）
伊藤之雄『元老西園寺公望―古希からの挑戦』（文春新書、二〇〇七年）
伊藤之雄『山県有朋―愚直な権力者の生涯』（文春新書、二〇〇九年）
伊藤之雄『伊藤博文―近代日本を創った男』（講談社、二〇〇九年〔講談社学術文庫版、二〇一五年〕）
伊藤之雄『昭和天皇伝』（文藝春秋、二〇一一年〔文春

主要参考文献

文庫版、二〇一四年）

伊藤之雄『原敬―外交と政治の理想』上・下巻（講談社選書メチエ、二〇一四年）

円城寺清著・京口元吉校訂『明治史資料　大隈伯昔日譚』（冨山房、一九三八年）

笠原英彦『天皇親政―佐々木高行日記にみる明治政府と宮廷』（中公新書、一九九五年）

川田稔『昭和陸軍全史』全三巻（講談社現代新書、二〇一四～一五年）

宮内庁編『明治天皇紀』全一三冊（吉川弘文館、一九六八～七七年）

久保田哲『元老院の研究』（慶應義塾大学出版会、二〇一四年）

小林道彦『大正政変―国家経営構想の分裂』（千倉書房、二〇一五年）

坂本一登『伊藤博文と明治国家形成―「宮中」の制度化と立憲制の導入』（吉川弘文館、一九九一年〔講談社学術文庫版、二〇一二年〕）

清水唯一朗『近代日本の官僚―維新官僚から学歴エリートへ』（中公新書、二〇一三年）

季武嘉也『大正期の政治構造』（吉川弘文館、一九九八年）

高橋正衛『二・二六事件―「昭和維新」の思想と行動』（中公新書、一九六五年）

瀧井一博『ドイツ国家学と明治国制―シュタイン国家学の軌跡』（ミネルヴァ書房、一九九九年）

瀧井一博『文明史のなかの明治憲法』（講談社選書メチエ、二〇〇三年）

ディキンソン、フレドリック＝R『大正天皇―一躍五大洲を雄飛す』（ミネルヴァ書房、二〇〇九年）

寺崎英成／マリコ＝テラサキ＝ミラー『昭和天皇独白録―寺崎英成・御用掛日記』（文藝春秋、一九九一年）

奈良岡聰智『加藤高明と政党政治―二大政党制への道』（山川出版社、二〇〇六年）

奈良岡聰智『対華二十一ヵ条要求とは何だったのか―第一次世界大戦と日中対立の原点』（名古屋大学出版会、二〇一五年）

坂野潤治『明治憲法体制の確立―富国強兵と民力休養』（東京大学出版会、一九七一年）

増田壮平『坐漁荘秘録』（静岡新聞社、一九七六年）

松尾尊兊『普通選挙制度成立史の研究』（岩波書店、一九八九年）

松田好史『内大臣の研究―明治憲法体制と常侍輔弼』（吉川弘文館、二〇一四年）

森靖夫『日本陸軍と日中戦争への道―軍事統制システムをめぐる攻防』（ミネルヴァ書房、二〇一〇年）

山本四郎『大正政変の基礎的研究』（御茶の水書房、一九七〇年）

山本四郎『山本内閣の基礎的研究』（京都女子大学、一九八二年）

山本四郎『元老』（静山社、一九八六年）
井原頼明『増補皇室事典』（冨山房、一九四二年）
『新漢語林』（第二版、大修館書店、二〇一一年）
『広辞苑』（第六版、岩波書店、二〇〇八年）
大久保利謙「元老」（『国史大辞典』五巻、吉川弘文館、一九八五年）
林茂「元老」（『世界歴史事典』六巻、平凡社、一九五一年）

〈論　文〉

荒船俊太郎「元勲と元老のはざまで―大隈重信『元老』となる」（『早稲田大学史記要』三九巻、二〇〇八年二月）
荒船俊太郎「原敬内閣期の『元老待遇』大隈重信」（『早稲田大学史記要』四〇巻、二〇〇九年三月）
荒船俊太郎「憲政会と『元老待遇』大隈重信―加藤高明首班擁立工作の展開と挫折」（安在邦夫他編『近代日本の政党と社会』日本経済評論社、二〇〇九年）
荒船俊太郎「寺内正毅内閣期の大隈重信―『元老待遇』の出発」（『早稲田大学史記要』四一巻、二〇一〇年三月）
池田勇太「公議輿論と万機親裁―明治初年の立憲政体導入問題と元田永孚」（『史学雑誌』一一五巻六号、二〇〇六年六月）
伊藤之雄「元老の形成と変遷に関する若干の考察」（『史林』六〇巻二号、一九七七年三月）
伊藤之雄「元老制度再考―伊藤博文・明治天皇・桂太郎」（『史林』七七巻一号、一九九四年一月）
伊藤之雄「山県系官僚閥と天皇・元老・宮中―近代君主制の日英比較」（『法学論叢』一四〇巻一・二号、一九九六年一一月）
伊藤之雄「原敬内閣と立憲君主制」㈠～㈣（『法学論叢』一四三巻四～六号、一四四巻一号、一九九八年七月～一〇月）
伊藤之雄「昭和天皇・元老・宮中勢力の情報・ネットワークと政治」（猪木武徳編著『戦間期日本の社会集団とネットワーク―デモクラシーと中間団体』NTT出版、二〇〇八年）
伊藤之雄「原敬と選挙区盛岡市・岩手県―国際環境に適応する新しい秩序観と体系的鉄道政策」（伊藤之雄編著『原敬と政党政治の確立』千倉書房、二〇一四年）
刈田徹「宮中某重大事件に関する基礎的史料の研究―佃信夫の手記『皇太子妃廃立事件日誌補遺』の解題と紹介」（『拓殖大学論集　政治・経済・法律研究』八巻一・二号、二〇〇六年三月）
菅谷幸浩「天皇機関説事件展開過程の再検討―岡田内閣・宮中の対応を中心に」（『日本歴史』七〇五号、二〇〇七年二月）
高橋秀直「征韓論政変の政治過程」（『史林』七六巻五号、

一九九三年九月）
千葉功「大正政変前夜―『遅れてきた元老』桂太郎を中心として」（『研究年報』〔学習院大学文学部〕五八号、二〇一一年）
永井和「西園寺公望はいかにして最後の元老となったのか―『一人元老制』と『元老・内大臣協議方式』」（『京都大学文学部研究紀要』三六号、一九九七年三月、のちに同『青年君主昭和天皇と元老西園寺』京都大学学術出版会、二〇〇三年に所収）
西川誠「廃藩置県後の太政官制改革―渋沢栄一と江藤新平―」（鳥海靖他編『日本立憲政治の形成と変質』吉川弘文館、二〇〇五年）
平松良太「ロンドン海軍軍縮問題と日本海軍―一九二三〜一九三六年」（一）〜（三）（『法学論叢』一六九巻二・四・六号、二〇一一年五・七・九月）
三谷太一郎「大正期の枢密院」（『枢密院会議議事録　別冊』東京大学出版会、一九九〇年）
吉野作造「憲政の本義を説いて其有終の美を済すの途を論ず」（『中央公論』一九一六年一月号）

主要図版出所一覧

国立国会図書館　九七、九八、一〇一、一〇二、二〇三頁

伊藤之雄（いとう・ゆきお）

1952（昭和27）年福井県生まれ．76年京都大学文学部史学科卒．81年京都大学大学院文学研究科博士課程満期退学，名古屋大学文学部助教授などを経て94年より京都大学大学院法学研究科教授．専攻・日本近現代政治外交史．博士（文学）．

著書『立憲国家の確立と伊藤博文』（吉川弘文館，1999年）
『日本の歴史（22）政党政治と天皇』（講談社，2002年〔講談社学術文庫，2010年〕）
『昭和天皇と立憲君主制の崩壊』（名古屋大学出版会，2005年）
『明治天皇』（ミネルヴァ書房，2006年）
『元老西園寺公望』（文春新書，2007年）
『山県有朋』（文春新書，2009年）
『伊藤博文』（講談社，2009年〔講談社学術文庫，2015年〕）
『昭和天皇伝』（文藝春秋，2011年〔文春文庫，2014年〕，司馬遼太郎賞受賞）
『原敬』上下（講談社選書メチエ，2014年）他多数

元《げん》老《ろう》
——近代《きんだい》日本《にほん》の真《しん》の指導者《しどうしゃ》たち
中公新書 *2379*

2016年6月25日発行

著　者　伊藤之雄
発行者　大橋善光

本文印刷　三晃印刷
カバー印刷　大熊整美堂
製　　本　小泉製本

発行所　中央公論新社
〒100-8152
東京都千代田区大手町 1-7-1
電話　販売 03-5299-1730
　　　編集 03-5299-1830
URL http://www.chuko.co.jp/

Published by CHUOKORON-SHINSHA, INC.
Printed in Japan　ISBN978-4-12-102379-7 C1221

中公新書刊行のことば

いまからちょうど五世紀まえ、グーテンベルクが近代印刷術を発明したとき、書物の大量生産は潜在的可能性を獲得し、いまからちょうど一世紀まえ、世界のおもな文明国で義務教育制度が採用されたとき、書物の大量需要の潜在性が形成された。この二つの潜在性がはげしく現実化したのが現代である。

いまや、書物によって視野を拡大し、変りゆく世界に豊かに対応しようとする強い要求を私たちは抑えることができない。この要求にこたえる義務を、今日の書物は背負っている。だが、その義務は、たんに専門的知識の通俗化をはかることによって果たされるものでもなく、通俗的好奇心にうったえて、いたずらに発行部数の巨大さを誇ることによって果たされるものでもない。現代を真摯に生きようとする読者に、真に知るに価いする知識だけを選びだして提供すること、これが中公新書の最大の目標である。

私たちは、知識として錯覚しているものによってしばしば動かされ、裏切られる。私たちは、作為によってあたえられた知識のうえに生きることがあまりに多く、ゆるぎない事実を通して思索することがあまりにすくない。中公新書が、その一貫した特色として自らに課すものは、この事実のみの持つ無条件の説得力を発揮させることである。現代にあらたな意味を投げかけるべく待機している過去の歴史的事実もまた、中公新書によって数多く発掘されるであろう。

中公新書は、現代を自らの眼で見つめようとする、逞しい知的な読者の活力となることを欲している。

一九六二年一一月

中公新書

日本史

d4

中公新書

現代史

f 1

- 2105 昭和天皇　古川隆久
- 2309 朝鮮王公族―帝国日本の準皇族　新城道彦
- 765 日本の参謀本部　大江志乃夫
- 632 海軍と日本　池田清
- 2192 政友会と民政党　井上寿一
- 377 満州事変　臼井勝美
- 1138 キメラ―満洲国の肖像(増補版)　山室信一
- 2348 日本陸軍とモンゴル　楊海英
- 1232 軍国日本の興亡　猪木正道
- 2144 昭和陸軍の軌跡　川田稔
- 76 二・二六事件(増補改版)　高橋正衛
- 2059 外務省革新派　戸部良一
- 1951 広田弘毅　服部龍二
- 1532 新版 日中戦争　臼井勝美
- 795 南京事件(増補版)　秦郁彦
- 84, 90 太平洋戦争(上下)　児島襄
- 2337 特攻―戦争と日本人　栗原俊雄
- 244, 248 東京裁判(上下)　児島襄
- 1307 日本海軍の終戦工作　纐纈厚
- 2119 外邦図―帝国日本のアジア地図　小林茂
- 2015 「大日本帝国」崩壊　加藤聖文
- 2296 日本占領史 1945-1952　福永文夫
- 2175 残留日本兵　林英一
- 828 清沢《きよさわ》洌《きよし》(増補版)　北岡伸一
- 2171 治安維持法　中澤俊輔
- 1759 言論統制　佐藤卓己
- 2284 言論抑圧　将基面貴巳
- 1711 徳富蘇峰　米原謙
- 1243 石橋湛山　増田弘